考えて強くなる
ソフトテニス・トータルデザイン

[編著] 水野 哲也／山本 裕二
[著] 井筒 敬／工藤 敏巳／杉山 貴義

TOTAL DESIGN

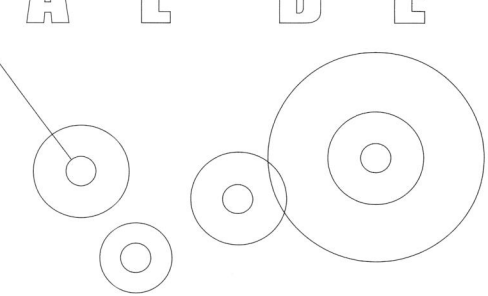

大修館書店

はじめに

　1884年(明治17年)に始まったとされる軟式庭球は、1992年にソフトテニスと名称を変更し、国際化を目指している。ソフトテニスが今後さらなる発展をするためには、新しいソフトテニスの姿を模索していく努力を継続することが重要であろう。これまでの120年を超える歴史ある伝統を重んじつつ、新たな挑戦をすることが真の発展につながる。

　本書の中でモデルとして協力いただいた男子ナショナルチームでは、世界選手権やアジア大会などの国際大会のために、他国のスカウティングを積極的に行い、また、川上晃司トレーナー（スポーツインテリジェンス）によるフィットネストレーニングはもちろん、日本テニス協会・ナショナルチームの小浦武志氏を合宿に招聘して技術・戦術面の指導を受けている。こうした姿勢はまさに新たな挑戦の表れである。

　そうした新たな挑戦をしていく姿勢を、「デザイン」という言葉に込めて本書は書かれたものである。「指導」とはすでにあるものを教えることである。しかしながら「デザイン」にはつねに新しいものを創り上げるという意味がある。スポーツの世界に正解はない。陸上競技の記録も年々塗り替えられる。その背後には新たなフォームを追い求める、地道な努力がある。ソフトテニスにおいても幾度かのルール変更を経て新たな可能性が開かれている。既存のフォームや練習方法を習得するにとどまらず、ソフトテニスにかかわる人すべてに、自ら新たな挑戦をして欲しい。

　本書は、5つの章からなっている。第1章でデザインするという考え方の全体像を紹介し、第2章では連続写真による動きのイメージを提示している。そして第3章で練習方法の考え方を実戦的な最終形から導入の段階へという順序で紹介している。さらに第4章では試合の戦術について、最後に第5章では心技体の身体と心について考えていく上でのヒントを紹介している。

　第1章はみなさんに読んでいただきたいが、中学生や高校生の選手の人には第2章を中心に、第3章、第4章と読み進めてもらえればよい。また指導者の方には第3章、第4章だけでなく、第5章もじっくり読んでいただきたい。本書の内容を習得するだけでなく、本書が独自の挑戦を始めるきっかけとなれば幸いである。

　写真の多くは男子ナショナルチームの合宿の合間等に北本英幸前監督（小松市高教）、斉藤広宣監督（松戸市役所）の本書へのご理解の下、多くの選手にご協力いただいた。この紙面をお借りして心からの感謝を申し上げたい。

　なお本書の出版にあたっては、企画の当時から長期にわたって大修館書店編集部の平井啓允氏、高山真紀氏、三浦京子氏に一方ならぬお世話になった。記して感謝したい。ありがとうございました。

CONTENTS

はじめに

第1章 ソフトテニスをデザインする ─────── 7
1. デザインコンセプト ─────── 8
　　1 作戦からデザインへ──8　　2 デザインの原則──8
2. めざすはオールラウンドプレーヤー ─────── 10
　　1 プレー位置で技術をデザイン──10　　2 グリップはフリーグリップ──11
　　3 陣形のデザイン──12

第2章 イメージデザイン ─────── 13
1. ストロークサイクルのイメージ ─────── 14
　　Point1 ストロークサイクルの基本事項──14　　Point2 ボレーのストロークサイクル──16
2. グラウンドストローク ─────── 18
　　Point1 フォアハンドのイメージ─打点の打ち分け──18
　　Point2 バックハンドのイメージ─打点の打ち分け──20
　　Point3 球質を打ち分けるイメージ─ロビングとシュート──24
　　Point4 球質を打ち分けるイメージ─トップストロークでのシュートと中ロブ──26
　　Point5 スライスのイメージ──28　　Point6 スタンス──30
　　Point7 フットワーク──32　　Point8 スイング──34
3. ネットプレー ─────── 38
　　Point1 フォアハンドボレーのイメージ─基本となる3種類のボレー──38
　　Point2 バックハンドボレーのイメージ─基本となる3種類のボレー──40
　　Point3 コースを打ち分ける─実戦的なフォアハンドボレー──42
　　Point4 コースを打ち分ける─実戦的なバックハンドボレー──44
　　Point5 守りのボレーのイメージ─基礎技能から実戦的技能へ──46
　　Point6 中間位置でのボレーのイメージ─フォアとバックの打ち分け──48
　　Point7 中間位置でのハイボレー──50
　　Point8 フォアハンドスマッシュのイメージ─基本となるスマッシュ──52
　　Point9 コースを打ち分ける─実戦的なフォアハンドスマッシュ──54
　　Point10 フォアハンドのジャンピングスマッシュのイメージ──56
4. サービス ─────── 58
　　Point1 サービスのイメージ──58　　Point2 構え、スタンス──62　　Point3 トス──63
　　Point4 重心──65　　Point5 スイング──67
5. ダブルスにおけるフォーメーションデザイン ─────── 72
　　Point1 3つの基本フォーメーション──72　　Point2 雁行陣での基本的な考え方──74
　　Point3 並行陣での基本的な考え方──75

第3章　練習デザイン─────77

1. 総合技術─────78

《1──ダブルスの総合技術─雁行陣の戦術》

Pattern1 サービス＆ポーチ−ライトサービスコートの場合──78
Pattern2 サービス＆ポーチ−レフトサービスコートの場合──79　Pattern3 カットサービス＆ポーチ──80
Pattern4 ネットプレーヤーのサービス＆ネットダッシュ──81
Pattern5 レシーブ＆ポーチ−相手のグラウンドストロークをポーチする場合──82
Pattern6 レシーブ＆ポーチ−相手のローボレーをポーチする場合──82
Pattern7 レシーブ＆ポーチ−レシーブしたプレーヤーがポーチする場合──83

《2──ダブルスの総合技術─ベースライン並行陣の戦術》

Pattern1 ベースラインプレーヤーに対して深いボールを打球する──84
Pattern2 ネットプレーヤーに攻撃をしかける──84　Pattern3 中ロブを使って相手陣形をくずす──85

《3──ダブルスの総合技術─ネット並行陣の戦術》

Pattern1 ベースラインプレーヤーに深いボールを打球してネットダッシュする──86
Pattern2 ロビングを上げてネットダッシュする──86　Pattern3 カットサービスしてネットダッシュする──87

《4──シングルスの総合技術》

Pattern1 ポジションを意識する──88　Pattern2 つなぎはクロス、決定打はストレート──89
Pattern3 攻守を区別して、ポジションを変える──90
Pattern4 対戦相手のグラウンドストロークのリズムをくずす──90　Pattern 5 オープンスペースをつくる──91

2. グラウンドストローク─────92

Drill1 試合形式の練習──92　Drill2 ダブルスの練習──93　Drill3 ファーストサービスに対するレシーブ練習──94
Drill4 セカンドサービスに対するレシーブ練習──95　Drill5 ネットプレーヤーに対する練習──96
Drill6 中ロブの練習──97　Drill7 シングルスの練習──98
Drill8 前後の移動ストローク練習──100　Drill9 左右の移動ストローク練習──102
Drill10 スライス（アンダーカット）の練習──104　Drill11 打球コースとスタンスの練習──106
Drill12 基本的な打法、球種、打球コース──109　Drill13 フルコートでストローク練習──110

3. ネットプレー─────112

《1──ボレー》

Drill1 試合形式の練習──112　Drill2 ボレーのフォロー練習──113　Drill3 状況への対応練習──114
Drill4 攻めと守りの練習──115　Drill5 ハーフボレーの練習──117　Drill6 5種類のネットボレーの練習──118
Drill7 ネットから離れた位置でのボレーの練習──119　Drill8 ネットに近い位置でのボレーの練習──120

《2──スマッシュ》

Drill1 試合形式の練習──122　Drill2 スマッシュのフォロー練習──123
Drill3 後退してのコースの打ち分け──124　Drill4 後退フットワークの練習──125
Drill5 3コースの打ち分け──126　Drill6 ネットに近い位置でのスマッシュの練習──128

4. サービス─────130

Drill1 コースの打ち分けと強弱・コンビネーション──130
Drill2 ベースラインからクロス方向へ──132
Drill3 サービスラインからクロス方向への感覚を覚える練習──133
Drill4 ストレート方向へ打ち、サービスの感覚を覚える練習──135

5. ラケット＆ボールコントロール─────136

Drill1 2人でボールを扱う練習──136　Drill2 1人でボールを扱う練習──137

6. フィジカルフィットネストレーニング ── 138
- Point1 筋力・パワー・筋持久力 ── 139　　Point2 スピード・敏捷性・素早さ ── 141
- Point3 スタミナ ── 143　　Point4 柔軟性 ── 144　　Point5 コーディネーション ── 146
- Point6 ウオーミングアップとクーリングダウン ── 148　　Point7 フィジカルケアプログラム ── 151

第4章　ゲームデザイン ── 157

1. ゲームデザインの準備：ゲーム分析 ── 158
1 ゲームを分析するとは ── 158　　2 スカウティング ── 160
3 ゲーム分析から練習・ゲームデザインへ ── 161

2. ゲームセオリーと予測 ── 164
1 ボールの落下位置から予測する ── 165　　2 過去の事象から予測する ── 166
3 打球フォームから予測する ── 166

3. 個性を生かすゲームデザイン ── 169
1 グリップと打球方向 ── 169　　2 フォーメーション ── 169

4. ペアを生かすゲームデザイン ── 171
1 サインプレー ── 171　　2 ポジションチェンジ ── 171

5. 対戦相手によるゲームデザイン ── 172
1 ベースライン並行陣との対戦 ── 172　　2 ネット並行陣との対戦 ── 172

6. 環境を生かすゲームデザイン ── 174
1 風向きを利用したゲーム展開 ── 174　　2 雨天時の展開を考える ── 174
3 インドア、照明、天井 ── 174

第5章　コンディショニングデザイン ── 175

1. コンディショニングデザインとは ── 176
1 コンディショニングの構造 ── 176　　2 コンディショニングのピラミッド ── 177

2. ライフスタイルをデザインする ── 178
1 超回復性の原則がデザインの基本 ── 178　　2 オーバートレーニングを予防する ── 179
3 ニュートリションをデザインする ── 180

3. フィットネスをデザインする ── 183
1 トレーニングの原則 ── 183　　2 トレーニングプログラムをデザインする ── 186

4. スポーツアイをデザインする ── 190
1 スポーツアイとは ── 190　　2 スポーツアイを高めるために ── 195　　3 スポーツアイを鍛える ── 196

5. メンタルをデザインする ── 200
1 セルフアウェアネス（気づき）がデザインの基本 ── 200　　2 セルフコントロール（自己統制）を身につける ── 205
3 目標をデザインする ── 210　　4 行動計画をデザインする ── 214　　5 終わりなきデザインの更新 ── 220

■参考文献 ── 221

CHAPTER **1** DESIGN

第1章

ソフトテニスを
デザインする

SOFT TENNIS

Chapter1：ソフトテニスをデザインする

1. デザインコンセプト

1 ── 作戦からデザインへ

　練習方法の計画を立てたり、ゲーム内容の組み立て方を考えたりすることを、本書では「デザインする」と呼びます。それは、各選手が練習方法やゲーム内容を常に主体的に考えていくことを強調するためです。建築家が家をデザインしたり、服飾家が衣服や小物をデザインしたりするときのことを考えてみてください。彼らは、ある条件を満たし、なおかつ最も斬新なものを、あるいは効率のよいものをつくろうとします。

　例えば、商店街の喫茶店と住宅地に建てる一戸建ての家とでは当然のように外見も違えば、内装や用いる材料も異なるでしょう。服にしても、パーティーに着ていく服をデザインするのと、家の中でくつろぐときに着る服とでは何を優先させるか、つまり少々着心地が悪くても外見を大切にするか、外見よりは着心地のよさを大切にするかで、そのデザインは素材も含めて異なってきます。

　つまり、「デザインする」とはある目的を達成するために、素材からすべてを考慮して、全体のプランを組み立てていくことです。そのためには、何がしたいのかという目的を明確にし、現在の自分の状態を客観的に知るとともに、いまから練習で何をしなければいけないかを考えていかなければなりません。

　もちろん、みなさんは「うまくなりたい」「強くなりたい」という「目的」をもっているでしょうが、それでは練習やゲームをデザインするためにはちょっと物足りません。「お腹が減ったから何でもいいから食べたい」といって、手当たり次第に食材を買ってきて作った料理よりも、「今日は〇〇が食べたい」といって、必要な食材を買ってきて作った料理のほうがおいしく感じられるのはいうまでもないでしょう。さあ「何が食べたいか」、そのためにはどんな食材が必要か、どういう風に調理するかを考えていきましょう。

2 ── デザインの原則

　「デザインする」とはある目的を達成するために、素材からすべてを考慮して、全体のプランを組み立てていくことです。そのために、何がしたいのかという目的を明確にし(Goal)、現在の自分の状態に気づく(Awareness)とともに、いまから練習で何をしなければいけないかを考えて(Plan)いこうということです。これらをあわせて「GAP」と呼んでおきましょう。そうです、デザインすることによって夢と現実のギャップ(gap)を埋め、夢をかなえていきましょう。

Goal：目標設定

　まずは何をしたいのかという目標を明確にすることから始まります。行き先を決めなければ旅も始まりません。自分自身で、自分の行き先を決めましょう。

Awareness：気づく

　次にいまの自分がどういった状態にあるかを知らないと、目標に向かって何をすればよいかも決まりません。旅に出かけるのに必要なものを買い足すためにも、いまの自分の持ち物を確認しましょう。

Plan：行動計画

　目標が明確になり、いまの自分の状態がわかれば、どうやって目標を達成するかを具体的に考えましょう。旅の計画を細かく決めるのと同じです。

　このGAPという３つのデザイン原則をいつも頭に置きながら、自分のソフトテニスをデザインしていきましょう。さあ、Bridge the GAP、ギャップを埋めよう！

デザインコンセプト

図 1-1　デザインとは

"デザインする"とはある目的を達成するために、素材からすべてを考慮して、全体のプランを組み立てていくことです。そのために、何がしたいのかという目的を明確にし、現在の自分の状態を客観的に知るとともに、いまから練習で何をしなければいけないかを考えていこうということです。

"デザインする"という言葉には、新たなものに主体的に取り組もうとする姿勢、自分の将来を見つめ、思いのままに成長していこうとする意欲が込められています。単に練習計画の作成やゲームプランを考えるだけでなく、長い目で自分自身の生き方をも考えていきたいものです。

Chapter1：ソフトテニスをデザインする

2. めざすはオールラウンドプレーヤー

1 ── プレー位置で技術をデザイン

現行のルールでは、ダブルスでの2人のプレーヤーの位置に関する規定は、サーバーの位置以外はありません。したがって、すべてのプレーヤーがサービスから始まるすべてのプレーをする可能性をもっているわけです。特に、近年の国際大会では2人のプレーヤーがコート内に位置し、ボレーとボレーで応戦するゲームも少なくありません。したがって、技術はプレーする位置によって決まるものであり、従来の「後衛はグラウンドストローク、前衛はレシーブをして、あとはボレーとスマッシュ」というようには考えられなくなってきています。

本書では、プレー位置によって必要とされる技術を中心に考え、すべてのプレーヤーがすべての技術を身につけていく、いわゆるオールラウンドプレーヤーをめざす内容となっています。

そこで、ベースライン近くでプレーするプレーヤー（あるいはプレー）を、ベースラインプレーヤー（あるいはベースラインプレー）、ネット近くでプレーするプレーヤー（プレー）をネットプレーヤー（ネットプレー）として分類し、後衛・前衛という言葉を使っていません。これは、従来の後衛がネットプレーをすることもあれば、前衛がベースラインプレーを行うこともあるからです。

すべての選手がネットプレーもベースラインプレーもできる、オールラウンドプレーヤーを目指そうという考え方の表れです。

図1-2　全日本選手権から

2 ── グリップはフリーグリップ

オールラウンドプレーヤーになるためには、グリップも1種類のグリップではすべての技術に対応できなくなります。したがって、技術やその時々の相手打球と打球意図に応じたグリップを使い分ける必要があります。これをフリーグリップと呼びます。

図1-3に代表的な4種類のグリップを示してあります。ラケットを地面に置き、真上から握ったグリップをウエスタングリップ（図1-3b）とします。ラケット面をグリップの八角形の1角分右へ回して握ったのをイースタングリップ（図1-3c）とします。さらにもう1角分右へ回して、ちょうどラケット面が地面と垂直になるように握ったのをコンチネンタルグリップ（図1-3d）とします。またウエスタングリップから1角分左に回したのはウエスタングリップの変形で厚めのウエスタングリップ（図1-3a）とします。

もちろん、これらの4種類はきちんと分類されるものではなく、この中間やこれ以外の握り方もあります。それらは各プレーヤーの個性や状況に応じて変化するものです。

注：指導者によっては、図1-3に示したイースタングリップ、コンチネンタルグリップを、それぞれセミウエスタングリップ、イースタングリップと呼んでいる場合もありますが、本書では図表記のように統一しています。

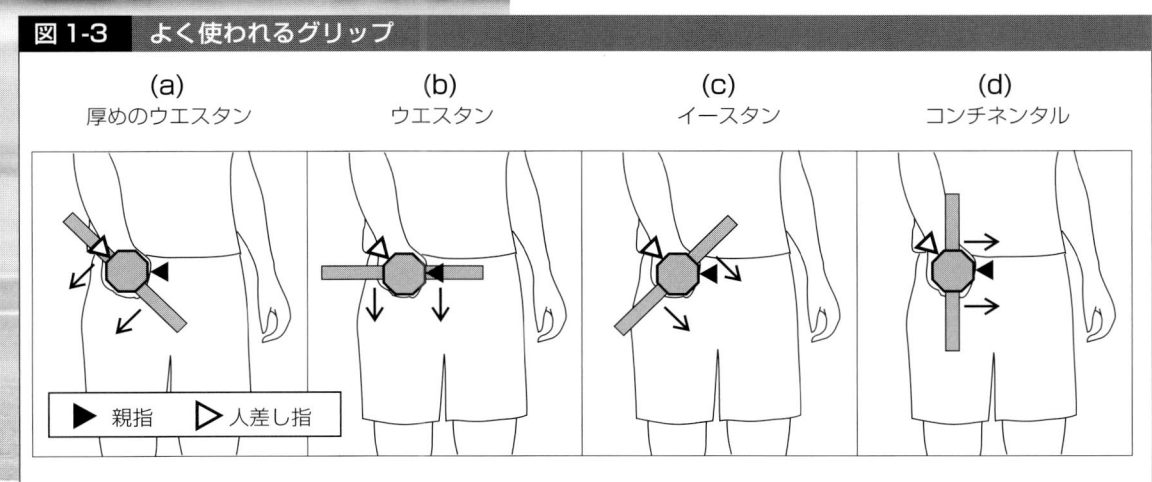

図1-3　よく使われるグリップ

(a) 厚めのウエスタン　(b) ウエスタン　(c) イースタン　(d) コンチネンタル

▶ 親指　▷ 人差し指

Chapter1：ソフトテニスをデザインする

● 3 ── 陣形のデザイン

本書では、ダブルスの陣形を図1-4のように呼びます。すなわち、図1-4aのようにペアのうち1人がネットプレー、もう1人がベースラインプレーをする陣形を雁行陣、図1-4bのようにペアの2人ともがネットプレーをする陣形をネット並行陣、図1-4cのようにペアの2人ともがベースラインプレーをする陣形をベースライン並行陣とします。

したがって、3つの陣形それぞれによって要求される技術は異なりますが、自由に陣形がデザインできるようになりたいものです。

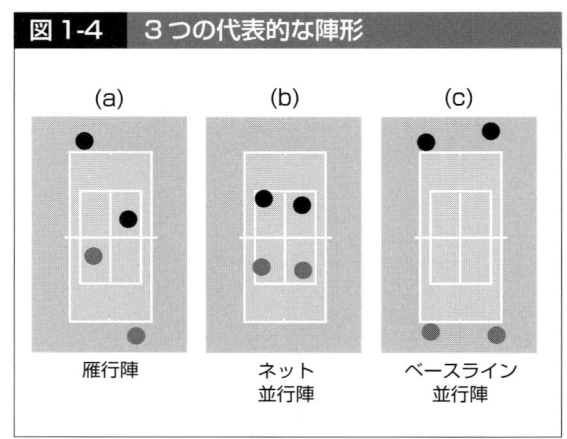

図1-4　3つの代表的な陣形

(a) 雁行陣　(b) ネット並行陣　(c) ベースライン並行陣

C O L U M N

〈GAPと順向／逆向プランニング〉

イラストの左側に示すように、普通は目標に向かって階段を上っていくように、前向きに目標を徐々に高くしていき、最終的に大きな目標に到達できるようにプランを立てます。これが、順向プランニングです。しかしながら、この方法の場合、最終的には大きな目標に近づきはするけれども到達できないということがよくあります。それは、大きな目標を達成するために必要なことを、まず身近にできるところから始めてしまったために、ごく最初の段階で重要なことをとばしてしまい、その上に積み上げてきた可能性があるからです。料理に例えてみると、本来牛肉を使うべきだったのに豚肉を使ったがために、よく似た味にはなったけれど、本来の味にはなりえなかったということです。

そこで、「大きな目標を達成するために必要なこと」が何なのかを最初に考えておき、そこから逆に考えてみます。「大きな目標を達成するために必要なこと」を克服するためには何をすべきか、そのまた手前にすべきことは何かと考えていきます。そして最終的に、それではいま、まずやるべきことは何かを考えるという方法です。これがデザインの原則で述べたGAPでの逆向プランニングです。

そこで本書の「第3章　練習デザイン」では、最終的に目標となる練習方法から順に簡単な練習へと、最終目標から簡単な目標へという順番で紹介しています。

順向プランニング　　逆向プランニング

CHAPTER **2** IMAGE

第2章

イメージデザイン

SOFT TENNIS

Chapter2：イメージデザイン

STROKE CYCLE

1. ストロークサイクルのイメージ

インパクト

フォワードスイング

フォロースルー

　ソフトテニスの実戦技能習得の際、忘れてはならないのが「ストロークサイクル」です。

　「ストロークサイクル」とは、実際のゲームにおいてさまざまな技能を連続して発揮するために、一つひとつの技能の終わりと次の技能の始まりを「つなぐ」意識を強調するものです。つまり、ファンダメンタルポジション（待球姿勢）からバックスイング、フォワードスイング、インパクト、フォロースルーへ、そして再びファンダメンタルポジションに戻るまでをひとつのサイクル（周期）として考えようというものです。ひとつの技能はフォロースルーで終わるのではなく、ファンダメンタルポジションに戻るまでをひとつだと考えるということです。

　ファンダメンタルポジションでは、ラケットを身体の中央前に持ち、膝、足首を適当に緩めた心身ともにリラックスした状態が重要で、左右前後どこにでも自由に動き出せる体勢をとりましょう。そして、その体勢から相手のストロークに合わせてラケットを引き（バックスイング）、その後飛んでくるボールに合わせてフォワードスイング→インパクト→フォロースルーといった一連の動作でボールをヒットし、その後再び次のストロークの準備としてのリカバリーからファンダメンタルポジションに戻ります。これが「ストロークサイクル」です。実戦ではそのサイクルを常にリズミカルに循環させることが重要なポイントとなります。

　グラウンドストロークに限らず、サービスを除くすべての実戦的技能は、相手プレーヤーから打ち出されたボールに対する反応から始まるので、その準備としてのファンダメンタルポジションは目立たない部分ですが、とても重要な技術要素になります。

Point1　ストロークサイクルの基本事項

①ファンダメンタルポジションでは、膝や足首など下半身を十分に曲げ、ボールに集中し、よりよい予測・判断を下せるよう心身ともにリラックスした状態で待球するよう心がけましょう。

↓

②ボールのコースを判断したら、素早いフットワークでコースへ移動するとともに、バックスイングしてボールを力強くヒットするための準備をします。このとき、ラケットだけでなく、後ろ足を軸にして

腰や肩をローテーションして力のタメをつくり、全身を効果的に使ったストロークができるよう準備することが大切です。

③フォワードスイングでは、スイングのための軸をしっかりつくり、腰や肩のローテーションを使った正確で鋭いスイングを実現しましょう。

④インパクトからフォロースルーは、ストローク技能の最も重要な局面です。集中力をもち、息を吐きながら身体全体を使って力強くボールをヒットし、適切なフォロースルーを心がけましょう。

⑤フォロースルーが終わったら、直ちに次のストロークの準備に入ります。これがリカバリーの局面です。体勢を立て直し、よりよいポジションに移動するとともに、再びベストなファンダメンタルポジションへと移行します。

Chapter2：イメージデザイン

Point 2　ボレーのストロークサイクル

ネットボレーのストロークサイクル

フォワードスイング　　バックスイング　　フォワードスイング

インパクト　　　　　　　　　　　　　　　インパクト

フォロースルー　　　　　　　　　　　　フォロースルー

ファンダメンタルポジション

リカバリー　　リカバリー

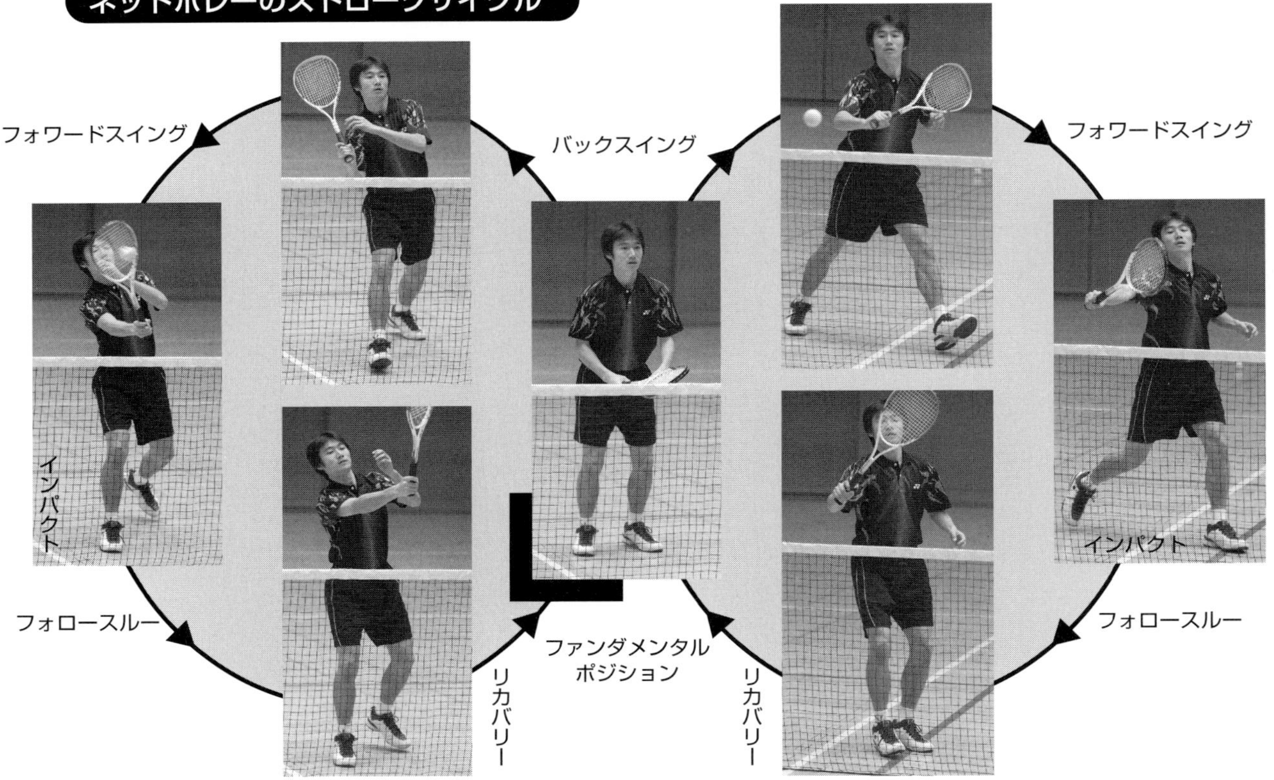

ネットボレーでもこの「ストロークサイクル」の形成は、実戦的技能習得の鍵となります。特に「守り」のボレーでは、ファンダメンタルポジションから守るべきコースへ身体を入れ、相手のストロークに合わせたバックスイングからフォワードスイング→インパクト→フォロースルーをコンパクトに、またスピーディーに行うことが求められます。フォロースルーではしっかり「面」を残すことを心がけるとともにリラックスすることで、よりスムーズなリカバリーが可能になります。

サービスからネットダッシュし、中間位置でボレーするまでのストロークサイクル

サービスからネットダッシュして中間位置でボレーする際にも、このストロークサイクルのイメージデザインは大切です。サービスを打ち終わった後、いかに素早くダッシュに移り、そして中間位置でファンダメンタルポジションをとることができるかどうかがその後のボレーの成否の鍵となります。サービス練習では常にその次のプレーを考え、ファンダメンタルポジションに戻るまでを一連の動きとして練習するようにしましょう。

ストロークサイクルのイメージ

中間ポジションでのボレーのストロークサイクル

フォワードスイング　バックスイング　フォワードスイング

インパクト　　　　　　　　　　　　　　　　インパクト

フォロースルー　　リカバリー　ファンダメンタルポジション　リカバリー　フォロースルー

中間ポジションでのボレーの場合も、基本的な留意点はネットボレーと同じです。ただ、ネットボレーと違うのは、中間ポジションでのボレーではボールが低い位置に打たれることが多いので、当然ですがファンダメンタルポジションでのラケットはネットボレーより低い位置におきます。また、できるだけ上体を起こした姿勢を保ち、コンパクトなスイングから正確なインパクトを心がけましょう。

Chapter2：イメージデザイン

GROUND STROKE

2. グラウンドストローク

Point 1　フォアハンドのイメージ ― 打点の打ち分け

異なる3つの打点での連続写真です。打点の違いによって、身体の使い方やラケットの軌道がどう変わっていくか理解しましょう。

トップストローク・シュートボール

サイドストローク・シュートボール

アンダーストローク・シュートボール

グラウンドストローク

トップストロークは、高い打点で（肩、もしくは頭の高さくらいになることもあります）、どちらかというと上から下へ押さえつけるように打ちます。シュートボールの中では、最も攻撃的なストロークといえるでしょう

▲グラウンドストロークの中で最も攻撃的なショット。上体を起こしたリラックスしたファンダメンタルポジションから、クロスステップを使って高い位置にバックスイングをとりながら前進します。このとき、右足（後ろ足）を軸に、肩、腰を回して左肩越しからボールを見るようにして力のタメをつくります。その後ボールのバウンドに合わせて左足（前足）を踏み込むとともに、ためていた力を解放してボールをヒットします。この連続写真では身体全体を使った回転重視の力強いスイングが実現されています。

サイドストロークは、地面とほぼ水平にラケットが振られます（フィニッシュにかけては肩の高さまで振られます）。打点は腰の高さくらいと考えればよいでしょう

◀ファンダメンタルポジションから相手打球のバウンドを予測し、右足（後ろ足）を軸にした、リラックスしたバックスイングで、高い打点で打球できる形をつくっています。その後、前足をスクエアに踏み出し、わきを締め、肩、腰を回しながら、腰のあたりの高さでインパクトを迎えた後、ラケットはほぼ水平に振り出されていきます。フォロースルーをしっかりとることで安定したスイングになっています。

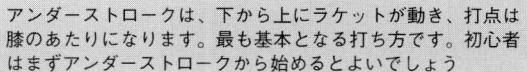

アンダーストロークは、下から上にラケットが動き、打点は膝のあたりになります。最も基本となる打ち方です。初心者はまずアンダーストロークから始めるとよいでしょう

◀膝、足首など下半身を曲げ、リラックスしたファンダメンタルポジションで、打球を予測し、ボールが短いとみるや素早いフットワークで前進します。ゆったりしたバックスイングで右足（後ろ足）を軸足に設定し、後ろから前への重心移動とともに、膝を十分曲げてフォワードスイングに入ります。インパクトは膝あたりの高さで、下から上に振り出すイメージでのコントロール重視のショットです。フォロースルーではラケットを斜め上前方へ振り抜くようにし、スイング軌道の安定を図っています。

Chapter2：イメージデザイン

Point 2　バックハンドのイメージ ―打点の打ち分け

　フォアハンド同様、異なる3つの打点での連続写真です。バックハンドはフォアハンドに比べて打点が前（ネット寄り）になり、インパクトの許容範囲が狭くなります。上級者はバックハンドのトップストロークが打てるようになりたいものです。

トップストローク・シュートボール ● ● ● ●

サイドストローク・シュートボール ● ● ● ● ● ● ● ● ▶

アンダーストローク・シュートボール ● ● ● ● ● ● ● ● ▶

グラウンドストローク

バックハンドのトップストロークは、グラウンドストロークの中でも最も難しい技術のひとつです。ミスを恐れず、積極的に高い打点で打っていきましょう

▲リラックスしたファンダメンタルポジションから高い打点で打ち込むことを予測し、左足（後ろ足）を軸足に設定します。それとともに、上体を起こしてバックスイングを高い位置にとり、肩、腰を回して、右肩越しからボールを見るようにして力のタメをつくります。このとき、左腕は胸の前で右腕と交差するようにし、フォワードスイングは右足（前足）の踏み込みに合わせて、腰、肩、腕、ラケットの順でムチのように振り出されていきます。右足から腰、肩、頭が1本の軸になるため、大きくしかもシャープな回転が生まれ、攻撃的で力強いボールが打ち出されます。

バックハンドはフォアハンドより打点が前になるので、踏み込んだ足のやや前方でインパクトを迎えるようにしましょう

◀トップストロークと比べて、打点が低いのがサイドストロークです。ファンダメンタルポジションから相手打球のバウンドを予測。ボールコースに入って左足（後ろ足）を軸足に設定し、肩、腰を回して力のタメをつくります。リズムをとって右足をクローズドに踏み込み、両腕の交差でためた力と肩の回転を使って身体を回し、腰の高さでボールをヒットします。ラケットは下から上ではなく、後ろから前へ水平に振り出すイメージで行いましょう。

アンダーストロークは、打点が低くなるので、フォアハンド同様、膝の深い曲げと柔らかな使い方が重要です

◀アンダーストロークは上の2つのショットと比べると、攻撃というよりコントロール重視のショットとなります。重心を低めにとり、ボールコースに移動したら、しっかり左足（後ろ足）を軸足に設定します。「くの字」姿勢から、肩、腰を回してバックスイングをとります。フォワードスイングは、前足を斜め前にしっかりとかかとから踏み込むのに合わせて、膝を十分曲げ、後ろから前への重心移動とともに下から上へのスイングでインパクトを迎えます。フォロースルーではラケットヘッドを上に振り抜いてフィニッシュとなります。

Chapter2：イメージデザイン

C O L U M N

〈ムチ動作〉

　力強い球を打つ、速い球を投げる、遠くまで球を蹴る――これらはあらゆる球技に共通した重要な要素です。ソフトテニスも例外ではありません。ソフトテニスにおいて、打球したボール速度に直接関係するのは、やはりラケット速度です。ラケット速度を速くするには、力学的に、また身体的にも効率的なスイングを行う必要があります。この腕や脚を速く振るための効率的な動作は「ムチ動作」と呼ばれています。それは、腕がムチのようにしなることに由来しています。また、オーバーハンドストロークでは、腕のみならず体幹の反りもムチ動作の一部と言えるでしょう。

　ムチ動作においては、体幹に近い肩から末端側のラケットヘッドへ向かって速度のピークが遅れて表れ、またそのピークは末端側ほど大きくなります。このような「速度加算」が速いラケット速度を生む重要なファクターなのです。また、このムチ動作にはエネルギーの伝達においても興味深い点があります。スイング初期に体幹がもっているエネルギーが肩→肘→手首と関節を経由してラケットまで順に伝達しているのですが、この「伝達していくエネルギー」は肩、肘、手首の「関節の筋肉がつくり出すエネルギー」より極めて大きいことがわかっています。

　下半身や体幹でつくられたエネルギーを効率よくラケットまで伝えてインパクトする動作、それがムチ動作です。

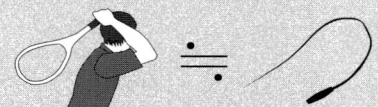
図1　ムチ動作

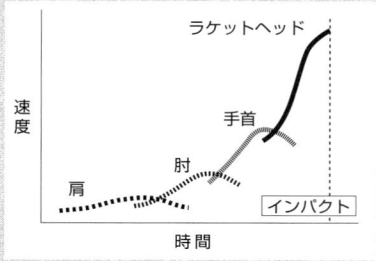
図2　ムチ動作における速度加算

C O L U M N

〈インパクト〉

　インパクトは、その後のボールの行方を決定するという意味において、ソフトテニスの最終的目標が具現化される瞬間です。一流選手の華麗なボールワークは、このインパクトの瞬間の絶妙な力加減があるからこそと言えるでしょう。インパクトという現象は、ボールとラケットの純粋な衝突現象です。

　ソフトテニスの通常のフォアハンドストロークにおいて、インパクト時のボールとラケットの接触時間は1000分の3〜5秒と報告されています。ボールとラケットが接触している間、ラケットはボールに一定でない力（撃力）を作用させています。

　ソフトテニスのボールをフラットで強く打球した場合、ボールはガット上でほぼ完全につぶれてしまいます。その後、ボールはラケットから離れてしばらくは形状を複雑に変形させながら飛行していきます。一方、スライスショットの場合には、ボールはラケットの左端から右端までほぼいっぱいに転がった後、ガット面から離れていきます。このときのボールは"柔らかいモチがお盆の端から端まで転がり落ちる"といった様子です。スライスショットではラケット面をいっぱいに使ってボールにスピンを与えています。

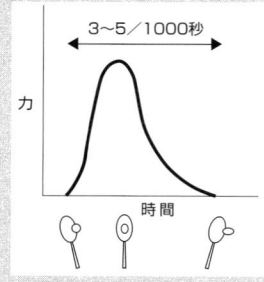
図3　撃力

図1　フラット打球のインパクト

図2　スライス打球のインパクト

グラウンドストローク

◎ここをチェック！◎

[フォアハンドストローク]

●膝を柔軟に使う

打点が低くなればなるほど、膝を深く曲げる必要があります。下半身が疲れてくると、フットワークが鈍くなるだけではなく、膝を十分に曲げられなくなり、いわゆる突っ立った状態でボールを打つようになってしまい、これがミスの原因のひとつとなります。打点が低い場合は、十分に膝を曲げてスイングするようにしましょう。またp18〜19の連続写真のように柔らかい膝の使い方は大変重要です。

●しっかりした回転軸をつくろう

この写真では、頭から左腰、さらに左足までの間でつくられたスイングの回転軸がよくわかります。この回転軸がつくられることによって、スムーズで速い身体の回転が可能になります。

●胸の張りがポイント

インパクト直前の胸の張りに注目してください。速いボールを打つにはラケットを速く振らなければなりません。言い換えれば、筋肉がより速く収縮しなければならないわけです。こういった胸の張りは前緊張反射と呼ばれるものを引き起こし、より速い筋肉の収縮を促し、ラケットを速く振るための重要な要素となると考えられます。

[バックハンドストローク]

●グラウンドストロークにおける打点の位置

バックハンドの打点は踏み込んだ足のやや前方（ネット寄り）になり、フォアハンドよりも前寄りになります。ボールに差し込まれて、打点が後ろ寄りになってしまうとうまく打てません。インパクトはなるべく前で迎えるように意識しましょう。また、打点の許容範囲もフォアハンドに比べて狭くなります。これらのことを頭に入れて練習することが必要です。

また、バックハンドに対しては苦手意識をもちやすいものですが、クローズドスタンスのため腰の位置が決まりやすく、打点も少ないので、いったん身につけてしまえば大きな武器になります。練習の中で打球回数を増やし、積極的にバックハンドを打つようにしましょう。

Chapter2：イメージデザイン

Point 3　球質を打ち分けるイメージ─ロビングとシュート

　フォアハンド、バックハンドとも、ロビングの場合はシュートボールに比べると、ラケットの下から上へという動きが顕著になります。

　アンダーストロークでのロビングは、つなぐ場面、守備的な場面、またグラウンドストローク習得の初期段階で重要です。

グラウンドストローク

フォアハンドのロビング

◀▼バックスイング（ロビング、シュートともに❶〜❺）はゆったりした姿勢からボールのバウンド位置を予測し、相手プレーヤーのポジションからどこにどのようなボールを打っていくかを決定している段階です。逆に、相手ネットプレーヤーはこの段階では相手がどこにどのような配球をしてくるかを予測判断し、動くタイミングを計っているところです。ラケットの位置やラケットヘッドの動きがその判断の決め手になりますので、見破られないような工夫をしましょう。

フォアハンドのシュート

バックハンドのロビング

バックハンドのシュート

◀▼バックスイング（ロビング、シュートともに❶〜❺）は相手ネットプレーヤーと相手返球から、どこにどのようなボールを打っていくかを決定している段階。そして、フォワードスイング開始（❻）のタイミングは相手ネットプレーヤーが動きを開始するタイミングでもあります。見破られない工夫とあわせて、もし配球が相手ネットプレーヤーに予測されても、つかまらないような厳しいコース、または深さ、高さが要求されます。

25

Chapter2：イメージデザイン

Point 4　球質を打ち分けるイメージ──トップストロークでのシュートと中ロブ

"中ロブの技術は最大の武器である"

高い打点からのトップストローク（シュート）は攻撃的、威圧的であり、相手ネットプレーヤーをネットに釘づけにすることができます。また、同じようなフ

トップストロークのシュート ● ● ● ● ● ● ● ▶

トップストロークの中ロブ ● ● ● ● ● ▶

グラウンドストローク

ォームからシュートボールを打つように見せかけて、高い打点で球速の速い中ロブを使えることができれば、相手ベースラインプレーヤーを走らせたり、陣形をくずしたりするのに有効で、非常に大きな武器となります。相手がフットワークの悪い選手であれば、中ロブでノータッチエースがとれる可能性もあります。シングルスの場合、ネットにつめた相手に対し、頭上を抜く中ロブをうまく打つことができれば決定的なショットとなります。

▲相手のロビング、あるいは守り、つなぎのボールに対して、相手ネットプレーヤーへのアタック攻撃やセンター攻撃をすれば、味方ネットプレーヤーにポイントしてもらう形をつくることができます。また、攻めの中ロブであれば、相手ベースラインプレーヤーを素早く揺さぶることができ、次の返球を味方ネットプレーヤーにボレーまたはスマッシュで決定してもらう形ができやすくなり、重要な攻撃パターンとなります。

▲中ロブを上げる際も、リラックスしたファンダメンタルポジションから高い位置にバックスイングをとり、シュートボールを打てる体勢をつくることが重要になります。そうすることで、相手ネットプレーヤーをネットに釘づけにするとともに、相手ベースラインプレーヤーにもシュートボールへの準備としての身構えをさせることができ、反応を遅らせる効果があります。

Chapter2：イメージデザイン

Point 5　スライスのイメージ

　スライス打法は、ネットにつめる際のアプローチショットとして、さらにネット際にボールを落としたり、相手を前に誘い出したりするドロップショットを打つのに有効です。
　また、非常に短いボールや遠いボールなどのようにボールに追いつくのに精いっぱいで、十分ラケットが

フォアハンドスライス（ウエスタングリップ）

▲余裕のある状況の中で用いられる打法であり、とりあえずコントロールショットでつないで次のチャンスを待つという意図があります。グリップはあまり替えずに上から下へていねいに運ぶように打球し、ネット際では高く、ベースラインでは落ちるスライス返球になります。

フォアハンドスライス（コンチネンタルグリップ）

▲相手からの返球が短いために十分に打球できないと判断し、腰をしっかり落として膝を十分曲げ、グリップチェンジをして、すくいあげるような動きでスライスをかけています。ストロークだけでなく、特にローボレーにおいて、またアンダーカットサービスに対するレシーブにおいても必須の技術になります。

グラウンドストローク

振れないような状況から返球する場面や、カットサービスに対するレシーブとしても役に立ちます。

ボールにアンダースピンの回転がかかるので、ドライブと比べてボールが落下しにくく、バウンド後はあまり弾まないという特徴があります（あまりにも極端な回転をかけた場合は、ボールが予期せぬ落ち方、曲がり方になることもあります）。

打球のバリエーションを増やしたり、押し込まれた場面で役に立つことが多いので、ぜひマスターしたい技術です。

バックハンドスライス（ウエスタングリップ）

▲相手打球が厳しく、しっかり構えていても打てないような状況（強力なファーストサービスに対するレシーブなど）では、グリップは替えずに、スイングをコンパクトに上から下方向へスライスさせて、つなぐボールを返球します。ラケットのスイングスピードによってボールの落下の仕方が変わり、速ければ速いほど極端に落ちます。

バックハンドスライス（コンチネンタルグリップ）

▲グリップをコンチネンタルに替える技術は、特にシングルスで必要となってきます。バック側に走らされて、十分に構えて打てないと判断したときには、素早くグリップチェンジをして、上から下への鋭いスイングでボールをスライスします。ラケットのスイングスピードによってボールの飛び方やバウンドの仕方が異なるので、相手を戸惑わせることができます。

Chapter2：イメージデザイン

Point 6 スタンス

スタンスには、大きく分けて、スクエア、オープン、クローズドの3タイプがあります。

フォアハンドでは状況に応じてこの3つのスタンスが使われますが、バックハンドではそのほとんどがクローズドスタンスです。

スクエアスタンスでのフォアハンドストローク

オープンスタンスでのフォアハンドストローク

▶オープンスタンスは、相手からのボールが深い場合や身体に近い場合に用いられます。本来ならば、後ろから前への体重移動によってボールに力を与えますが、相手の打球にも力があり、その力を利用しながらしっかり正確なインパクトを心がけたい場合に用いられるショットです。素早くバウンドを予測し、ボールコースに入って右足を軸足に設定。肩と腰を回し、力のタメをつくります。左足は前に踏み込むのではなく、左に置いたまま（このように打球方向に対して身体が開く形になるのをオープンスタンスと言う）、右足を軸にして身体を回し、ボールをヒットします。このとき、右足の真上に腰、肩、頭がきて、1本の軸になるような設定ができれば安定した打球が可能になります。深い位置からのストロークなので、フォロースルーを大きくとって、しっかりボールをコントロールしましょう。

クローズドスタンスでのフォアハンドストローク

グラウンドストローク

▲最も基本的な打法で用いられるスタンス。ファンダメンタルポジションからボールのコースへ移動して、力のタメをつくるために右足（後ろ足）を軸足に設定しながら、バックスイングをとります。その後、ボールのバウンドに合わせて左足（前足）を打球方向に平行に踏み出します。体重移動の方向と打球方向が一致するため安定したストロークを生み出しやすいことから、多くの技能の基本となるスタンスになります。上体を起こして体重移動が完了したら、腰をしっかり回してインパクトします。このときに踏み込み足の真上に腰、肩、頭がきて、1本の軸になるような設定ができれば安定した打球が可能になります。

◀クローズドスタンスは、オープンスタンスとは逆に、身体から離れたボールに対応する場合に用いられます。ファンダメンタルポジションから素早くボールのコースへ移動して、力のタメをつくるために右足（後ろ足）を軸足に設定しながら、バックスイングをとります。このとき、ボールのコースが身体から離れているため、ボールのバウンドに合わせて左足（前足）を打点の方向に大きく踏み出していきます。体重移動の方向と打球方向は一致していないので、上体を起こし、踏み込んだ足にしっかり体重を移動させ、踏み込み足の真上に腰、肩、頭がきて、1本の軸になるように設定します。そのうえで身体（腰）を回して打点を前にとり、クロス方向に打球していきましょう。

◎ ここをチェック！ ◎

基本的な3つのスタンスと打球方向の関係を示したものです。それぞれのスタンスは、プレーヤーのおかれた状況に応じてうまく使い分けることが必要です。また、スタンスにはプレーヤーの特性（攻撃的か守備的か）や戦略を含めたプレースタイルなども関係してきます。もう一度、それらを総合的にチェックし、適切な技能が身についているか見直してみましょう。

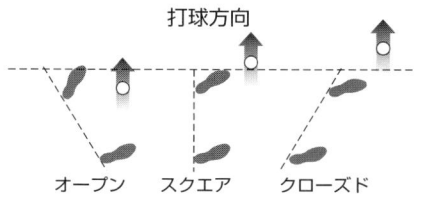

Chapter2：イメージデザイン

Point 7　フットワーク

　よいフットワークとは、ファンダメンタルポジションから素早くボールのコースへ移動し、効果的なストロークをするための適切なステップワーク（足の運び）のことを言います。まず大切なことは、リラックスしたファンダメンタルポジションをとり、ボールのコースによってどのようなストロークで対応するか、適切な判断を下すことが重要になります。

近くに食い込んでくるボールを回り込んで打つときのフットワーク

遠くに逃げていくボールに対して軸足を意図的に滑らせて（スライドさせて）打つフットワーク

グラウンドストローク

▲右利きのプレーヤーでセンターに打たれた際、フォアハンドに回り込んだために身体の近くにボールが食い込んでしまう場合がよくあります。こうしたときによく用いられるのがオープンスタンスですが、この場合オープンスタンスのためにどうしても体重が左に逃げてしまい、打球方向が引っ張るコース（クロス）になりがちで、そこを相手ネットプレーヤーにねらわれるケースが多くなります。したがって、実戦ではオープンスタンスになってもしっかり回り込んで上体を起こし、ながすコース（右方向）にも打てるような体勢づくり（技能）が求められます。

▲◀ここに挙げた2つのケースはともにシングルスゲームの中で多く見られるものです。特にサンドフィルコートやクレーコートでは、意図的に軸足（後ろ足）を滑らせ（スライドさせ）ながらオープンスタンスのまま打つ場合が出てきます。
上段：軸足を着いた（❹）後、まだボールに対して身体が遠いため、そのまま意図的に軸足を滑らせる形で打球コースまで身体をもっていき、オープンスタンスのまま打球しています。
下段：オープンスタンスのまま軸足（後ろ足）1本で打球し、さらにその動きの反動を利用して、より積極的に逆方向へ素早く身体を回転させてコートの中央へ戻る動作（ストロークサイクル）へと移行しています。このようにオープンスタンスは、動作時間の短縮と地面反力の効果的な利用に適した技能と言えます。

Chapter2：イメージデザイン

Point 8　スイング

　スイングには大きく分けて、バックスイングとフォワードスイングの2つがあります。バックスイングはフォワードスイングを行うための大切な準備であり、そのタイミングやラケットの高さ、位置などが適切で

スイングの基本はドライブ回転。下から上へのスイングがポイント ●●●●●●▶

ボールコントロール

　ボールコントロールは、左右に比べ、前後（打球の深さ）のコントロールのほうが難しくなります。基本的には、相手ベースライン付近に深いボールが打てるように練習しましょう。

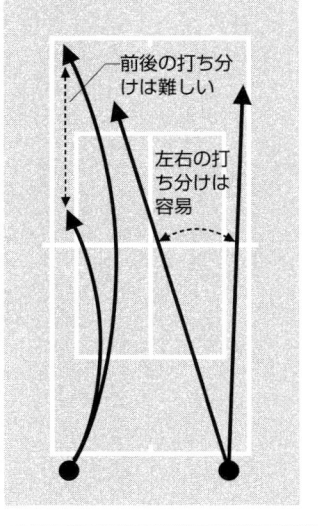

―前後の打ち分けは難しい

左右の打ち分けは容易

バックスイング

●バックスイングは早めに完了しよう

一般的に、相手からのボールがバウンドするときにバックスイングを完了させることで、ボールの変化に対応できて、振り遅れを防止することができます。特に、初心者はスイングの準備が遅れがちになるので、バックスイングを早めに完了するよう心がけましょう。

グラウンドストローク

ないと効果的なヒッティングは実現できません。
　また、フォワードスイングはストロークの命とも言うべき局面です。ボールに集中し、しっかりラケットを振ることを心がけましょう。

▼ボールコントロールの基本は下から上へのドライブ回転のかかったボールを打つことです。そのためにはラケットを下から上に振ることが絶対条件です。シュートボール、ロビングの球質にかかわらず、ストロークではまず、腕だけでなく身体全体を使ってスイングすることを心がけましょう。

フォワードスイング

上体（頭）がボールに向かって突っ込んで打ちに行っている誤った姿勢

正しい姿勢

●上体を並行移動させ、腰の回転を使ってスイング

フォワードスイングでは、後ろ足（力のタメをつくるための軸足）に乗せた体重を前足（踏み込み足）に移動し、腰の回転を使ってラケットを振っていくと身体全体を使った合理的な打ち方になり、いわゆる「手打ち」は避けられます。しかし、このとき「打ち気」にはやって、ボールに対して上体が突っ込み過ぎるとミスの原因になります。上体は並行移動で、腰の回転を使ってしっかりボールをヒットするよう心がけましょう。

Chapter2：イメージデザイン

インパクト

●ロビングではインパクトでの面の向きを正確に！

ロビングを正確に打つためのポイントは2つあります。ひとつは下半身、特に膝を十分に使ってスイングすること、もうひとつはインパクトの面をしっかりコントロールすることです。打ちたい方向にしっかりラケット面を向け、下から上へのスイングでボールを運ぶようにしてコントロールします。

●ドライブ回転を打つには、少しシャット気味にボールをとらえる

ドライブ回転のかかった、よくコントロールされたボールを打つには、ラケット面をシャット気味（ラケット面を少し下へ向け、ラケットヘッドを少し下へ落とした状態）にしてスイングするとよいでしょう。

フォロースルー

●しっかり最後までラケットを振り抜こう

スイング後半のフォロースルーの最終段階をフィニッシュと言います。基本をマスターするときには、フィニッシュでラケットを首に巻きつけるようなイメージでスイングすることが重要です。ゆっくりとしたボールを打つときでも、ボールを置きにいくのではなく、ラケットをしっかり振り抜いて打つよう心がけましょう。

COLUMN

〈オープンスタンス〉

　近年のソフトテニスは打球の高速化が目立ち、ゲームは非常にスピーディーなものになっています。こうした状況の中で問題となるのが、ストロークにおける動作時間についてです。

　グラウンドストロークのスタンスは、オープンスタンス、スクエアスタンス、クローズドスタンスの3つに分けることができます。オープン、スクエア、クローズドの順に、その動作時間が短いことが明らかになっています。相手ネットプレーヤーのポジションを確認してから打球するダブルスの雁行陣でのグラウンドストロークでは、動作時間の短いオープンスタンスを採用することによって、高速化したゲーム状況への対応が容易になってくる可能性があります。

　また、地面を蹴る力は、一般に「地面反力」と呼ばれますが、スイング動作時にこの力が強ければラケットを速く振ることができると考えられています。そして、この地面反力をラケット速度に反映させるためには、ストローク動作中に胴体部分をクルッと回転させなければなりません。そのためには、胴体部分が回転できるだけの余地を残しておかなくてはなりません。ところがクローズドやスクエアスタンスでは、打球方向に対して胴体部分が回転できる余地が制限されてしまいます。したがって、胴体部分の回転を生かすためには、オープンスタンスの採用が必要になると思われます。またクローズドスタンスにおいて、クローズした脚に体重が早めに移動してしまうと、相撲で言う「死に体」と同様の状態になりがちです。これでは脚や腰を十分に使ったパワフルな打球をしているとは言えません。

　また一方、オープンスタンスでは、踏み込みができないために速い打球は打てないと考える人もいるかもしれません。本来、踏み込みの意義は、体重の移動によって胴体部分の速度を高めようとするものですが、クローズドやスクエアスタンスでも、必ずしも打球方向への体重移動が行われるわけではなく、この体重移動が打球速度に十分反映されているかどうかはわかりません。つまり、高速化したゲーム状況では、オープンスタンスを基本に考えながら、いかに胴体部分の回転を生かすかが重要な課題となります。

　もちろん、ゲームではオープンスタンスばかりを使えるわけではなく、クローズドやスクエアスタンスを使わなければならない場面はいくらでもあります。しかしここで大切なのは、軸足をスライドさせながらオープンスタンスの構えをとって、しっかり止まることができることです。

　できればその体勢から、さらに腰や上体のローテーションを使って難しいゲーム状況に対応できることが望まれます。相手ネットプレーヤーのポジションを確認しながら、こうした変化にも対応できる体勢をどれだけつくることができるかが、これからのソフトテニスプレーヤの重要課題と言えるでしょう。

Chapter2：イメージデザイン

NET PLAY

3. ネットプレー

Point 1　フォアハンドボレーのイメージ
―基本となる３種類のボレー

　正面から飛んでくるボールを３方向に打ち分けるボレー（比較的水平に飛んでくるボールを打つ技術）の基礎技能を紹介します。正面（ながす）、落とす、引っ張るボレーでの身体やラケットの使い方の違いを理解しましょう。

▶リラックスしたファンダメンタルポジションからのタイミングのとり方は、正面ボレーと同じです。最も違うのはバックスイングの大きさで、よりコンパクトなバックスイングをとります。つまり、タイミングはとりますが、ほとんどバックスイングはなく、力のタメもほとんどありません（❹）。このとき、同時に利き手側の足をボールのコースに踏み出すのも正面ボレーと同じです。その後、素早くボールのコースにラケットと身体を入れてインパクトします。ほとんどラケットを押し出すことなく、柔らかいタッチでボールの勢いを殺すインパクトを心がけましょう。

正面（ながす）ボレー ●●●●●▶

落とすボレー ●●●●●●▶

引っ張るボレー ●●●●●●▶

❶　❷　❸　❹　❺

ネットプレー

◀ボレー技術の最も基本となるのが正面ボレーです。フォアハンドボレーでは、打点は利き手側の肩の真ん前が基本となります。リラックスしたファンダメンタルポジションから、相手のフォワードスイングに合わせてバックスイングをとります（ラケットは縦に使うのが基本）。同時に、利き手側の足をボールのコースに踏み出し、スイングの支点をつくります。その後、しっかり上体を起こしたまま、踏み出した軸足に体重を移し、身体全体で力のタメをつくって、コンパクトなスイングでラケットを押し出してボールをヒットします。面はフラットが基本で、インパクト後も面を残し、しっかりフォロースルーをとります。

◀ファンダメンタルポジションからのタイミングのとり方は他のボレーとまったく同じです。異なるのはラケットのバックスイングの位置で、正面ボレーのときよりラケットを斜め（または横）に使うイメージで、おおよそラケット面1面分（25cmくらい）外にとります（❸）。わきを開けないようにするのがポイントです。打点は他のボレーと同様で、基本となる利き手側の肩の真ん前。また、このとき利き手側の足をボールのコースに踏み出し、力のタメをつくるとともに、上体を起こして身体全体をしっかりコースに入れてボレーします。スイングはコンパクトにし、ラケットをやや小指側から握る感じで押し出してボールをヒットします。面はフラットとし、しっかりフォロースルーをとりましょう。

Chapter2：イメージデザイン

Point 2 バックハンドボレーの
イメージ──基本となる
3種類のボレー

　正面から飛んでくるボールをバックハンドで3方向に打ち分けるボレーの基礎技能を紹介します。正面（ながす）、落とす、引っ張るボレーにおいて、身体やラケットの使い方がどのように違うか理解しましょう。

正面（ながす）ボレー ● ● ● ● ● ● ● ▶

落とすボレー ● ● ● ● ● ● ● ▶

❶　❷　❸　❹　❺

引っ張るボレー ● ● ● ● ● ● ● ▶

❶　❷　❸　❹　❺

ネットプレー

◀ バックハンドボレー技術においても、最も基本となるのが正面ボレーです。バックハンドボレーの打点はフォアハンドとは違い、非利き手側の肩の真ん前が基本となります。

リラックスしたファンダメンタルポジションから、相手のフォワードスイングに合わせてバックスイングをとります（ラケットは縦に使う）。準備段階ではラケットのスロート部を左手（非利き手）で持ち、準備位置も左肩（非利き手側の肩）の前になります。このとき、同時に左足（非利き手側の足）の膝、足首をしっかり曲げてボールのコースに踏み出します。その後しっかり上体を起こしたまま、踏み出した軸足に体重を移動して力のタメをつくった後、コンパクトなスイングでラケットを押し出してインパクトします。グラウンドストローク同様、インパクトの位置はフォアハンドの場合よりボール2つくらいネット寄りになります。面はフラットが基本で、インパクト後も面を残し、しっかりフォロースルーをとります。

◀ 基本的な動作の流れは、フォアハンドの落とすボレーとまったく同じです。よりコンパクトなバックスイング（タイミングはとるけれども、ほとんどバックスイングしない）をとると同時に、非利き手側の足をボールのコースに踏み出します。ただし、前述したようにバックハンドボレーで処理すると判断した時点で、ラケットの準備位置は左肩（非利き手側の肩）の前になります（④）。その後、わきを締めて、素早く、そしてしっかりボールのコースに身体とラケットを入れてインパクトします。インパクトではラケットを押し出すのではなく、柔らかいタッチでボールの勢いを殺すようにしましょう。

◀ ファンダメンタルポジションからのタイミングのとり方は他のボレーと同じです。バックハンドボレーで処理すると判断した時点で、ラケットを左肩（非利き手側肩）の前に準備します（②）。ラケットのバックスイングの位置は、フォアハンドの引っ張るボレーと同様、正面ボレーよりラケットを斜めに使うイメージで、おおよそラケット面1面分（25cmくらい）外にとります（③）。打点は他のバックハンドボレーと同じで、基本となる非利き手側の肩の真ん前。また、このとき非利き手側の足をボールのコースに踏み出すとともに、身体全体をしっかりコースに入れ、打点を前にとってボレーします。スイングはコンパクトにし、ラケットをやや親指側から握る感じで押し出してボールをヒット。面はフラットで、しっかりフォロースルーをとります。

Chapter2：イメージデザイン

Point 3 コースを打ち分ける—実戦的なフォアハンドボレー

基本で学んだフォアハンドボレーを実戦の中で活用していくためのポイントです。雁行陣でのポジションからの3種類の実戦技能を紹介します。基本技能で指摘したポイントを忘れず、より遠く、かつ速く飛んでくるボールを確実にボレーできるよう練習しましょう。

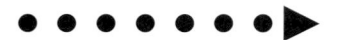

ながすボレー ●●●●●●●▶

落とすボレー ●●●●●●●▶

引っ張るボレー ●●●●●●●▶

ネットプレー

▲実戦の中で最も多く使われる技能です。リラックスしたファンダメンタルポジションから相手の打球コースを読み、相手プレーヤーのラケットの振り出しにタイミングを合わせてスタートします。準備段階では利き手側の肩の前にラケットをセットし、その後相手プレーヤーのフォワードスイングに合わせてコンパクトなバックスイングをとります。ステップはコースの読みと同時にコース側（利き手側）の足を方向づけし、クロスステップで素早く移動。3歩目に利き手側の足をボールのコースに踏み出し、足首、膝をしっかり曲げて力のタメをつくってタイミングをとり、しっかり上体を起こしたままインパクトへ。ラケットは振るというより押し出すイメージでボールをヒットします。基本技能同様、面はフラットで、インパクト後も面を残し、しっかりしたフォロースルーとともに足を送っていきます。

◀リラックスしたファンダメンタルポジションからのタイミングのとり方は、ながすボレーとほぼ同じです。基本技能同様、タイミングを計っているけれども、ほとんどバックスイングはしません。準備段階でラケットを利き手側の肩の前にセットし、そのままコースへ移動。インパクトへ向けて、素早くボールのコースに身体とラケットを入れます。インパクトでは、ダイナミックな動きであっても、注意深く、柔らかいタッチでボールを扱い、上手に勢いを殺すようにします。

◀ファンダメンタルポジションからのタイミングのとり方は、他のボレーと同じです。最も異なるところは基本技能同様、ラケットのバックスイングの位置です。わきをしっかり締め、ながすボレーに比べてラケットを斜めからさらに横に使うイメージで、おおよそラケット面1面分（25cmくらい）外にとります。フォワードスイングでは、上体を起こして身体全体をしっかりコースに入れ、打点は基本技能同様、常に利き手側の肩の真ん前にとります。3種類のボレーともステップはすべて同じリズムであり、コースの読みと同時にコース側の足を方向づけし、クロスステップで素早く移動します。3歩目に利き手側の足をボールのコースに踏み出すとともに、下半身にタメをつくってタイミングをとり、インパクトに合わせて送り足をとります。

実戦でのポイント

●コースにしっかり身体を入れる！

どんなボレーでも同じですが、フォワードスイングからインパクトの際に重要なのはラケットを強く振ることより、コースまで身体をしっかり移動させることです。そうすることで、上体の力みがとれ、的確なボールインパクトが可能になります。

Chapter2：イメージデザイン

Point 4 コースを打ち分ける—
実戦的なバックハンドボレー

基本で学んだバックハンドボレーを実戦の中で活用していくためのポイントです。雁行陣でのポジションなどをイメージしながら、3種類の連続写真を見てください。実戦的なプレーの中にある、基礎あるいは基本要素をしっかり理解しましょう。

ながすボレー ●●●●●●●●▶

落とすボレー ●●●●●●●▶

引っ張るボレー ●●●●●●●●▶

ネットプレー

▲ファンダメンタルポジションから、相手のフォワードスイングに合わせてバックスイングをとります。このとき、ラケットのスロート部を左手（非利き手）で持ち、左肩（非利き手側肩）の前にセットしてスタートします。ボールのコースにもよりますが、実戦でのバックハンドボレーでは、ラケットは縦ではなく横にして使うケースが多くなります。ステップはここまで紹介してきたボレーとほぼ同じです。コースの読みと同時にコース側の足を方向づけし、クロスステップで素早く移動。3歩目に非利き手側の足をボールのコースに踏み出すとともに、下半身（足首と膝）にタメをつくってタイミングをとり、インパクトに合わせて送り足をとります。インパクトの位置は基本技能と同様、フォアハンドの場合よりボール2つくらいネット寄りになります。面はフラットが基本で、インパクト後も面を残し、しっかりフォロースルーをとります。

◀リラックスしたファンダメンタルポジションから相手の打球コースを読み、相手プレーヤーのラケットの振り出しにタイミングを合わせてスタートします。基本技能同様、相手プレーヤーのフォワードスイングに合わせてラケットを非利き手側の肩の前にセットし、ほとんどバックスイングしないままコースへ移動します。動きは素早く、そしてインパクトでは上体を伸び上がらせずに、注意深く柔らかいタッチでボールを扱い、ボールの勢いを殺していきます。

◀引っ張るボレーで重要なのは、バックスイングの際のラケットの位置とインパクトでのコースへの入り方です。まずバックハンドボレーで処理すると判断した時点で、ラケットを左肩（非利き手側肩）の前に準備します。フォアハンドの引っ張るボレーと同様、相手プレーヤーのフォワードスイングに合わせてラケットを斜めからさらに横に使うイメージで、おおよそラケット面1面分（25cmくらい）外にバックスイングします。このとき、グラウンドストロークと同様に、軸足（非利き手側足）の上で肩、腰を回して身体のひねりをつくることで力のタメをつくることができます。打点は、ながすボレーよりさらにネット寄りにとると同時に、身体全体をしっかりコースに入れてボレーします。スイングはコンパクトにし、ラケットをやや親指側から握る感じで押し出してボールをヒット。面はフラットで、しっかりフォロースルーをとります。

Chapter2：イメージデザイン

Point 5 守りのボレーのイメージ──基礎技能から実戦的技能へ

　雁行陣での基本練習の中では、相手から攻められるボールをネット際で防御するネットプレー、いわゆる「守り」のボレー技術が必要となります。基本技能の習得には、下からの球出しに対して素早く反応する簡単な練習から始め、徐々にボールスピードを上げたり、高い打点からの球出しに発展させます。実戦に向けて、相手の「攻め」に対して恐れることなく、心理的にも姿勢をくずさないメンタルな側面を含めた練習を重ねましょう。

フォアハンドの落とすボレー

バックハンドの落とすボレー

実戦練習編

●「守り」のボレーは「勇気」をもって！

　相手プレーヤーが前進フットワークを使って攻めてくるのですから、どうしても気持ちがひるみがちになります。しかし、そこで気持ちがひるんでしまっては守りきることはできません。上体を起こし、勇気をもってボールに立ち向かいましょう。

ネットプレー

◀基本的なタイミングのとり方はフォアハンドボレーの場合と同じです。相手プレーヤーの前進フットワークとともに、ポジションを「守り」の側へ移動し、ネットにつめます。上体を起こして待球し、バックハンド側にボールがくると判断したら、素早く非利き手側の足をボールのコースに踏み出す準備をするとともに、ラケットを非利き手側の肩の前に準備し、できるだけ面を広く使えるように正面に向けます。その後、素早くボールのコースに身体とラケットを入れ、インパクト。すべての「守り」のボレーにおいて、「そのコースは絶対に抜かせない」という心構えと心身のリラクセーションが重要なポイントになります。

▲リラックスしたファンダメンタルポジションからのタイミングのとり方は、基礎技能の正面ボレーと同じです。ネットにつめて上体を起こして待球し、フォアハンド側にボールがくると判断したら、素早く利き手側の足をボールのコースに踏み出す準備をするとともに、ラケットを利き手側の肩の前に準備し、できるだけ面を広く使えるように正面に向けます。その後、素早くボールのコースに身体とラケットを入れ、インパクト。「守り」のボレーであり、まずはしっかりラケットをボールのコースに入れることが重要となります。

●しっかりコースに身体を入れる

「守り」のボレーでは、気持ちだけでなく、十分に身体をボールのコースに入れてプレーすることが重要です。ファンダメンタルポジションから、ボールのコースが判断できたら、しっかり軸足をコースに入れるとともに、ラケットの面を厚くしてボールをとらえるようにしましょう。

●最後までボールから目を離さない

どんなボールに対しても言えることですが、特に「守り」のボレーではボールから目を離してはいけません。相手から攻められて気持ちにも余裕がなくなり、つい最後までボールを見ることを怠りがちですが、そこが勝敗の分かれ目です。決して諦めず、インパクトまでしっかりボールを見るように心がけましょう。

Chapter2：イメージデザイン

Point 6　中間位置でのボレーのイメージ—フォアとバックの打ち分け

フォアハンド＆バックハンドボレー

中間位置でのボレーは、多様な陣形でのプレーが要求される上級者、あるいはサービスやストロークからのネットダッシュで積極的にポイントチャンスをつくっていこうとするネットプレー志向のプレーヤーにとっては欠かせない技能と言えます。ただ、この位置でのボレーの基本は「つなぎ」のためのものが中心で、決定打となるケースは多くはありません。

ここでは、サービスライン付近にポジションをとった場合のフォアハンドならびにバックハンドボレーの基礎技能について紹介します。

実戦練習編

●ネット並行陣ではオープンスタンスが基本！

ネット並行陣では、2人のプレーヤーがサイド・バイ・サイドでポジションをとります。よって、プレーそのものの移動距離は短いですが、ボールへの対応時間が少ないため、どうしてもより動作時間の短い技能、つまりオープンスタンスでの打球技能が要求されます。近年の国際大会などでは、より攻撃的かつスピーディーなプレーが要求されるため、多くのプレーヤーがベースラインプレー、ネットプレーの区別なくオープンスタンスでプレーするケースが多くなっています。

ネットプレー

▲◀リラックスしたファンダメンタルポジションは、ネットに近い位置でのボレーと基本的には変わりません。しかし、写真からもわかるように、ポジショニングの際のスタンスはネットに近い位置でのボレーより明らかに広く、また低い姿勢をとります。これはこの位置で扱うほとんどのボールの高さが足元から肩の間（この位置で肩より高く、かつ速いボールはアウトになるケースが多い）になるため、ラケットの準備位置もネット近くに位置するときもよりやや低いところになります。また、このときの加重は両足均等で、左右どちらにでも反応できる体勢をとります。

なお、この位置でのプレーの技術要素の基本は、グラウンドストロークとネットボレーの中間的技能であるという点にあります。つまり、打球に際してはグラウンドストロークのように素早くボールのコースにコース側の足（フォアハンドの場合は利き手側の足、バックハンドの場合は非利き手側の足）を軸足として設定します。バックスイングはラケットを小さく引くと同時に、コース側の足を軸に、小さく肩と腰を回して力のタメをつくります。インパクトはネットボレーのようにコンパクトなスイングで、軸足にためた力をダイレクトにボールに伝えるイメージでヒットします。

●中間位置でのボレーでは下半身の使い方が重要！

中間位置でのボレーでもうひとつ重要なのが、下半身の使い方です。ファンダメンタルポジションでは、十分に心身をリラックスさせ、上体の余分な力を抜きます。そして、身体全体をしっかり下半身で支えるようにし、上体を起こし、膝、足首を十分に曲げ、足裏全体で地面をつまむようにして待球しましょう。このことは地面反力の活用という意味でも極めて重要なポイントで、スピーディーでパワフルなプレーを行うための必要条件と言えます。

Chapter2：イメージデザイン

Point 7　中間位置でのハイボレー

中間位置でのハイボレーは、相手がようやく返球してきたボールの処理や相手プレーヤーからの低めの中ロブをたたく場合によく使われる技能です。技術要素の基本はネットボレーとスマッシュとの中間的技能で

フォアハンドのハイボレー　●●●●●●●▶

バックハンドのハイボレー　●●●●●●▶

ネットプレー

ある点にあります。したがって技能習得に際しては、ゲスマッシュの基本技能と合わせて段階的に進めるのがよいでしょう。特に女子プレーヤーにとって、バックハンドのハイボレーが使えるかどうかはネットプレーヤーの守備範囲を決める大きなカギとなるもので、ゲームの勝敗にも影響します。ぜひマスターして、ワンランク上のプレーヤーを目指してほしいものです。

◀相手プレーヤーからのボールがフォア側のやや高い位置に飛んでくると判断したら、リラックスしたファンダメンタルポジションから1歩後方へ下がるステップをとる。このとき、ラケットは前方からかつぎ上げるようにし、ボールのコースに軸足（利き手側の足）を設定し、足首、膝、上体を使ってしっかり力のタメをつくります。バックスイングの後半には、ラケットを持ったほうの肘を高い位置に上げてキープし、タイミングよくフォワードスイングへと移行していきます。このとき、身体全体でためた力を一気にボールに与えるようにしましょう。打点はあくまでも頭の正面上方にとり、大きくフォロースルーをとります。

◀基本的なタイミングのとり方は、フォアハンドボレーの場合と同じになります。相手プレーヤーからのボールがバック側のやや高い位置に飛んでくると予測したら、1歩後方へ下がるステップをとります。その後ボールのコースを判断して、さらに後退フットワークをとります。ボールのコースに軸足（非利き手側の足）を設定し、バックスイングを高い位置にとり、肩、腰を回し、右肩越しからボールを見るようにして力のタメをつくります。このとき、左腕は胸の前で右腕と交差するようにし、フォワードスイングは右足（前足）の送りに合わせて腰、肩、腕、ラケットの順でムチのように振り出されていきます。このとき、身体全体でためた力を一気にボールに与えるようにしましょう。打点はネットボレーと同様、ネット寄り前方にとり、最後はしっかり背中の筋肉を使って両手を広げる（胸を開く）ようにするとともに、大きくフォロースルーをとります。

Chapter2：イメージデザイン

Point 8 フォアハンドスマッシュのイメージ
―基本となるスマッシュ

　ソフトテニスのラリーの中で用いられる縦の動きと、スマッシュ（山なりのボールを上から下にたたきつける技術）の基礎技能を紹介します。スマッシュはソフトテニスの技能の中で最も攻撃的かつ破壊的なショットであり、決定打の柱となります。基本的なフットワークから、力のタメ、フォワードスイング、インパクト、そしてフォロースルーといった一連の動作のポイントを理解しましょう。

正面へのフォアハンドスマッシュのイメージ

ネットプレー

▼プレーの技術要素を理解しやすくするために、正面と横の2方向からの連続写真を示しました。
まず、リラックスしたファンダメンタルポジションから、後方に上がった山なりのボール（ロビング）に対して後退フットワークをとります。このときのステップのとり方は、ファンダメンタルポジションからロビングを予測した時点で利き手側の足を1歩後方に下げて方向づけし、ボールが上がると判断したら一気に後退フットワークをとります。この写真ではクロスステップでボールの落下点に入り、十分上体をリラックスさせた状態で、利き手側の足を軸にしてしっかり力のタメをつくっています。また、グリップは後退ステップの間に、リストの使いやすいコンチネンタルグリップへの持ち替えがなされています。フォワードスイングでは前足（非利き手側の足）への体重移動に合わせて、肘を高く上げ、身体の反り、胸の張りを使い、腰、肩、腕、ラケットの順で身体全体をムチのようにしならせながらラケットが振り出されています。このとき、肩の力を抜き、ためた力がしっかりボールに伝わるようにラケットを振り抜きましょう。打点は頭（顔）の正面上方で、物を投げるようなイメージとともに、しっかり前足に体重移動して大きくフォロースルーをとります。

Chapter2：イメージデザイン

Point 9 コースを打ち分ける─実戦的なフォアハンドスマッシュ

ながすスマッシュ ●●●●●●●●▶

▲リラックスしたファンダメンタルポジションから、ロビングを予測。クロス方向へ後退するため、利き手側の足を1歩後方に下げて方向づけをします。ボールが上がると判断したら、クロスステップで素早くボールの落下点に入り、利き手側の足を軸に、身体の反りを含めてしっかり力のタメをつくります。フォワードスイングでは前足（非利き手側の足）をやや開き気味にして踏み込み、体重移動に合わせて肘を高く上げ、身体の反りを使いながら身体全体をムチのようにしならせてラケットが振り出されています。グリップは後退ステップ

引っ張るスマッシュ ●●●●●●●●▶

▲打球の基本的な流れはながすスマッシュの場合とまったく同じです。引っ張る方向にボールをヒットするためには、フォワードスイングで前足（非利き手側の足）を打球方向に踏み込み、しっかり体重移動して、頭（顔）の真上やや前方の高い位置に打点をとって思いきり振り下ろします。ラケットの振り出しに際して、肘を

54

ネットプレー

　基本で学んだフォアハンドスマッシュを実戦の中で活用していくためのステップです。
　ここでは雁行陣でのポジションからの2種類の連続写真を紹介します。基本技能で指摘したポイントを忘れず、より深くかつまた速いロビングを確実にスマッシュできるよう練習しましょう。

の間にコンチネンタルに持ち替えられており、ながす方向にボールをヒットするために最大のバックスイング時にはラケットは背面のやや左側に引かれ、フォワードスイングはそこから打点である頭（顔）の正面上方を通って、やや右方向に振り出されています。フォロースルーを大きくとり、フィニッシュではしっかり前足に体重移動しています。

高く上げ、身体の反りを使いながら身体全体をムチのようにしならせ、ためた力をしっかりボールに伝えます。グリップはやはり後退ステップの間にコンチネンタルに持ち替えられており、その分だけ高い打点で、しかも十分なリストワークを使ったスマッシュになっています。

55

Chapter2：イメージデザイン

Point 10 フォアハンドのジャンピングスマッシュのイメージ

　ジャンピングスマッシュは、基本、そして実戦技能で学んだフォアハンドスマッシュの上級レベルになります。相手プレーヤーのロビングを読んで一気に後退し、ジャンプしながら上から下へボールを叩きつけるダイナミックなショットです。連続写真をよく見て、後退フットワークからジャンプへのリズムやタイミングをしっかりイメージして練習に役立ててください。

ジャンピングスマッシュ ● ● ● ● ● ● ● ▶

● ● ● ● ● ● ▶

ネットプレー

▼ここでは前からと横からの2種類の連続写真を示しました。リラックスしたファンダメンタルポジションから、ロビングを予測。利き手側の足から1歩後退、その後クロスステップで後退し、利き手側の足（基本技能では力のタメの軸になる足）で後方上に高くジャンプします。ジャンプしたら、身体を思いきり反り、その返しの力を使って高い打点でボールヒットします。ボールインパクトに合わせるように左右の足を入れ替える、いわゆるシザースキックの要領で踏みきった足とは反対の足で着地します。高度な技術ですが、上級者には必要不可欠な技能です。グリップは基本技能と同様、後退ステップの間にコンチネンタルに持ち替え、打点がやや後方になってもリストワークを使ってボールを強くヒットできるようにします。

Chapter2：イメージデザイン

SERVICE

4. サービス

Point 1　サービスのイメージ

　サービスの動作は、トスを上げる、ラケットを始動しスイングを始める、インパクト、フォロースルーなど、ひとつの流れの中でさまざまな動作を行っています。実際にトスを上げてからボールを打つまでわずか1、2秒しかありません。各動作のすみずみまで考えている余裕はないのです。細かいことを意識しないで自動化するまで練習しましょう。トップ選手の連続写真で、身体の向き、ラケットの軌道や面の向きなどをビジュアルイメージ化し、頭の中で描けるようになることが上達の第一歩です。

●オーバーヘッド系

　サービスを打つことから試合は始まります。有利に進めるためにも、サービスは攻撃的にかつ確率を高く入れたいものです。そのためにも高い打点で打つオーバーヘッド系は大きな武器となります。野球で例えると、剛速球のフラットサービス、高速スライダーのトップスライスサービス、シュート回転のリバースサービスがあります。その他に、やや低めのトスでクイック気味に一気に打ち込むバズーカサービスがあります。

　正確なトスとともに足首、膝の曲げ、身体の反りといった身体全体を使ったタメから高い打点でインパクトし、ラケットを放り投げるような感じで十分なフォロースルーをとっていきます。

　ファーストサービスで打つ場合は攻撃を重視して身体全体を使ってダイナミックに、セカンドサービスでは相手に攻撃的なレシーブを打たせないよう工夫しましょう。

オーバーヘッド系のサービス

オーバーヘッド系のサービスからネットダッシュ

58

59

Chapter2：イメージデザイン

●カット系

　カットサービスは薄いラケット面でボールを切るようにスイングすることで、ボールを極端に変形させます。ラケット面に長くボールが吸いついていればいるほど、かつスイングスピードが速いと、バウンドしてからの弾み方やその方向は特異的です。インパクトの高さによってショルダーカット、アンダーカット(フォアカット、バックカット)があります。ショルダーカットではていねいに押し出すようなフォロースルーをし、アンダーカットでは振り子のように振り抜きます。

　ファーストサービス用に攻撃的に打つ場合もありますが、主にセカンドサービス用にコントロール重視で打ちます。バウンドが低く、レシーバーに攻撃されにくいことが望まれます。

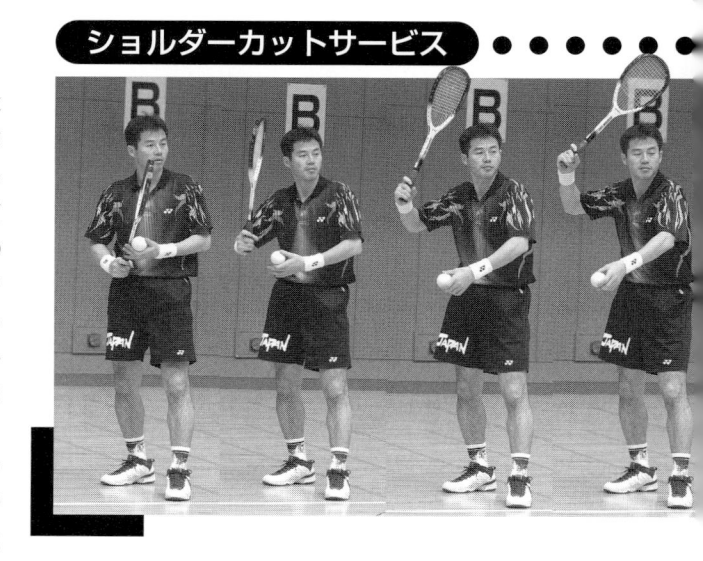

ショルダーカットサービス ● ● ● ● ● ●

フォアカットサービス ● ● ● ● ●▶

サービス

バックカットサービス

61

Chapter2：イメージデザイン

Point2　構え、スタンス

●オーバーヘッド系

　左手でボールを2個持つ場合でも、1個は手に、もう1個はポケットに入れたりホルダーにセットしたりする場合でも構えは同じです。左手の中指や人差し指でラケットのスロートの部分を軽く持つか添えるかして胸や顔の前でセットし、身体全体をリラックスして構えます。グリップとトスアップするボールを確かめ、打とうとするコースをしっかり見て、イメージをつくります(この瞬間は2、3秒)。

　両足の間隔は肩幅くらいにし、ほどよいリラックスを心がけましょう。

図2-1　サービスとスタンスの関係

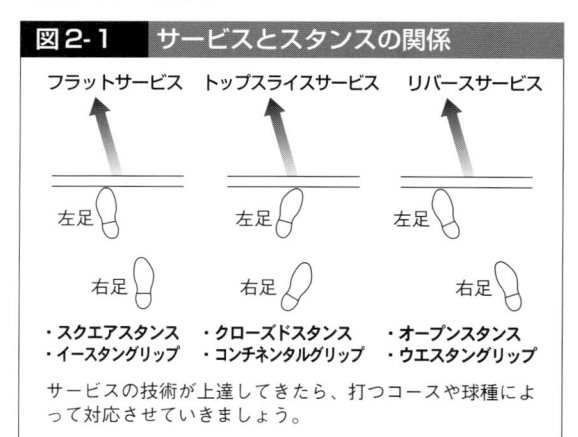

フラットサービス	トップスライスサービス	リバースサービス
左足	左足	左足
右足	右足	右足
・スクエアスタンス ・イースタングリップ	・クローズドスタンス ・コンチネンタルグリップ	・オープンスタンス ・ウエスタングリップ

サービスの技術が上達してきたら、打つコースや球種によって対応させていきましょう。

構えたときの体重のバランスに注意！　サービスの動きは基本的に「下から上へ、後ろから前へ」そのためにも構えでは後ろ足にやや体重をかけておきましょう

●カット系

　フォアカットではベースラインに対して平行、あるいは前足のつま先をセットし、適度な幅でスタンスをとります。体重はやや後ろ足、つまりラケットを引く方向にややかけておきます。ラケットは縦に構え、左手は肘を伸ばし、やや低い体勢をとるのがベター。グリップはコンチネンタルです。

　バックカットでは、両足は肩幅くらいのスタンスをとり、ベースラインに平行、あるいは右足を前にしてもかまいません。両手を胸の前でクロスして、セット終了です。ラケットを持つ右手を内側に、トスする左手を外側にします。構えが完成したときの体重の配分は両足に平均的にバランスよくかけます。

62

サービス

Point3 トス

●オーバーヘッド系

トスで大事な点として、ボールを離すタイミングと上げるボールの高さがあります。自分が打ちたいインパクトの位置から、トスの高さ、自分との距離、スイングの速さを逆算し、それによってトスは決まります。インパクトしやすいトスに洗練していきましょう。

トスの開始と同時に、身体とラケットが同調していきます。一連の動きのコンビネーションが流れるようになっていくためには安定したトスアップが求められます。

トスの高さの目安は、自分の「身長の2倍」くらいを基準にして調整してください。手首を使ってスナップするようなトスは不安定になりがちです。トスアップしたボールはあまり回転しないほうがいいでしょう。

肘を伸ばして、大きなモーションを心がけましょう。よりスピードの乗ったサービスが打てるよう留意します。テイクバックとトスアップは一体です。ボールを柔らかく持ち、肘をなるべく曲げないようにして、自分の目の高さあたりでボールを離すのがコツです。

このとき、ラケットを持ったほうの肘が曲がってタメができているのが理想です。言い換えれば"両手バンザイ"の感じです。常に同じ動作で同じ高さに上げることができるように何度も繰り返し、関節や筋肉にリズムを記憶させましょう。

また、サービスの種類によっても、トスを上げる位置は変わってきます。フラットやトップスライスサービスでは左肩あるいは頭の正面前方に、リバースやプッシュサービスでは右肩あるいは右目の前方に上げます。

図2-2　トスアップのしかた

リラックスした構えから、肘を伸ばしてリズミカルなトスアップを

同じリズムで同じところまで上げ、同じところに落ちるように、トスが安定するまで繰り返し練習します。
肘を伸ばして"両手バンザイ"をするようにし、目の高さあたりでボールを離します。左手で上がっていくボールを指し、ラケットを持つ肘をたたみ、トスアップしたら身体にタメをつくります。

Chapter2：イメージデザイン

●カット系

　トスはインパクトの高さプラス20〜30cmぐらいまで上げます。

　姿勢を安定させ、テイクバックに合わせて手のひら全体でゆったりとトスアップします。カット系では、トスは上げるというよりもインパクトされる地点で空中に留まらせる、あるいは置くようなイメージです。

　インパクト時の高さによって、ショルダーカット、サイドカット、アンダーカットとありますが、いずれもインパクトしやすい空間の位置に停止できるくらいの繊細な感覚でトスしましょう。

◀ラケットを引いた状態で、ボールを空中に置くようなイメージでトスします

▶両手をクロスして構えた状態から、投げ上げるよりも置くイメージで

Point4 重心

●オーバーヘッド系

　膝を曲げて、体重は前足に移動させていきます。そのタイミングはスタンスの広さや引き足をするかどうか、あるいはトスの高さで微妙に違ってきます。試行錯誤を繰り返し、自分のタイミングとバランスを探しましょう。

　引き足をする、しないにかかわらず、体重は前足に移動させるようにしましょう。前足に体重を移動させるには、まず膝を曲げることになります。そうすることによってタメができ、曲げた膝を伸ばすことでスイングとインパクト時にボールに体重が加わり、威力のあるサービスとなります。

　後ろ足を引き寄せるタイプの選手は、両足がそろったときにバランスをくずさないように注意しましょう。

図2-3　オーバーヘッド系サービスでの重心移動

ゆったりとしたトスアップからの体重移動、その後の足首と膝の曲げ、身体の反りを使った力のタメ。これら一連の動きを、繰り返しの動作の中でイメージアップさせていきましょう。また、竹がしなる感じをイメージして

Chapter2：イメージデザイン

● カット系

○ フォアカット系

やや右足加重の構えから、トスアップに合わせて体重をゆっくりと右足から左足へ移動していきます。始動してから、体重のバランスが両足均等になる時期を過ぎて、左足にかかるところでラケットスイングが始まります。

○ バックカット系

体重の配分はやや後ろ足にかかっているところから、フォアと同様に両足均等になる時期を過ぎて前足にかかる頃からクロスしたラケットが動き始め、インパクト、フィニッシュではほとんど前足に体重は移ります。

Point5 スイング

●オーバーヘッド系

ボールを投げるイメージで大きなスイングを心がけましょう。スイングは、手首のスナップを利用してボールを投げるときの腕の動きとよく似ています。大きなゆったりしたモーションで打ったほうがスピードボールを打てますから、身体全体をフルに使ってスイングしましょう。

図2-4　オーバーヘッド系サービスのスイングイメージ

図2-5　オーバーヘッド系サービスのスイング

膝をしっかり曲げ、十分に力をためた状態から一気に伸び上がり、インパクトでは腕をまっすぐに上に伸ばして一番高い打点でボールをとらえます。フォロースルーを大きくすることで肩の回転がスムーズになり、自然なスイングが可能になります

力のタメ

Chapter2：イメージデザイン

○テイクバックとインパクト

　トスアップと同調するようにラケットを上げていきます。そして、ラケットが8の字を描くように、または前からあるいは横からかつがれてテイクバックされます。トスしたボールが手から離れると同時に、"両手バンザイ"の形からトスが最高点に達するときにラケットヘッドが自分の背中を触り、グリップが天を向くくらいが理想的です。肘を高く上げることでラケットヘッドは下を向きます。そのときタイミングよく、膝がほどよく曲がってタメができているとなおよいでしょう。

▼テイクバック　　▼インパクト

図2-6　オーバーヘッド系サービスのテイクバック

テイクバックからインパクトでは右肩から左足が一直線になり、インパクトポイントが左足の真上にくることによって高い打点で打つことができます

図2-7　オーバーヘッド系サービスのインパクト

▶上体を垂直に立てずにやや左に逃がすことで、インパクトポイントと左足つま先が一直線になります。身体の軸を意識して、高い打点で打ちましょう。身体の開きを抑え、バランスをとるために左手はお腹につけるなどして遊ばせないことがポイントです

インパクトは木の葉を落とすイメージで

サービス

> ◎ ここをチェック！◎
>
> 時には、ボールを思いきり遠くへ飛ばすことだけを考えて打ってみると、大きなスイングが身につくはずです。ラケットをムチのように振るために、インパクト時以外は手首を柔らかくし、身体をしならせます。タオルの先を丸めて振ってみるとしなりを感じることができます。

練習していく段階で、構えの姿勢からバックスイングしていく過程でラケットの動きがぎこちなくスムーズにできない選手は、構えからの動作を省略し、ラケットを右足の横に下げた状態からトスを始めてみるのもよいでしょう。

オーバーヘッド系のサービスを覚える段階では、トスした手とラケットの"両手バンザイ"の動きを十分につかめないこともあります。その場合、あらかじめラケットを肩にかついでおいてトスを始めるのもよい方法です。

○フォロースルーとフィニッシュ、着地足

オーバーヘッド系ではグリップとボールの回転のかけ方によって、サービスの種類が違ってきます。一般的には、フラット、トップスライス、リバースの3種類があります。グリップを握っている手のひらや手首が先行するのがフラット、小指が先行するのがトップスライス、親指が先行するのがリバースです。スムーズな振り抜きによってボールに回転をかけ、サービスの入る確率を高めていきましょう。

着地足は、あなたがベースラインプレーヤーであるかネットプレーヤーか、そしてネットダッシュするのかベースラインにとどまるのかによって、前足着地か後ろ足着地かはおおよそ決まってきます。特徴として、後ろ足着地ではサービスの動作は一度着地した次点で終了し、その場所にとどまることになります。この着地方法は、身体が回転し体重が乗ると威力のあるサービスになります。一方、前足着地はそのまま前進したりするのに有効で、リズムがとりやすく確率重視のサービスです。

これらの特徴は一般的傾向で、ベースラインプレーヤーでも前足着地の選手はいますし、ネットプレーヤーでも後ろ足着地をしている選手もいます。また、クロスの違いや、エースをねらうときと確実性を求めるとき、ネットダッシュのときというように、両方を使い分ける選手もいます。いろいろトライして、自分のスタイルに合った着地方法を見つけてください。

また、十分な膝の曲げ伸ばしの結果として、軽くジャンプしてもかまいません。ただ、ジャンプすることが目的ではありませんし、レシーブにも素早く対応しなければならないので、バランスやリズムがくずれないよう気をつけましょう。

練習では、初心者はウエスタングリップでプッシュサービスから覚えます。あらかじめラケットをかついでから顔の前に軽くトスアップし、金槌で壁に釘を打つようにインパクトしたら、肘を伸ばしてラケットの動きを止めるようにヒットします。

●カット系
○フォアカット系

トスを始める前にラケットをあらかじめ引いておき、構えます。軽く空中に置くように投げ上げられたトスとともに、微妙な体重移動でラケットは始動していきます。グラウンドストロークやボレー、スマッシュといった技術と比べると、ボールがラケットに触れている時間が最も長いのがこのカット系サービスのインパ

Chapter2：イメージデザイン

クトです。ラケットからボールが離れるタイミングによってサービスの成否が決まるので、微妙なラケットワークが求められます。

インパクトは、バウンド後に横にスライドするカットを打ちたいのか、バウンド後に止まるカットを打ちたいのかによって、身体からの距離が微妙に違ってきます。バウンド後に横にスライドするカットは身体の前をラケットが通過するところで身体に近いところがインパクトです。一方、バウンド後に止まるカットは身体からいくぶん遠いところでやや斜めにラケットを入れてカットしていくレベルスイングになります。

○バックカット系

スイングの軌跡は、オープンスタンスのバックハンドストロークに近くなります。ラケットヘッドとグリップの位置は地面に対してＵ字あるいはＶ字となり、小指側から始動し、フォアカット系に比べて鋭く振り抜くことが大切です。

◀▲インパクトの高さによってラケット面の角度が異なり、それが回転の違いとなります

手の甲でボールをとらえる感覚で、手首を柔らかく使いラケットヘッドを早く動かします

COLUMN

〈筋活動〉

人間の身体を動かしているのは言うまでもなく筋肉です。筋肉は身体動作の動力にあたります。筋活動を調べるために、筋電図法と呼ばれる筋肉からの電気信号を計測する方法が古くから用いられています。ソフトテニスのストロークにおいても、筋活動はもちろん大いに働いています。

図は、ある一流選手のオーバーハンドサービスにおける腕の筋電図です。これを見ると、手首の屈曲（手のひら側に手を曲げる動作）と肘の伸展（肘を伸ばす動作）に相当する筋活動がインパクト直前に大きく働いていることがわかります。これらの筋肉については、インパクト前だけ集中的に働くことが重要であると言えるでしょう。また、硬式テニスのオーバーハンドサービスについて、熟練者はフォワードスイング中期において肩周りの筋活動をほとんど発揮しないことが知られています。このような、筋活動の「サイレントピリオド（不活動過程）」は初級者には見られない、熟練者の動作における特徴であると考えられています。筋肉のすべてが目いっぱい働くのではなく、適切なタイミングに適切な強さで働くことにより、最適な動作が生み出されます。

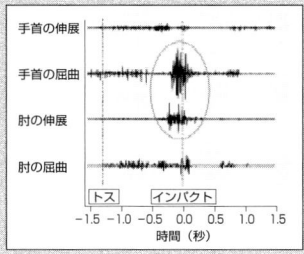

図 オーバーハンドサービスにおける筋電図

COLUMN

〈個々の技術と総合技術〉

　技術練習をする場合には、一般的に基礎から応用へという段階を踏んでいきます。そのとき、まず「基礎技術とは何か」を考えることが大切になってくるでしょう。

　ソフトテニスにおいても、ボールを打つということは確かに基礎ですが、どうやってボールを打つかということ、例えばグリップに関しては何が基礎となるでしょうか。

　硬式テニスではイースタングリップが基礎だとされてきましたが、最近では、イースタングリップで打っている選手はほとんどいません。それは、イースタングリップよりもウエスタングリップのほうがスピンもよくかかり、速いボールが打てるからです。つまり、速くてスピンがかかるボールを打つという目的のためには、基礎といわれるグリップすら変わってくるのです。ですから、基礎技術という場合に、打球方法やグリップといった「方法」ではなく、試合に勝つために最も重要なことは何かという「目的」が基礎となるのではないでしょうか。

　また、総合技術というと、基礎技術を応用技術まで高め、いくつかの応用技術を組み合わせたものと考えられがちです。しかし、果たしてそうでしょうか。「"1＋1＝2"は2以下にも2以上にもなる」とよく言われます。では、どうすれば"1＋1"が2以上になるのでしょうか。あるいは、"1＋1"が2以上とはどういうことなのでしょうか。

　3つの図を見てください。図1は何に見えますか。○のマークが4個あるだけですが、サイコロに見えたり□（四角形）に見えたりします。この例は「知覚の体制化」といわれる、いわゆる「見えないものが見える」現象です。実は"1＋1"が2以上になるというのも、これと同じようにそれぞれの1がある関係になったときに2以上のものになるということではないでしょうか。

　図2、3を見てください。図2には11個の"K"と1個の"W"がきれいに並んで円に見えます。しかしながら、図3は、すべて"K"ですが、1個の"K"が円から飛び出しているために円には見えません。それぞれの文字が個々の技術であり、全体の見え方が総合技術だとするとどうなるでしょう。個々の技術が完璧でも全体としては十分でない場合もあるし、逆に個々の技術にいくらかの不具合（欠点）があっても全体としては十分な場合もあるのではないでしょうか。

　このように個々の技術だけを考えるのではなく、全体としての総合技術の中で個々の技術を考えなければいけないのではないでしょうか。

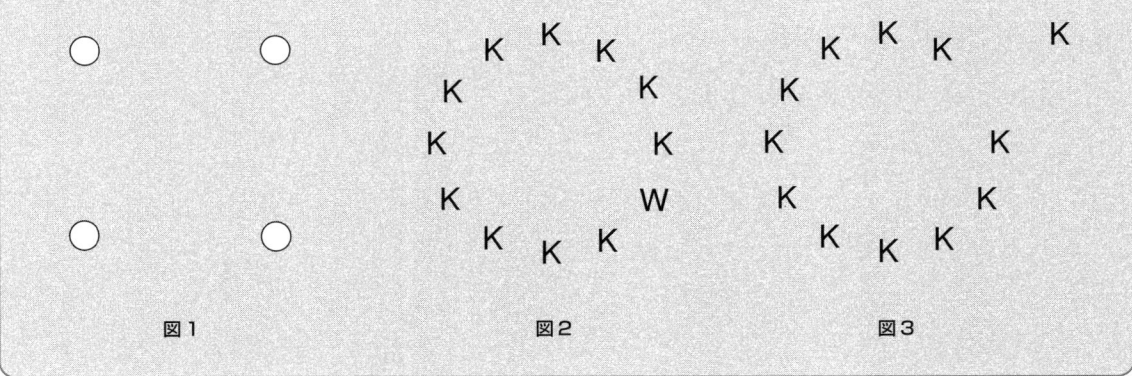

図1　　　　　図2　　　　　図3

Chapter2：イメージデザイン

FORMATION

5. ダブルスにおけるフォーメーションデザイン

Point 1　3つの基本フォーメーション

ここでは、ダブルスにおいて2人のプレーヤーがより効果的にプレーするためのフォーメーション（陣形）について、その実戦デザインの基本を説明します。

ダブルスには大きく分けて、雁行陣と並行陣の2つのフォーメーションがあります（図2-8）。

雁行陣でのプレーは、1人はネットプレーヤー、もう1人はベースラインプレーヤーとしてプレーするデザインです。現在最も多くのコートで見られる標準的なスタイルであり、特に初心者から中級者に適しています。本章「3．ネットプレー」の技能も、このフォーメーションでよく用いられるものを基本としています。

並行陣におけるポジションの基本はベースライン並行陣とネット並行陣の2つで、サイド・バイ・サイド（左右均等の役割分担）の考え方が基本となります。ネット並行陣では、打球する相手プレーヤーに近いほうのプレーヤーが攻撃的なショットに備えてややネット近くにポジションをとり、前後差をつけるのが一般的です。

図2-8に基本原則となるダブルスにおける守備範囲の役割分担を示しました。

相手プレーヤーの打点●からストレート（ダウン・ザ・ライン）ならびにクロスに打球可能な範囲（仮想サイドライン）を想定し、それぞれのプレーヤーがその中央ライン（おおむね相手の打点と自コートのセンターライン付近を結ぶライン）を境に左右で役割分担し、その範囲の相手打球を返球することを基本とします。よって、この守備範囲の分割はフォーメーションに関係なく生じるものです。

また、プレーヤーのポジション決定の際に必要な要素となるのが、「攻め」か「守り」かという状況要素です。一般に、基準となるのが相手プレーヤーの打球位置ですが、打球する相手プレーヤーの打点がベースライン付近もしくはそれより後方の場合は「攻め」やすい状況、逆に相手プレーヤーがコート内で打球するような場合は相手がエースをとりやすくなるので「守り」を優先すべき状況と考えられます。

2007年世界選手権大会男子団体戦準決勝―日本対台湾／奥：花田 ・川村（雁行陣）― 手前：SHENG FA YANG ・ CHIA HUNG LI（ネット並行陣）。日本男子は2006年アジア競技大会に続き、団体戦2連覇を成し遂げた

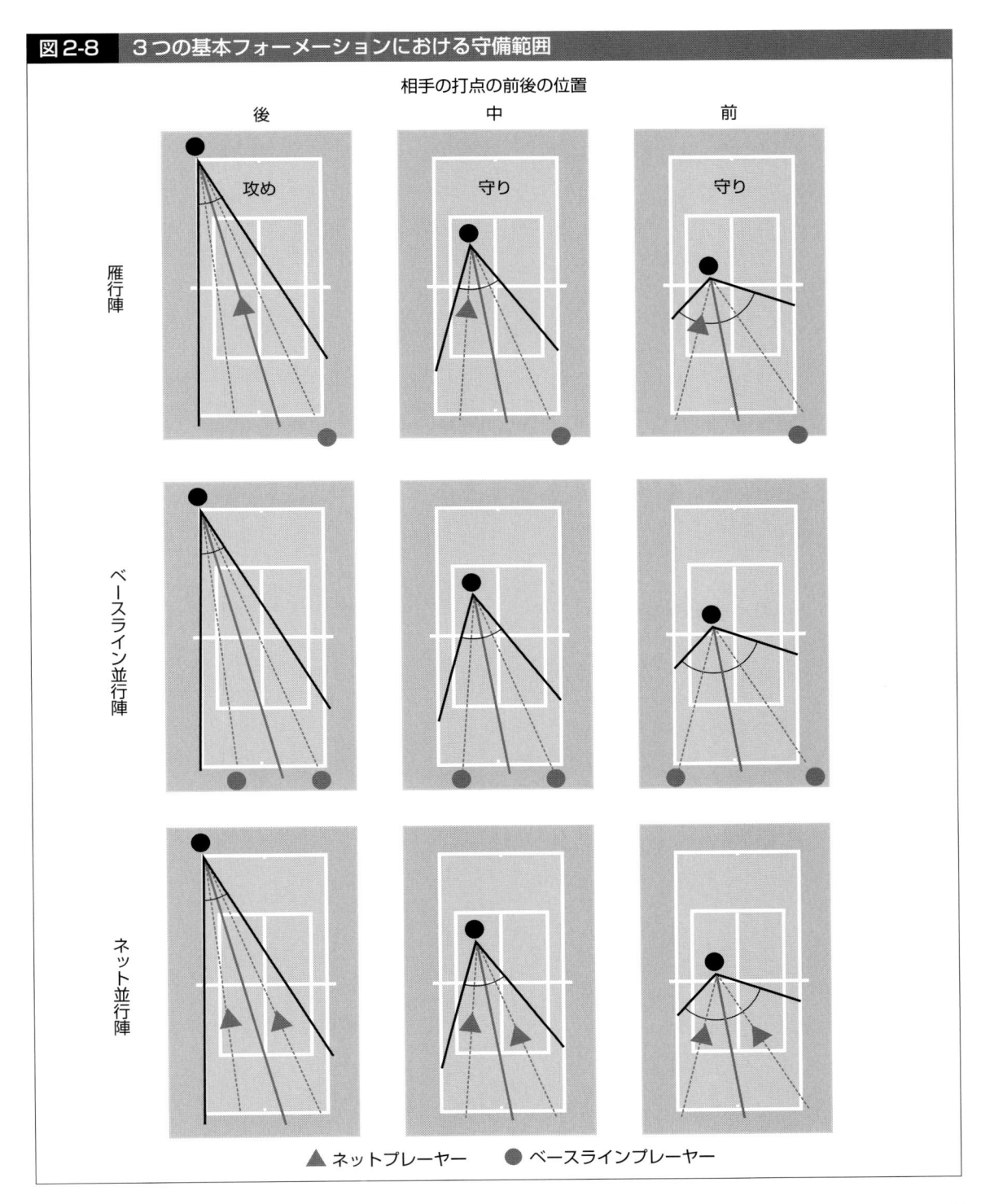

ダブルスにおけるフォーメーションデザイン

図2-8　3つの基本フォーメーションにおける守備範囲

相手の打点の前後の位置

	後	中	前
雁行陣	攻め	守り	守り
ベースライン並行陣			
ネット並行陣			

▲ ネットプレーヤー　　● ベースラインプレーヤー

Chapter2：イメージデザイン

Point2 雁行陣での基本的な考え方

①ベースラインプレーヤーはチャンスメーカー、ネットプレーヤーはポイントゲッター

雁行陣でのベースラインプレーヤーは後陣に位置し、ラリーの中で相手の態勢をくずして、ネットプレーヤーがポイントできるチャンスをつくるのが第一の役割（チャンスメーカー）です。もちろん、相手からの返球が甘く、自分でもポイントできる場合にはエースをねらって打っていきますが、基本的には相手からのボールをより効果的に配球して相手の態勢をくずし、ポイントのチャンスをつくることを念頭にプレーしていきます。また、それに対してネットプレーヤーは、ベースラインプレーヤーがつくったチャンスをボレーやスマッシュなどで決定打にすることが主たる役割（ポイントゲッター）です。それぞれの役割をしっかり認識し、協力し合ってポイントを重ねていきましょう。

②ネットプレーヤーはサイドパスをされないことが原則

前述したように、ネットプレーヤーはポイントゲッターです。ですから、チャンスとみるや、いつでもポイントをとりに行けるコート中央のポジションにいたいわけです。基本的な守備範囲は図2-8に示した部分ですが、中央といっても相手に簡単にサイドパスされてはいけません（図2-9）。したがって、ネットプレーヤーがより高い確率でポイントするためには、サイドパスをされない位置で、かつより中央に近いところにポジショニングすることが求められます。

③ネットプレーヤーの理想的ポジション

図2-10は、基本的な「攻め」のポジションと「守り」のポジションを示したものです。

ネットプレーヤーは、相手が攻撃のチャンスの場合（ネットに近いところでのショットなど）にはしっかり「守り」を固めなければなりません。できるだけ早く相手に容易に攻撃されないようにすることが大切で、ⓒのゾーンを守るためにその中央であるⒷにポジションをとることが必要です。

また、こちらが積極的に攻撃をしかけていこうという場合には、コートの中央にポジションをとり、左右に広く動いてポイントするのが効果的です。つまり「攻め」のポジションとは、相手プレーヤーの打点と自コートのセンターマークを結んだライン（点線）上のⒶということになります。実際の試合でも、積極的に攻めるネットプレーヤーは、このポジショニングを有効に使って相手ベースラインプレーヤーにプレッシャーをかけています。

図2-9　サイドパスには注意

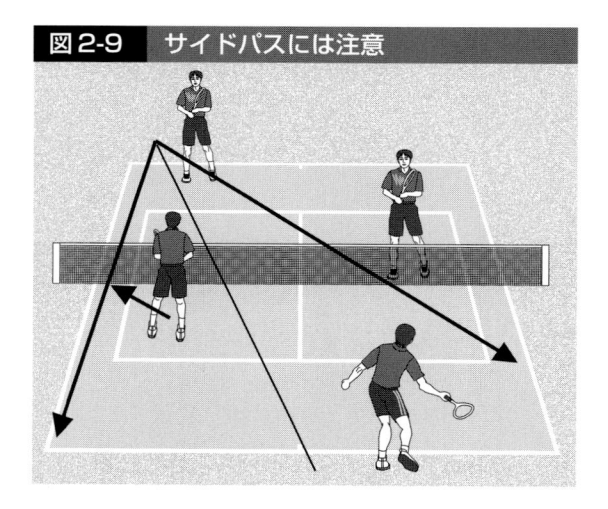

図2-10　ネットプレーヤーの「攻め」と「守り」

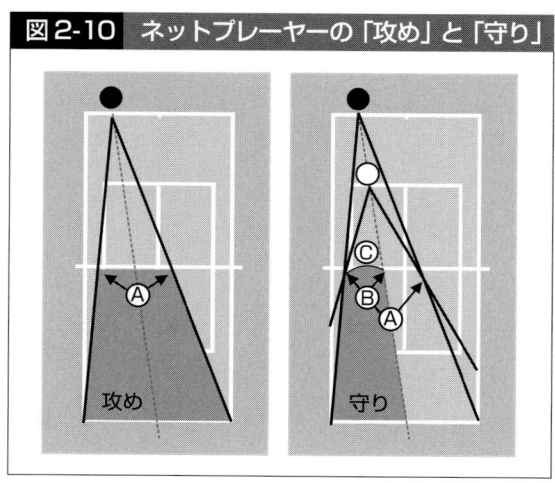

攻め　　　守り

Point3 並行陣での基本的な考え方

① 並行陣ではセンターケア

　ネット型であれベースライン型であれ並行陣では、サイドへの打球よりもセンターへの打球を譲り合ったり、手を出さなかったりする場合が多く見受けられます。事前に役割分担を打ち合わせておくようにし、いつでも2人ともが反応できるよう準備しておくことが重要です。

② ネット並行陣は上級者向け

　ネット並行陣では2人ともネット近くでプレーするため、相手のロビングなどによってオープンコートをつくらないようにすることが重要です。守りながらも常に攻める姿勢をくずさない高い技能や判断力が求められる上級者向けのフォーメーションと言えます。

　またサービスでもレシーブでも、チャンスとあれば相手の態勢をくずすアプローチショットを打ってネットへ攻めるプレースタイルですから、常に攻撃的な精神をもったサービスとボレーが得意なプレーヤーに適したフォーメーションです。

③ ベースライン並行陣はグラウンドストローカー向け

　ベースライン並行陣は2人ともベースライン近くでプレーするため、ポイントゲッターがいない形です。したがって勝利をつかむためには、2人ともグラウンドストロークが得意で、しっかりと粘れる精神をもつことが必要となります。また、ただ粘るだけではポイントはとれないので、機を見て、思いきったパッシングショットを打ったりセンターを攻撃したりして、相手のミスを誘うとともに、ボレーのフォローからポイントをとるようなコンビネーションプレーも重要になります。

2006年アジア競技大会男子ダブルス決勝（手前：ネット並行陣（中華台北）、奥：ネット並行陣（韓国））

CHAPTER **3** PRACTICES

第3章

練習デザイン

SOFT TENNIS

Chapter3：練習デザイン

1. 総合技術

《1 ──ダブルスの総合技術 ─雁行陣の戦術─》

Pattern 1　サービス&ポーチ ─ライトサービスコートの場合─

基本デザイン

- ファーストサービスを入れた後、味方ネットプレーヤーがポーチするプレー
- サービス&ポーチはサービスゲームを取得するための重要な得点パターンになるので、時間をかけてしっかり練習してください

[留意点]

▶ファーストサービスを確実に入れます。速いサービスを入れると、ネットプレーヤーはポーチに出るタイミングを合わせるのが難しくなり、また相手がロビングで返球してくることが多くなるので、サービスエースをねらうようなサービスは必要ありません。自分の6〜7割くらいの速さでサービスをしてください

▶ライトサービスコートでは、サービスをセンターへ入れると、レシーブは角度のあるコースに返球しにくくなるのでポーチが容易になります

▶サービスが確実に入るようになったら、ネットプレーヤーはポーチするタイミングを合わせる練習をしましょう。ストロークに比べてレシーバーのポジションがネット際に位置しているので、若干早いタイミングで動き出す必要があります。ランニングボレーの練習などでも、サービス&ポーチを意識して少し手前から球出しするのもよいでしょう

▶サービスのコースをサインで決めておくと、動きのタイミングをより合わせやすくなるので実践してみましょう

総合技術／ダブルスの総合技術 —雁行陣の戦術—

Pattern2　サービス&ポーチ —レフトサービスコートの場合—

基本デザイン

- レフトサービスコートでは、相手のバックハンドをねらってサービスを入れましょう。レシーブするときに打点が身体に近いと、より引っ張るコースに返球しやすいので、バックハンドに回り込むコースに入れるのもよいでしょう
- ポーチボレーのコースはベースラインプレーヤーがフォローに入っているので、落とすボレーをするのが効果的です
- レフトサービスコートは2点連続して得点になるかどうかの状況、いわばゲーム獲得のための重要な局面になるので、確実にプレーできるようしっかり練習しましょう

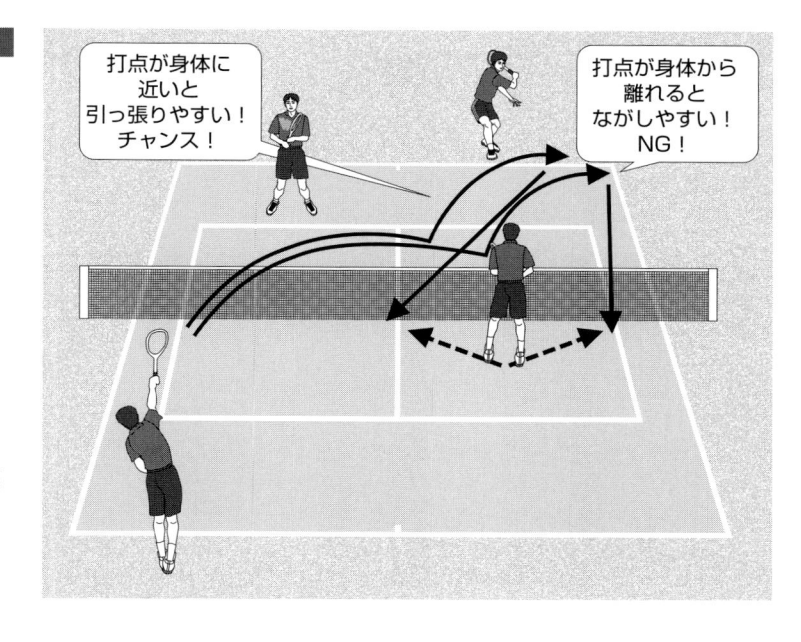

応用デザイン

- センターをねらい、フォアハンドで打球しても打点が身体から離れればポーチしやすいので、サービスのコースを打ち分けられるようにしておきましょう

打点が身体に近いと引っ張りやすい！チャンス！

打点が身体から離れるとながしやすい！NG！

打点が身体から離れるとながしやすい！チャンス！

Chapter3：練習デザイン

Pattern3　カットサービス＆ポーチ

基本デザイン

- サービスをカットサービスに替えてサービス＆ポーチを練習します
- インドア大会ではもちろん威力を発揮しますが、屋外コートの大会でもカットサービスを行う選手が多くなってきました。カットサービスが高い確率で入るようにしっかり練習して、サービス＆ポーチをしてみましょう

［留意点］

▶ 相手レシーバーがカット面で返球する場合はながす方向への返球が、またドライブ面で返球する場合は引っ張るコースへの返球が容易になります。ライトサービスコートでカット面で返球する場合、不用意にポーチで出るとサイドを抜かれてしまうことがあるので、実際の試合ではレシーバーの返球法と心理を考えて動いてください

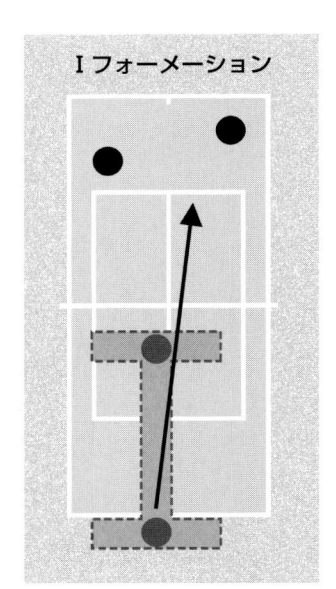

Ｉフォーメーション

サービス時にサーバーとネットプレーヤーがＩの字を描くように縦に並ぶフォーメーション

応用デザイン

- レフトサービスコートではＩフォーメーションを使ってサービス＆ポーチを行うことがあります。弾まないカットサービスはカット面でながす方向へのレシーブ返球が容易になります。レシーブを返球しやすいコースにネットプレーヤーを立たせて得点につなげていくフォーメーションです（下図参照）

総合技術／ダブルスの総合技術 ―雁行陣の戦術―

Pattern4　ネットプレーヤーのサービス&ネットダッシュ

基本デザイン

- ネットプレーヤーがネットダッシュする際、中間ポジションに位置することが必要になる場面があります。そのとき、返球が難しいローボレーをしなければならないので、サービス後にネットダッシュするスタイルをとる選手はこのパターンをしっかり練習しておきましょう

[留意点]

▶ ネットダッシュしながらレシーブ返球のタイミングを合わせます。相手のレシーブ返球の際、ラケットを振り出すタイミングに合わせながら前進し、ローボレーします。レシーバーの打点が高いと振り出すタイミングも早くなるので、レシーバーの打球する早いタイミングに合わせながら前方に移動しましょう。タイミングがずれるとミスにつながるので注意してください。また、ローボレーがネットにかかったりアウトしたりする選手は、構えるときワイドスタンスにしてみましょう。姿勢を低くすることでローボレーが安定します

▶ サービスのスピード、コースの違いで相手レシーブのコースを予測し、中間ポジションを変えます
①自分のサービスのスピードを考え、ローボレーに入るタイミングを調整します。速いサービスを打つ場合はサービスラインの手前に、遅いサービスを打つ場合はサービスラインの中にポジションをとることが基本になります
②サービスのコースによってレシーブ返球のコースを絞ることができます。レシーバーの打点が遠いときには引っ張るコースへの返球が難しく（1a-2a）、逆に打点が身体に近いと引っ張るコースへの返球が容易になること（1b-2b）を頭に入れてポジションをとりましょう。また、ゲーム状況の違いによって、ショートクロス（逆クロス）へのコースとセンターへ返球する場合があるので、ゲームをよく観察し、レシーブコースを予測しましょう

応用デザイン

- ショートクロス（逆クロス）に返球されたレシーブをローボレーで返球する練習。角度のついたレシーブ返球になるので、スピードはありませんが、より低い位置でローボレーしなければなりません。姿勢をより低くすることが重要です。また、ショートバウンドになることもあるので、ショートバウンドでも正確に返球することができるようにしましょう

Chapter3：練習デザイン

Pattern5　レシーブ＆ポーチ ―相手のグラウンドストロークをポーチする場合―

基本デザイン

- サービスしたプレーヤーがグラウンドストロークした3打目をポーチします
- サービスしたプレーヤーのボディにレシーブ返球し、相手が回り込んだところをポーチするプレーです
- サービスしたプレーヤーがバックハンドストロークで返球しようとする場合でも、打点が身体から遠いときにはクロスに返球しやすいのでポーチすることも可能です

[留意点]

▶ サービスしたプレーヤーがバックハンドストロークで返球する場合、打点が身体に近いと引っ張りやすいのでポーチに出るのは危険です。しかし、打点が身体から遠いときや横面で打球しようとするときにはクロスに返球しやすいので、ポーチすることも可能です。できるだけフォアに回り込ませるレシーブを打つのがポイントです

Pattern6　レシーブ＆ポーチ ―相手のローボレーをポーチする場合―

基本デザイン

- サービス＆ネットダッシュするプレーヤーに対して、ネットダッシュ後のローボレーをポーチします
- クロスへレシーブ返球した場合、ローボレーをストレートに返球されることが多いので、ポーチしないほうが賢明です
- センターへレシーブ返球すると、ローボレーをクロスに返球されることが多いので、このパターンは成功しやすいでしょう

[留意点]

▶ 中間ポジションからの返球をポーチするので、早いタイミングで動き出す必要があります。ボールのコースを見てから動き出すと遅れてしまうので、相手が打球したのと同時に動き出すくらいでいいでしょう

82

総合技術／ダブルスの総合技術 —雁行陣の戦術—

Pattern 7　レシーブ＆ポーチ —レシーブしたプレーヤーがポーチする場合—

基本デザイン

- サービスした相手プレーヤーのボディにレシーブ返球したプレーヤーが、相手からの３打目をポーチするプレーです
- ３打目を打球する相手プレーヤーがレシーブしたプレーヤーを見ないで打球する場合、積極的にポーチしましょう

[留意点]

▶ 甘いコースにレシーブ返球すると逆に抜かれることがあるので、攻撃をしかけることのできるセカンドサービスのときにポーチしたほうがいいでしょう

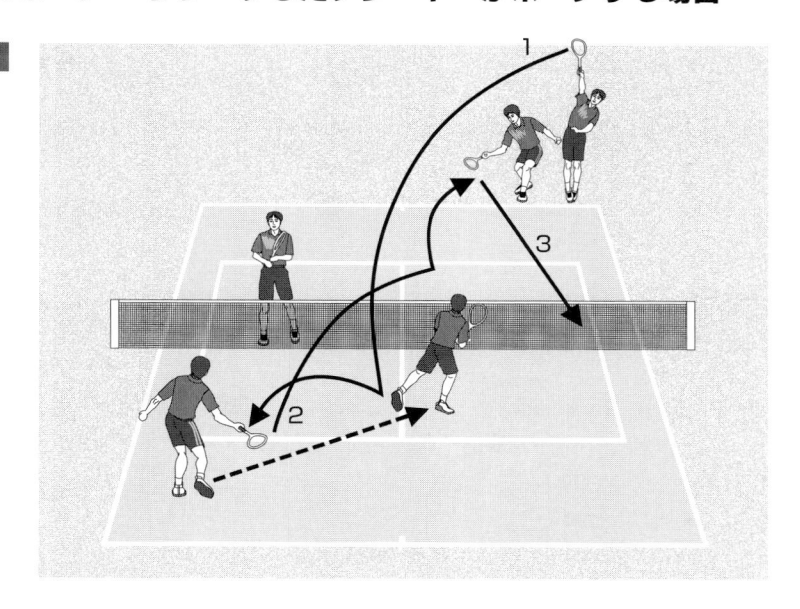

Chapter3：練習デザイン

《2——ダブルスの総合技術 —ベースライン並行陣の戦術—》

Pattern 1　ベースラインプレーヤーに対して深いボールを打球する

基本デザイン

- 相手ベースラインプレーヤーの足元に深いシュートボールを打ちます。相手ベースラインプレーヤーの返球が甘くなったら、相手ネットプレーヤーに対して攻撃をしかけるか、中ロブを使って得点につなげます

[留意点]

▶ネットプレーヤーを見ながらストロークすると強打できないので、打球コースを決めて積極的に強打しましょう。打球しない選手は相手ネットプレーヤーにボレーされてもフォローして逆ポイントできるように、ポジションはベースラインから1～2mネット寄りに位置します

Pattern 2　ネットプレーヤーに攻撃をしかける

基本デザイン

　ベースライン並行陣の代表的な得点パターンは相手ネットプレーヤーに対する攻撃です。ネットプレーヤーを攻撃する状況はいろいろなケースがあります。例えば、相手の返球が甘いコースにきた、相手ネットプレーヤーが中間ポジションに立っている、あるいはポジションに入るのが遅れたというようなときにはネットプレーヤーに攻撃をしかけましょう

[留意点]

▶ネットプレーヤーを攻撃するコースは、バック側の膝元がいいでしょう。また、センターへの強打とサイドライン際へのアングルとに打ち分け、相手ネットプレーヤーに揺さぶりをかけるのもひとつの方法です。ディフェンスが上手なネットプレーヤーと対戦すると、単純な攻撃をしかけてもミスしないので、左右に揺さぶりをかけると甘いローボレーの返球が戻ってきて得点のチャンスが生まれます

▶パートナーは相手選手のローボレーのフォローも忘れないでください。ネット寄りのポジションをとり、フォローに入りましょう。ボレーが甘いコースにきたときには、すかさずネットプレーヤーに攻撃をしかけます

総合技術／ダブルスの総合技術 —ベースライン並行陣の戦術—

Pattern3　中ロブを使って相手陣形をくずす

基本デザイン

- 対戦相手が雁行陣やネット並行陣のとき、中ロブを使うのも有効な攻め方です。相手返球が甘くなったところをネットプレーヤーの頭上を越す中ロブを打ちましょう。攻撃できないような返球が相手からあった場合、もう一度中ロブを使うのもよいでしょう

[留意点]

▶ 早いタイミングで中ロブを打つ練習をしましょう。打球するタイミングが早いと相手はコースの判断が遅れるため、中ロブの返球が難しくなり、チャンスボールが返球されてきます

▶ 自分の得意な中ロブのコースは引っ張る方向なのか、ながす方向なのか、この練習を通して確認しておきましょう。試合では得意コースの中ロブを積極的に使うようにします

応用デザイン

- 有効な中ロブになったら、すかさずベースラインからネットに移動して、スマッシュやボレーなどのネットプレーで決定打を打てるようにしましょう

チャンスがあればネットへつめて決定打を！！

Chapter3：練習デザイン

《3──ダブルスの総合技術 ─ネット並行陣の戦術─》

Pattern 1　ベースラインプレーヤーに深いボールを打球してネットダッシュする

基本デザイン

- 相手ベースラインプレーヤーに深いシュートボールを打球してネットダッシュします。アプローチのボールが甘いとボレーが難しくなりますから、深いボールを返球するよう心がけてください

[留意点]

▶しっかりと姿勢を低くして、フラット面で深いアプローチをしてください。また、ネットダッシュした後、ボレーのコースが悪いと失点につながりますから、深いボレーを心がけましょう

深いボールを！

Pattern 2　ロビングを上げてネットダッシュする

基本デザイン

- 雁行陣からロビングを上げ、ネットダッシュしてネット並行陣をとります。並行陣になったら、得点につながるよう積極的にボレーまたはスマッシュしましょう

総合技術／ダブルスの総合技術 ―ネット並行陣の戦術―

Pattern3　カットサービスしてネットダッシュする

基本デザイン

　カットサービスして、ネットダッシュします。カットサービスが弾まないとネットプレーが容易になるので、しっかりサービスしてください

[留意点]

▶レシーブの際、スライス面ならながす方向、ドライブ面なら引っ張る方向に返球しやすいことを頭に入れてレシーブのコースを予測してください

応用デザイン

- セットプレーでポジションを入れ替えましょう

87

Chapter3：練習デザイン

《4——シングルスの総合技術》

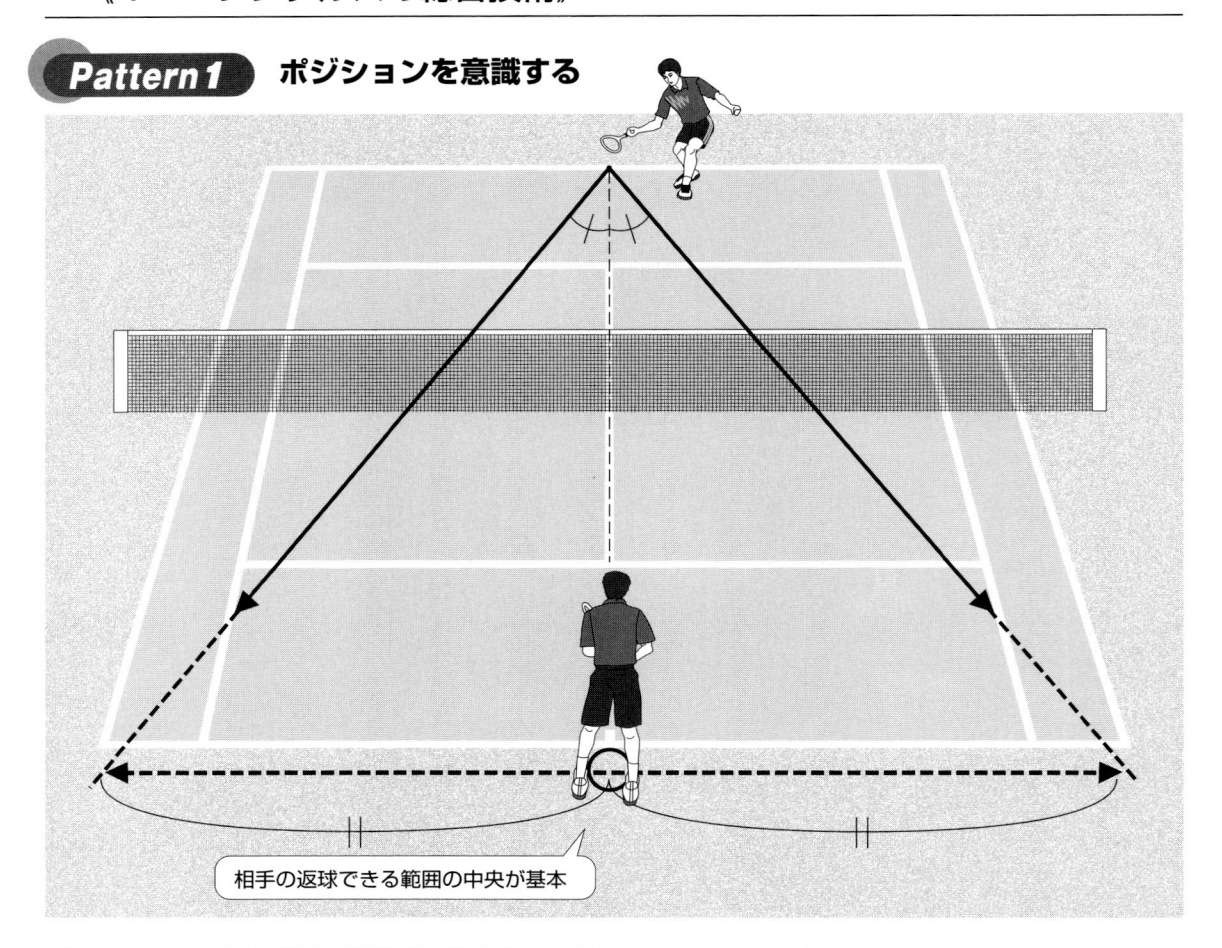

Pattern 1　ポジションを意識する

相手の返球できる範囲の中央が基本

基本デザイン
- 自分が打球したコースに対して、基本ポジションをとることを意識してラリーします

[留意点]
▶ 相手の返球できる範囲の中央に立って返球に備えるのが基本です。自分が打球したコースによって、待球位置を変えることを常に心がけてください
▶ ボールの返球が難しいデッドゾーンに立たないようにしましょう

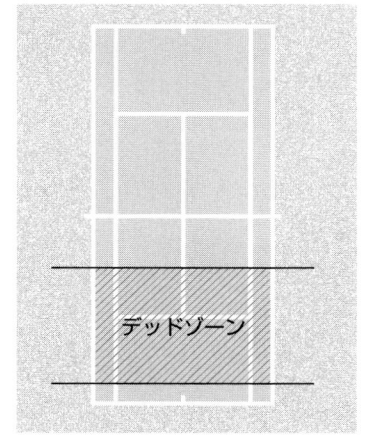

デッドゾーン

88

総合技術／シングルスの総合技術

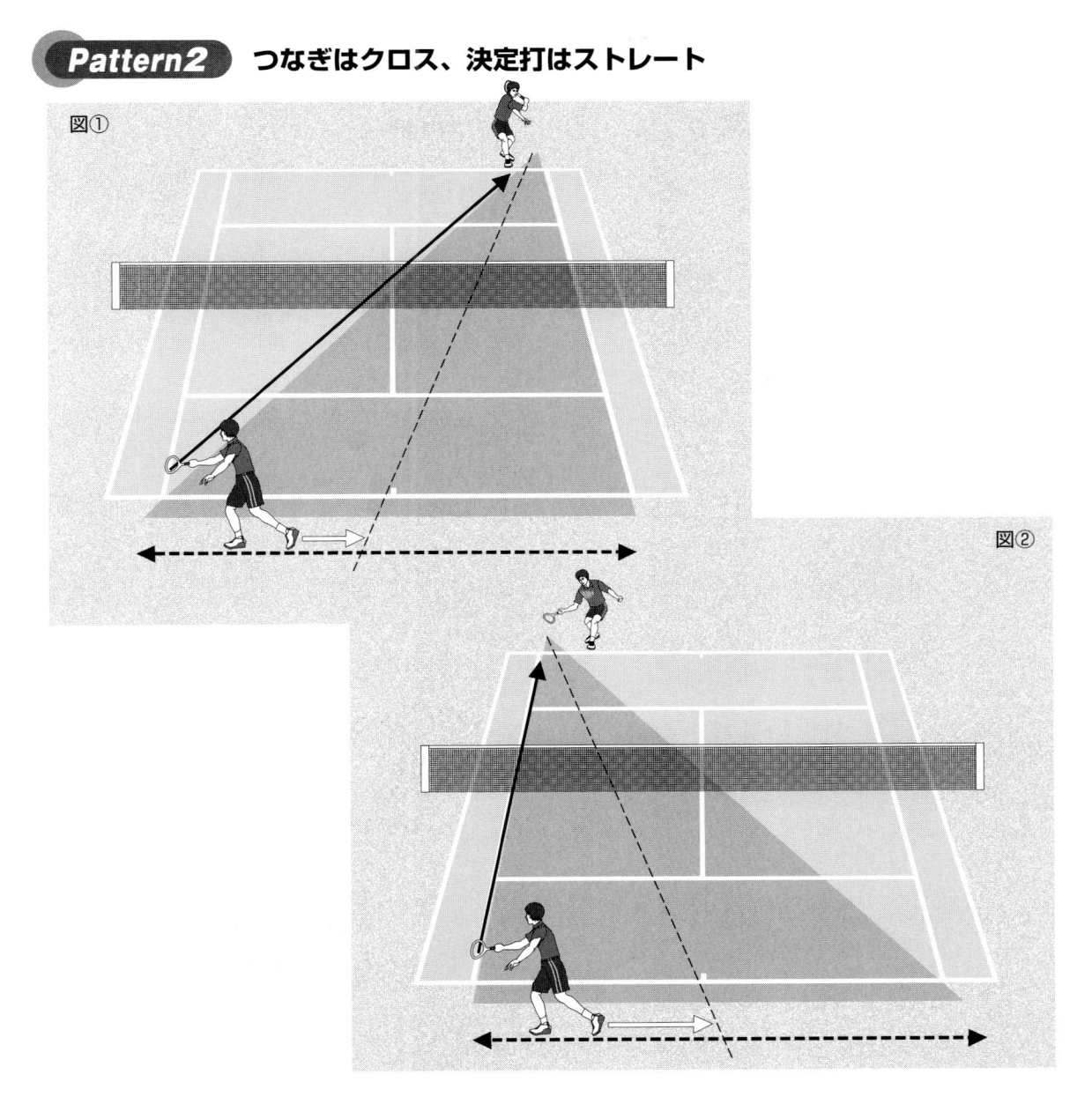

Pattern2　つなぎはクロス、決定打はストレート

図①

図②

基本デザイン

- 次の返球に備えて基本ポジションに戻るにはクロス（逆クロス）返球のほうが早く戻ることができるので、つなぎ球はクロスあるいは逆クロスに返球するのが基本です
- 図①は逆クロス方向につなぐケース、図②はストレートにつなぐケースです。図①のほうが基本ポジションまでの移動距離（⇨）が少ないのがわかります

[留意点]

▶つなぐときは、早く戻るためにオープンスタンスを使います。また、攻めるときには早いタイミングで打球することを心がけましょう

Chapter3：練習デザイン

Pattern3　攻守を区別して、ポジションを変える

基本デザイン

- 自分の打球したボールが深いときや角度のあるコースに打球したときなど、有効打になるときは、次の打球で攻撃できるように基本ポジションよりも少し前に立ちます。
- 逆に、自分の打ったボールが短いときには、基本ポジションから少し後方にポジションをとって、相手の攻撃に備えましょう

[留意点]

▶ 単に深いボールを打球したかどうかの判断をするだけでなく、フォアハンドストロークが得意、あるいはショートボールが苦手というように、相手の特徴を考えてポジションを移動することが大切です

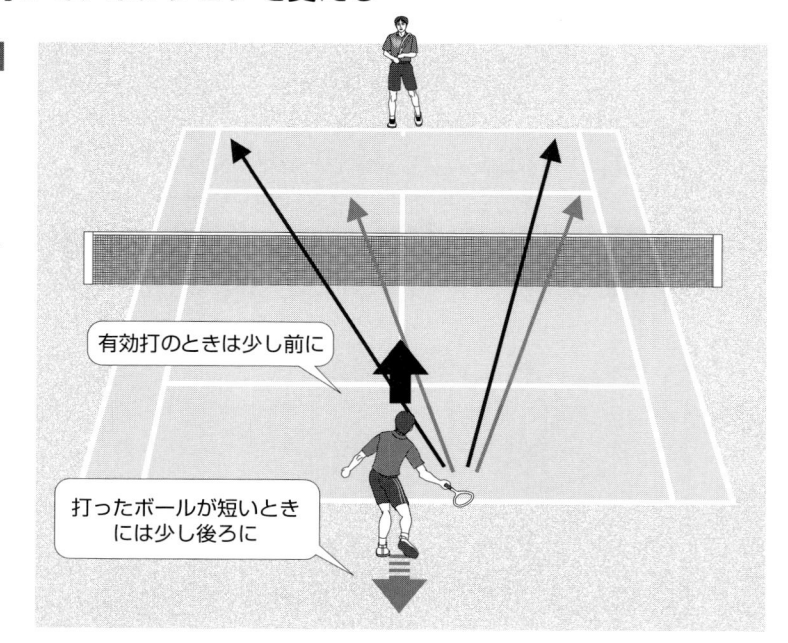

有効打のときは少し前に

打ったボールが短いときには少し後ろに

Pattern4　対戦相手のグラウンドストロークのリズムをくずす

基本デザイン

- 深いボールを返球しても相手のコースが甘くならないこともあります。そのようなとき、ライジング打法を使って、ラリーのテンポを変えることで甘いコースへの返球を誘い出します

[留意点]

▶ 低い打点から打球すると相手に十分な時間を与えることになり、なかなかくずれてくれません。ところが、遅いタイミングでラリーしながら機を見て早いタイミングで返球すると、打球のリズムがくずれ、チャンスがくることがあります

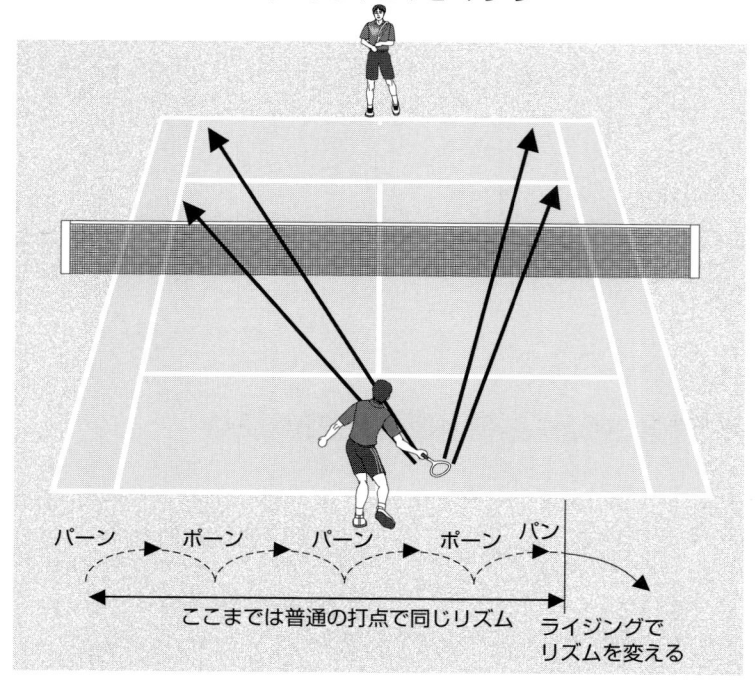

パーン → ポーン → パーン → ポーン → パン

ここまでは普通の打点で同じリズム

ライジングでリズムを変える

総合技術／シングルスの総合技術

Pattern5　オープンスペースをつくる

基本デザインA
- 深いボールとショートボールを組み合わせてオープンスペースをつくります。ショートクロスに打球し、相手をコートの外に追い出し、その逆サイドをあけます

基本デザインB
- バックハンドストロークのスライスを使ってオープンスペースをつくります

[留意点]
▶ ショートボールはスライス面とドライブ面の両方を使い分けることができるレベルまで到達しましょう。スライス面を使う場合、ラケットの引き方をドライブ面と同じにしておかないと相手に予測されてしまいますから、十分気をつけてください。

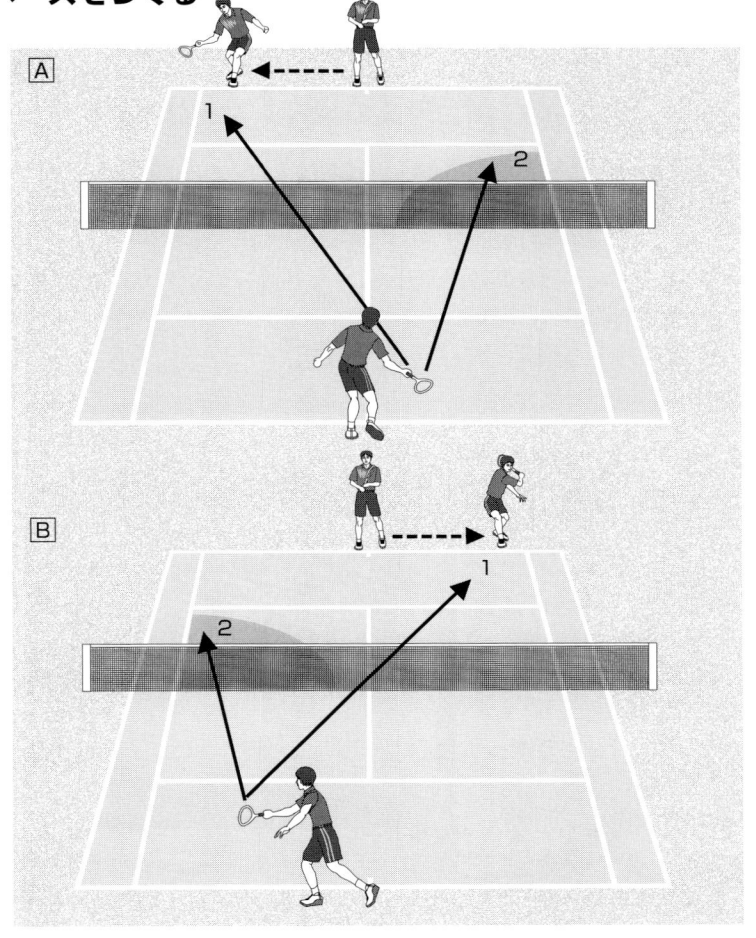

応用デザイン
- 相手の苦手なコースにボールを集めるとそのコースを意識するようになり、相手のポジションは自然に苦手なコースに寄っていきます。すかさずあいているスペースに攻撃しましょう

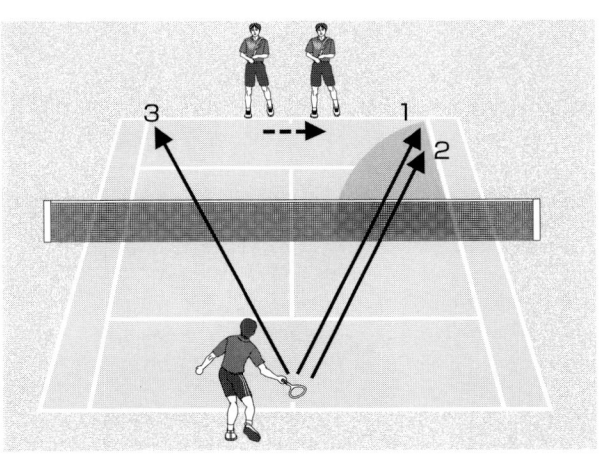

Chapter3：練習デザイン

2. グラウンドストローク

Drill 1　試合形式の練習：大事なポイントに集中を！

基本デザイン
- 試合形式の実戦的なラリーの練習。2ポイントマッチで
- サービスはどちらかのペアの1人だけが打ち、2ポイント連取したら勝ち残ります
- 次のサービスは新しく入ってきたペアか、勝ち残ったペアでまだサービスを打っていないほうが打つかを決めておき、サービスの回数がかたよらないようにします
- 1−1になったら両者交代で新しい2ペアが対戦。この場合のサービスはトスやじゃんけんで決めます
※シングルスも同様に練習できます

[留意点]
▶ 特定のペアがいつも勝ち残ってしまうような場合は、3回目は勝っても交代するというように、勝ち残りの回数を制限するとよいでしょう

応用デザイン1
- 1ゲームマッチ

応用デザイン2
- ファイナルゲームを想定した7ポイントマッチ

CHECK LIST
□ 1ポイントをとるため、1ゲームをとるため、7ポイントをとるためといった、それぞれの集中力や試合の流れをつかめますか？
　→体力的な部分より精神的な部分が重要視される練習法なので、いかにポイントに集中できるかが大切になります
　→2ポイントのラリーでは、本番の試合で2−2や3−3（デュース）になったときの状況を想定し、一つひとつのラリーを大切にして1ポイントをとることに集中しましょう
□ できるだけ早く相手の特徴を見極めるための観察力を養えるよう意識していますか？
□ 2ポイントマッチ、1ゲームマッチ、7ポイントマッチとゲームが長くなっていくので、ペアとの連係を確かめたり、相手に対して見せ球を使ったりというように、いろいろと工夫してみましょう

グラウンドストローク

Drill 2　ダブルスの練習：試合を念頭においたゲームパターンを考える！

基本デザイン

- フルコートで球出しされたボールを相手ベースラインプレーヤー前にもう一度ロビングで返球します。そこからはコース、球種、球質とも自由に打ちます

[留意点]

▶ 試合を想定して、いろいろなコース、球種（シュート、ロビングなど）、球質（ドライブ、スライスなど）を打ってみましょう

▶ 練習のコースは正クロス、逆クロス、右ストレート、左ストレートとすべて練習します

▶ 4つのコースを順番に1つずつ行い4本で交代するか、もしくはコースをランダムに選んでもよいでしょう

応用デザイン1

- クロスから球出しされたボールを相手ネットプレーヤーの頭越しに、相手ベースラインプレーヤーを走らせるような形でストレートにロビングで返球。そこからコース、球種、球質とも自由に打ちます

応用デザイン2

- ストレートから球出しされたボールを相手ネットプレーヤーの頭越しに、相手ベースラインプレーヤーを走らせるような形でクロスにロビングで返球。そこからコース、球種、球質とも自由に打ちます

CHECK LIST

□ 試合を想定して、緊張感をもって練習ができていますか？
→ 試合で想定される場面を常に考え、試合に役立つ練習をしましょう。何も考えずにただナイスボールを打つこと、速いボールを打つことだけに集中していると、練習のための練習になってしまい、ボールを打つパフォーマンスは上がっても試合場面でのパフォーマンス向上にはつながりません
→ 風向き、太陽の方向、天候など、いろいろな環境条件下で練習しましょう。風の強い日や少々雨模様の日、ドライなコートコンディション、ウェットなコートコンディションなど、試合ではいろいろな環境条件があるので、どんな環境にも対応できるよう、普段からいろいろな試合条件を想定して練習に臨むことが大切です

□ ペア間での連携がとれていますか？
→ この場合はこうするといった決め事を確認しておきましょう
→ 自分のペアを生かし、ポイントできるようにラリーの組み立てを考えましょう
→ ペア間でフォーメーションを確かめたり、動きの中での約束事を決めたりする場合は、同じコースを何度も練習しましょう

□ 練習でのミスを恐れず、トライしていますか？
→ 練習で打ったことのないボールをいきなり試合で打つことはできません。まず、練習の中で新しいことにチャレンジし、技術の発展を心がけましょう

Chapter3：練習デザイン

Drill 3　ファーストサービスに対するレシーブ練習：サービスでくずされないように！

基本デザイン
- サービスライン上から打たれたサービスをレシーブする練習
- サービスのコース（ミドル、クロス、ボディ）は、あらかじめ決めておきます
- サーバーはレシーバーが何とかレシーブできる範囲で、サービスの速度、コースを調整しましょう

[留意点]
▶ ダブルスを想定した場合、相手コートにネットプレーヤーをつけるとより実戦的になります
▶ シングルスを想定した場合は、サービスを打つ位置をセンターマーク寄りにします
▶ サービスの距離が短くなる分、レシーバーは十分構えてフルスイングすることができないので、コンパクトなスイングを心がけます。シュートボールが打てなければロビングでも構いません

応用デザイン1
- サービスのコースをミドル、クロス、ボディ（身体の正面）とランダムにします

- ファーストサービスを想定したカットサービスのレシーブの練習

応用デザイン2
- レシーブのコース、種類（クロス、ストレート、ツイスト、ロビング）を指定して打ちます。どんなサービスがきても、あらかじめ決めたコースにしっかりねらって打てるようにします

CHECK LIST

□ 深いレシーブが打てていますか？
　→シュートにしろ、ロビングにしろ、ベースラインぎりぎりの深いレシーブに対して、サーバー側はそう簡単に反撃はできません。球速は遅くても深いレシーブは大変効果的です。逆に球速が速くても短いレシーブは相手に攻められやすくなります

□ 膝の動きはできていますか？
　→低いボールに対しては、しっかり膝を曲げて、自分も低い体勢で打つよう努力しましょう。柔らかい膝の使い方は大変重要です

□ カットサービスに対する対応ができていますか？
　→カットサービスはバウンド後、大きく変化したりボールがあまり弾まなかったりするので、それらの変化にしっかり対応できるようにしましょう。ドライブで返球する場合に加え、スライス（アンダースピン）で返球する場面も出てくるので、相手サービスに応じてドライブ、スライス両方の球質で返球できるようにしましょう

Drill 4　セカンドサービスに対するレシーブ練習：攻撃的なレシーブを！

基本デザイン

- オーバーハンドサービス、ショルダーカットサービス、アンダーカットサービスなど、いろいろなセカンドサービスをレシーブする練習

[留意点]

▶ ダブルスを想定した場合、相手コートにネットプレーヤーをつけると実戦的になります

▶ シングルスを想定した場合、サービスを打つ位置をセンターマーク寄りにします

▶ セカンドサービスはレシーバー側にとってチャンスになることが多いので、レシーブを工夫して積極的に攻撃するようにしましょう。
基本的にはレシーブが短くならないように、ベースラインぎりぎりの深いボールを打てるようにします

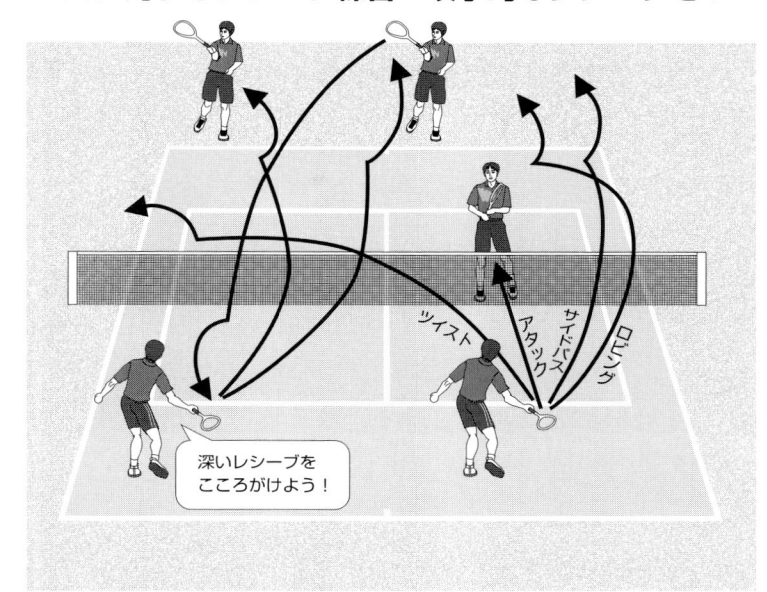

応用デザイン1

- 相手の陣形を見て、ツイスト（ドロップショット）やネットプレーヤーの頭越しのロビングなども打てるようにします

応用デザイン2

- 甘いセカンドサービスに対するサイドパスやネットプレーヤーへのアタックの練習

CHECK LIST

☐ **深いレシーブが打てていますか？**
→シュートにしろ、ロビングにしろ、ベースラインぎりぎりの深いレシーブに対して、サーバー側はそう簡単に反撃はできません。球速は遅くても深いレシーブは大変効果的です。逆に球速が速くても短いレシーブは相手に攻められやすくなります

☐ **ツイストのコントロールはできていますか？**
→ツイストを打つ場合、中途半端になると逆襲される原因となります。ネットすれすれに角度をつけた短いレシーブができるように何度も練習しましょう。また、スライスでツイストを打つ場合、ラケット面を早くからオープン気味にすると相手に読まれてしまうので工夫も必要です

☐ **膝の動きはできていますか？**
→低いボールに対してはしっかり膝を曲げて、自分も低い体勢で打つよう努力しましょう。柔らかい膝の使い方は大変重要です

Chapter3：練習デザイン

Drill 5　ネットプレーヤーに対する練習：積極的に攻める！

基本デザイン

- ハーフコートで、ネットプレーヤーはサービスラインとネットの中間あたりに、ベースラインプレーヤーはベースライン後方にポジショニングします
- ネットプレーヤーの側からベースラインプレーヤーに球出しをして、ベースラインプレーヤーはネットプレーヤーの足元に低くコントロールされたボールを打ち、ネットプレーヤーはそのボールをボレーで打ち返し、ラリーを続けます
- コースはストレート

[留意点]

▶ プレースメント重視か球速重視か、中途半端にならないようにはっきりさせます

- ネットプレーヤーは打たれたボールをボレーで返球するようにし、ラリーが続く限り行います

応用デザイン1

- 基本デザインと同じ球出しから、今度は足元へのボールだけではなく、思いきってパッシングショットを打つ練習

応用デザイン2

- 基本デザイン、応用デザイン1と同じ練習を、コースをクロスにして

CHECK LIST

□ 足元へのボールやパッシングショットをコントロールできますか？
　→ネットプレーヤーがネットから離れたポジションの場合、ネットぎりぎりに低くコントロールされたボールを打てば、球速は遅くても相手はローボレーになるので、そう簡単に攻撃されません
　→プレースメントを重視するなら、多少球速は遅くなっても、ネットプレーヤーがとれないような遠いコースに打っていくことが大切。左右のコントロールが重要です

□ 速いボールで打ち抜けますか？
　→球速で勝負する場合、コースは多少甘くなっても、とにかく相手が対応できないような速いボールを打つようにしましょう。ネットプレーヤーにしっかりネットにつめられてポジショニングされた場合は、遅いボールではボレーの餌食になってしまいます

□ ネットプレーヤーがどこにポジショニングしているか見えていますか？
　→相手のポジションを見て、頭越しのロビングやデッドスペースにアングルショットを打てるようになれば、攻撃の幅が広がります。右利きの場合、左ストレート（左利きの場合、右ストレート）の陣形からフォアハンドドライブでクロスのアングルに打つのは、上級テクニックです

グラウンドストローク

Drill 6　中ロブの練習：攻撃的なロビングで得点を！

基本デザイン
- 攻撃的なロビングを覚えます。最初は高さのあるシュートボールを打つ感覚で打球します
- 慣れてきたら徐々に高さをつけて、速い中ロブになるようにしましょう

[留意点]
▶ 最初からロビングとわかるようなフォームにならないよう気をつけます

応用デザイン1
- ストレートからクロス・逆クロスに中ロブを打つ練習
- クロス・逆クロスからストレートに中ロブを打つ練習
- セカンドサービスをレシーブするポジションから中ロブを打つ練習

応用デザイン2
- 早いタイミングで打球する練習。早いタイミングで打球すると相手の1歩が遅れるので、ライジング打法で打球できるように練習しましょう

CHECK LIST
- □ ドライブがかかっていますか？
  - → ドライブがかかっていないと、ボールが長くなりアウトになることが多くなります
- □ 打球時に、グリップなど力んでいませんか？
  - → 打球時にグリップに力が入りすぎると、速いスイングができません。余分な力を抜いて、ラケットコントロールがしやすいグリップ感覚をマスターしましょう
- □ ながす方向と引っ張る方向への打球では、どちらが得意ですか？
  - → 得意なコースを練習の段階で確認し、試合では得意なコースを使うようにしましょう
- □ 相手に球種がわからないように、シュートボールを打つのと同じ構えから中ロブを打ててますか？
  - → トップストロークでシュートボールを打つようなフォームから速い中ロブが打てると大変有効です

Chapter3：練習デザイン

Drill 7　シングルスの練習：フットワークが勝負！

基本デザイン

- シングルスの試合を想定した、シングルスフルコートでの乱打練習
- どちらか一方のプレーヤーは必ず相手のオープンスペースに打球します
- お互いセンターマーク付近に位置し、乱打開始。オープンスペースに打つプレーヤーはまず右サイドでも左サイドでも構わないので相手を振り、もう一方のプレーヤーは何とかしてそのボールを返球します
- オープンスペースに打つプレーヤーは、相手がどこに打ってきても常に相手のオープンスペースに打ち返すようボールをコントロールしてください
- 相手が余裕をもってセンターマーク付近に戻ってきた場合（ロビングなどで体勢を立て直した場合など）、オープンスペースに打つ側はいったん打つコースをリセットし、新たにオープンスペースをつくるように左右どちらでも構わないので打っていきます

［留意点］

▶ オープンスペースに打つプレーヤーは打球コースを限定されて、逆に難しくなることもあります。苦しい体勢でも常に相手の逆サイドに打てるコントロールとボディバランスを身につけましょう

▶ オープンスペースにボールを振っている側は基本的には主導権を握っていますが、甘いボールを打つと逆に切り返されるので注意します

▶ オープンスペースに打たれているプレーヤーは大きく振りきられて決められないように、返球するコースや球質、球種を工夫します。また、相手のボール

グラウンドストローク

が甘ければ逆襲できるように素早いフットワークを心がけましょう

▶オープンスペースに振られた場合、安易にストレートに返球すると、次のボールに厳しい角度づけをされてしまう可能性が高くなり、さらに窮地に追い込まれてしまいます。相手に厳しい角度づけをされないためには、安易なストレートへの返球ではなく、きつくてもクロスへ返球するなどコースを工夫してください

応用デザイン1

- 一方のプレーヤーはフルコートで、もう一方のプレーヤーはハーフコートに限定した乱打練習

[留意点]

▶フルコート側はかなり不利なので、大きく振られてコートの外に追い出されたような場合は、無理にシュートで返すより、ロビングで時間を稼ぎ体勢を立て直すことも大切です。基本的にベースラインセンターが待球ポジションになるので、打ったらベースラインセンターに戻るようにします

応用デザイン2

- フルコートでいろいろな球種、球質、コースを使って乱打練習
- 試合を想定し、お互い自由にコースを設定し、相手を揺さぶるようなボールを打ちます
- 相手を左右に振ったり、前後に揺さぶったりしましょう
- チャンスがあればネットにつめてボレー、スマッシュします

[留意点]

▶相手のスタンスの向き、肩の入れ方などで打つコースを読み、逆にこちらの打つコースを読まれないようにする工夫が必要です

▶組み立てとしては、
　①オープンスペースをつくって相手を振り、オープンスペース側で決めます（左右）
　②オープンスペース側に戻ろうとする相手の逆を突き、狭いほうにもう一度打ちます（左右）
　③ツイストを使って（前後）
　④ネットに出てネットプレーで対応
　などいろいろ考えて工夫しましょう

▶自分の得意なパターンにもち込んだり、相手の不得意なサイドを攻めたり、不得意なパターンにもち込んだりするような工夫をしましょう

CHECK LIST

□ **常に素早いフットワークでの対応ができていますか？**
　→シングルスはフットワークが何にもまして重要な要素です
　→シングルスの基本ポジションは、センターマーク付近です。打ち終わったら、センターマークに戻るクセをつけましょう

□ **不利な体勢を立て直すことができますか？**
　→相手に攻め込まれて苦しいときは、ロビングで時間を稼いだり、相手がベースラインにいるならスライスでボールをつないだりと、体勢を立て直す工夫が必要です

□ **ミスなくチェンジ・オブ・ペースができますか？**
　→同じ球種（シュート→シュート→シュートやロビング→ロビング→ロビング）を打ち続けるより、常に異なった球種（シュート→ロビング→シュート→ロビング）を打つほうがミスは出やすくなります。普段から一本調子に打つのではなく、ペースチェンジができるようにしましょう。球質も同様です。ドライブから急にスライス、スライスからドライブという変化は、常にドライブ、常にスライスという打ち方よりミスが出やすくなります。この点を頭に入れておきましょう

Chapter3：練習デザイン

Drill 8　前後の移動ストローク練習：短いボールは積極的に！

相手ボールの落下点へ素早く移動しよう！

基本デザイン

- ベースラインの後ろにポジションし、フワッと上がった短いチャンスボールを、前に移動して高い打点からトップストロークで決めにいく1本打ち練習
- 球出しは、正クロス、逆クロス、右ストレート、左ストレートから
- 相手ネットプレーヤーがいると仮定して、その近くを打ち抜くイメージで
- 正クロス、逆クロスの場合はストレートに
- 右ストレートの場合は正クロスに、左ストレートの場合は逆クロスに
- 何本か続けて成功するまで打ち続ける、ノーミス練習（3本連続、5本連続など。1本打つごとに最初のポジションに戻ります）

- 意図的に球出しのタイミングを早くする練習。練習者が打ったボールがネットを越す頃に次の球出しをします。難易度が増しますが、身体のバランスをくずさないようにし、軸を安定させるために非常に効果的な練習方法です（コラム「動きの連続と時間圧」108ページ参照）

[留意点]

▶ 実際にネットプレーヤーをつけると、より実戦的になります

▶ 球出しは初期段階ではネットに近い位置から。ベースラインからの球出しは球足の緩いボールで

▶ この練習は簡単なようですが、相手のボールの勢いを利用することができずに自分から打っていかなくてはならないため、初・中級者は意外とミスをしや

グラウンドストローク

すいものです。確実に決められるようにしましょう
▶ チャンスボールを決めにいく場合、練習時に高い確率で決められるようになるまでしっかり練習します。練習より本番の試合での決定率はずっと低くなるということを忘れずに
▶ ノーミス練習は集中力と緊張感を養うために効果的です

応用デザイン1
- 前後に球出しされたボールを移動して打つ練習（連続打ち）
- 球出しは、
  ① 長いボール→短いボール
  ② 長いボール→中間的なボール→短いボール
  ③ 短いボール→長いボール→中間的なボール
  ④ 長いボール→短いボール→中間的なボール
- 基本的には返球されたボールがバウンドする頃に次の球出しをします
- 最初は多少余裕のある球出しで、慣れてきたら球出しを難しくして
- 集中力と緊張感をもって練習するため、連続ノーミス練習をとり入れます（5本連続、10本連続など）

[留意点]
▶ フットワークはまず軸足を決め、前足で微調整します。十分前に踏み込めないような状況でも、軸足が決まっていれば何とか対応できるものです
▶ 長いボールに対しては、返球が短くならないように自分も長いボールを打つように心がけましょう
▶ 短いチャンスボールの場合で余裕があるときは、思いきって高い打点から決めにいく速いシュートボールを打てるように練習しておきます

応用デザイン2
- 基本デザイン、応用デザイン1よりも球出しをさらに難しくします
- 相手にツイストを打たれた状況や、短いボールで前へ移動した後にベースライン寄りに振られた状況などを想定しながら練習します
- ギリギリに追いつくようなボールを何とか返球する練習
- シュートで返球できない場合はロビングで
- 十分ラケットが振れないような状況では、スライスも活用できるように
- 球出しは、プレーヤーの能力に応じて、タイミングやボールスピードをコントロールします

[留意点]
▶ 余裕があればシュートボールで、余裕がなければロビングでというように、状況に応じた打ち分けの練習。ギリギリの場合は、スライスを用いる状況も出てきます。最後まで諦めず、何とか相手コートに返球する手段を考えましょう

CHECK LIST

□ 相手コートから打たれたボールが、どの辺に落ちて、どのくらいバウンドするのか予測できますか？
→ ボールの見極めは重要です。自分の頭の中のイメージと実際のボールが一致しないと、フットワーク、スイングなど、すべてに影響を及ぼします

□ 予測に基づいて早めにボールの落下地点へ移動できていますか？
→ 疲れてくるとフットワークが鈍くなってきます。横着をせず、常に素早いフットワークを心がけましょう

□ 飛んでくるボールとともに、自分が打ちたいコースや相手ネットプレーヤーの動きを視界の中に入れていますか？
→ ボールだけしか見えていないと、有効な場所に返球できなかったり、相手ネットプレーヤーの餌食になったりします。視野を広くもちましょう

□ 打ち終わった後、すぐに次の動作に移れるように準備していますか？
→ 1本打ち終わってホッとする暇はありません。試合になればまだラリーが続くのですから、すぐにファンダメンタルポジションに戻りましょう

Chapter3：練習デザイン

Drill 9　左右の移動ストローク練習：移動しても目標をもって！

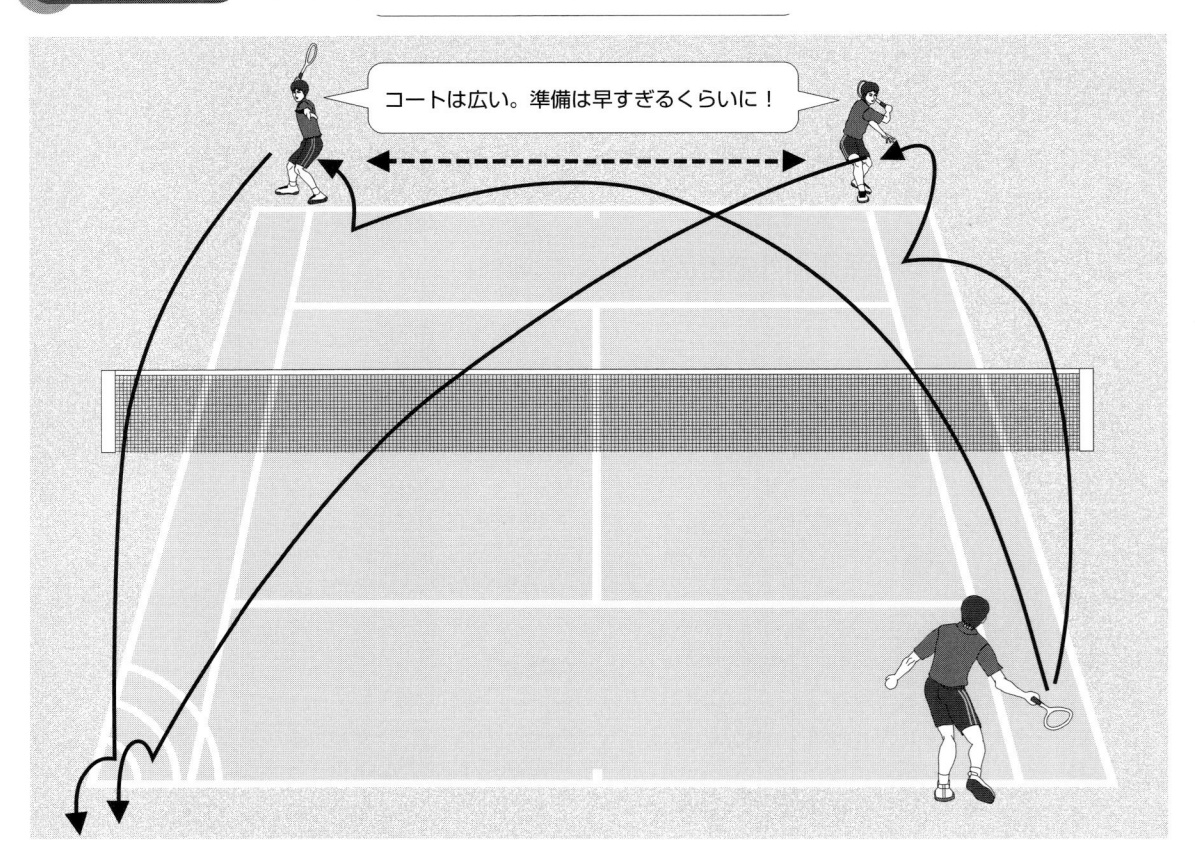

> コートは広い。準備は早すぎるくらいに！

基本デザイン
- 左右に振られたボールを移動して打つ練習
- 余裕のある球出しから始め、慣れてきたら球出しを難しくしていきます
- 1本打ちだけでなく、連続打ちにも発展させます
- 初期段階の球出しは高めのロビングボールで1本打ち

[留意点]
▶ フットワークはまず軸足を決め、前足で微調整します。余裕があるときは、しっかり構えて打てるようにしましょう

▶ フォアに回り込むのか、バックで打つのか早めに決めましょう。中途半端にフォアに回り込むとかえって打ちにくくなり、ミスの原因になります

▶ 球出しが長めのボールの場合は返球が短くならないように、自分も長いボールを打つように心がけましょう。球出しが短めのボールで余裕があるときは、思いきって高い打点から決めにいくシュートボールも打てるようにしましょう

▶ 余裕のないときは、相手ベースラインプレーヤーの前でよいので大きなロビングを考えておきます。この場合はプレースメント重視です

応用デザイン1
- 球出しのコースを決めずに左右どちらにも対応できるようにします
- 球出しはロビングだけでなく、シュートボールも出します

グラウンドストローク

- あらかじめターゲットを決めておくか、ネットプレーヤーをつけてネットプレーヤーにとられないようなコースに打つ練習
- 定位置で1本ないし2本打った後、移動してストローク。またその場所にポジションをとって1〜2本打った後、逆に移動してストロークする連続打ち。球出しはロビングに加え、シュートボールも

応用デザイン2

- さらに球出しを難しくします
- 球出し側は、プレーヤーの能力に応じてコースや速さを調節します
- 左右の移動に加えて長いボールや短いボールを球出しの中に加えます
- クロスに角度のついた厳しいボールを打たれた場面を想定し、走りながらネットポストの外側を回すようにサイドパスを打つポール回しにもトライしましょう
- 打球する目標を定めて(コーナーやセンターマークなど)、長短、高低、スピードに変化をつけます
- ギリギリにようやく追いつくくらいの球出しで

[留意点]
▶ スタンスを決めて打つ余裕がない場合は、走りながら打つランニングストロークも必要です。打ち終わった後の方向転換は考えなくていいので、駆け抜ける勢いを利用して、思いきってネットプレーヤーのサイドを抜きにいくパッシングショットを打ちます。ギャンブル的要素が強いショットですが、うまく打つことができれば一発逆転の切り返しになります

CHECK LIST

☐ 待球姿勢では、どちらにボールがきても対応できるように構えていますか？
　→どの方向にも対応できるようなファンダメンタルポジションを考えてプレーしましょう

☐ 相手コートから打たれたボールが、どの辺に落ちて、どのくらいバウンドするのか予測できますか？
　→ボールの見極めは重要です。自分の頭の中のイメージと実際のボールが一致しないと、フットワーク、スイングなど、すべてに影響を及ぼします

☐ 予測に基づいて早めにボールの落下地点へ移動できていますか？
　→疲れてくるとフットワークが鈍くなってきます。横着せず、常に素早いフットワークを心がけましょう

☐ 飛んでくるボールとともに、自分が打ちたいコースや相手ネットプレーヤーの動きを視界の中に入れていますか？
　→ボールしか見えていないと、有効な場所に返球できなかったり、相手ネットプレーヤーの餌食になったりします。視野を広くもちましょう

☐ 移動しながらどんなボールで返球するか、考えていますか？
　→シュートボールかロビングか、フォアハンドに回り込んで打つのかバックハンドで打つのか、決断を早くしましょう。中途半端になるとミスを招きます

☐ 打ち終わった後、すぐに次の動作に移れるように準備していますか？
　→1本打ち終わってホッとする暇はありません。試合になればまだラリーは続くのですから、ファンダメンタルポジションへの素早い戻りを心がけましょう

Chapter3：練習デザイン

Drill 10　スライス（アンダーカット）の練習：球質のバリエーションを増やす！

基本デザイン

- その場で打てるような簡単な球出しから。スライス（アンダーカット）回転のボールを打ちます
- コンチネンタルグリップ気味の薄いグリップに握り替えてスライスを打ちます
- コンチネンタルグリップ気味の薄いグリップでバックハンドを裏面で打ちます

[留意点]

▶ ドライブを打つときと比べてラケット面をややオープンにして、下から上ではなく、どちらかといえば水平か、上から下へという気持ちでスイングします

▶ 極端にスライス回転をかけると、ボールが予想できない曲がり方をすることがあります。意図的に打つ場合は別にして、あまりにも極端な回転にならないように注意しましょう

▶ 裏面でバックハンドを打つ場合、ラケット面よりもグリップエンドが先行するようなイメージで振るとよいでしょう

▶ ドライブの打ち方に慣れていればいるほど、アンダーカットは違和感がありますが、マスターできれば非常に役に立つ技術となります

応用デザイン1

- 乱打の中でネットにつめるアプローチショットをスライスで打ちます
- 相手をネットに誘い出す、あるいは前後に揺さぶるために、意図的に短いボール（ツイスト）をスライスで打ちます

グラウンドストローク

[留意点]
- ▶ トップスピン回転と違ってボールがあまり落下しないので、ネットすれすれに低く抑えたボールが打てるようにします
- ▶ アプローチショットの場合は少しでもネットに近いところで打ちたいので、ライジング気味の打点で打てるように練習しましょう
- ▶ スライスはラケットヘッドを下に落とさず、どちらかというとヘッドを少し上に立て気味にしたほうがうまく打てます

応用デザイン2
- とれるかとれないかギリギリの球出しで、十分にラケットが振れないような追い込まれた状況でスライスを使って返球する練習

[留意点]
- ▶ ラケットを大きく振って打つよりも、面をしっかりつくって相手のボールの勢いを利用して打ち返せるようにします。面のつくり方が重要です
- ▶ スライス回転を意識しすぎてラケットに薄く当たるとフワッとした弱々しいボールになってしまうので、しっかりとした厚い当たりになるように打球します

COLUMN

〈地面反力〉

　人の身体は、地面に触れている限り、立っているときも寝ているときも、常に地面から力を受けています。これは、「地面反力」と呼ばれています。例えば、歩いているときは足で地面を蹴った反作用として地面反力が身体に働き、それがすなわち推進力になっています。ソフトテニスにおいても、地面反力を使うことはパフォーマンスにとって重要な要素です。

　オーバーハンドサービスでは上方への地面反力が顕著であり、これにより身体が高い位置まで押し上げられていきます。また、身体を前方に進ませるような力は極めて小さく、むしろスイング中に身体自体が前へ進むのを押えるような、つまり身体にブレーキをかけるような地面反力が働いています。フォアハンドストロークでも、意外なことに、身体を前方へ進ませるような力はサービス同様極めて小さいものです。むしろ、身体を上に押し上げるような力が顕著です。

　このように、地面反力という観点からは、サービスとフォアハンドストロークは類似点が多いと言えます。しかし、ローボレーになると違ってきます。ローボレーにおける地面反力では極めて個人差が大きくなりますが、サービスやフォアハンドストロークに比べて、前方にも上方にも地面反力を大きく使うことは示唆されています。

　普段、意識されることの少ない地面反力ですが、個々のストロークのパフォーマンスを決定づける意味で決して軽んずることができないものです。

CHECK LIST

- □ 比較的厚い当たりで、直線的なスライスが打てていますか？
  - → 当たりの薄いスライスはフワッと浮いてしまったり、中途半端に短くなったりします。フラットに近いような飛球線のボールが打てるようにしましょう
  - → トップスピン回転と違ってボールがあまり落下しないので、ネットすれすれに低く抑えたボールが打てるようにしましょう
- □ 早い段階で次の打球をドライブで打つかスライスで打つか判断できていますか？
  - → 試合では、ドライブで対応する場面とスライスで対応する場面をなるべく早い段階で判断しておかないと、グリップの握り替えが間に合わなくなることもあります
- □ 面をつくるタイミングを工夫していますか？
  - → スライスを打つ場合、早くからラケット面をオープンにしておくと、相手にスライスだということを読まれてしまいます

Chapter3：練習デザイン

Drill 11　打球コースとスタンスの練習：いろいろなスタンスで打ち分けを！

「バックスイングを早めに！
どのコースにも打てる体勢で入ろう」

目標をねらって！！

基本デザイン

- 正クロスからの球出しに対して、クロス、センター、ストレートの打ち分け練習
- 右ストレート、逆クロス、左ストレートからの球出しに対しても同様に
- スイング軸の感覚や上半身の使い方を覚えるため、片足ストロークも練習します

［留意点］

▶ 右利きの場合、逆クロス、左ストレートではバックハンドで打つ回数を多くします

▶ 左利きの場合、正クロス、右ストレートではバックハンドで打つ回数を多くします

▶ 片足ストロークの練習のとき、ラケットでの球出しでは打球が難しい場合には近くからアンダーハンドで投げてもらう、もしくはその場でボールを落としてもらうといった球出しでも構いません

▶ ながす方向へ打つときのラケットの振り出しのタイミングを覚えましょう

応用デザイン 1

- 3種類のスタンス（スクエア、クローズド、オープン）を意図的にとって打つ練習
- 余裕があれば、バックハンドをスクエア、オープンスタンスで打ちます

［留意点］

▶ バックハンドの場合は、ほとんどクローズドスタンスが基本となるので、ここではフォアハンドのみの練習でも構いませんが、十分にクローズドスタンス

グラウンドストローク

になれないときのことを考え、スクエアやオープンスタンスでバックハンドを打ってみるのも身体の使い方を覚える練習になります
▶ クローズドスタンスでフォアハンドを打つときは利き腕の反対側の肩（右利きの場合は左肩）も中に入れると、相手にコースを読まれにくくなります

応用デザイン2
- スタンスの向きとは逆のコースへ打つ練習（下記①〜⑥は右利きの例。左利きは逆に）
  ① 逆クロスからあげられたボールをオープンスタンスで逆クロスへ
  ② 正クロスであげられたボールをオープンスタンスで右ストレートへ
  ③ 逆クロスからあげられたボールをクローズドスタンスで左ストレートへ
  ④ 右ストレートから正クロスへバックハンドでながす形で
  ⑤ 逆クロスから左ストレートへバックハンドで
  ⑥ 逆クロスからミドルをねらってバックハンドで
- この他にもコースを工夫してみましょう

[留意点]
▶ スタンスの向きと反対方向へ打つのはタイミングのとり方が難しいものですが、相手にコースを読まれにくくするという意味で非常に実戦的です。ただし、下半身の体重移動が大きく使えないときがあるので（特にオープンスタンスの場合）、上半身の力に頼った打ち方が必要になります。筋力のないプレーヤーは腰の開き、腕の振りなどを工夫しましょう

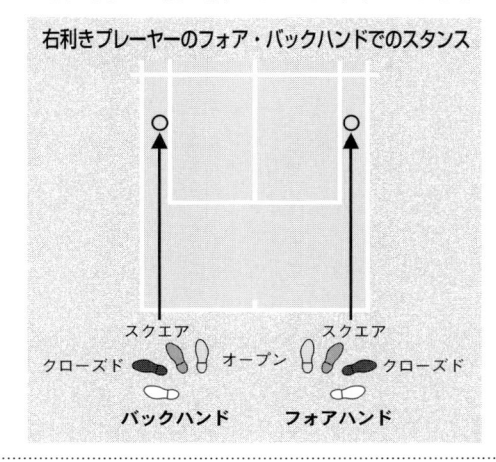

右利きプレーヤーのフォア・バックハンドでのスタンス

（図：バックハンド側 クローズド／オープン／スクエア、フォアハンド側 スクエア／クローズド）

CHECK LIST
- □ ながす方向へ打球するとき、腰や肩などの上半身の動きよりもラケットヘッドを遅らせて打つことができますか？
  → ながす方向へ打つときのラケットの振り出しのタイミングを覚えましょう
  → インパクト時のラケット面のつくり方と球際のラケットさばきが重要です
- □ 上体の動きを上手に使えていますか？
  → 十分なスタンスがとれない場合、上半身のひねり、腰の開き、腕の振りなど、上体の動きが重要になります
- □ 基本デザイン、応用デザインに書かれている以外のコースも自分で工夫してみましょう

C O L U M N

〈動きの連続と時間圧〉

ソフトテニスの技術では、個々の技術、動きが連続します。しかしながら、サービス練習をするときなど、サービスだけを次から次へと打って、サービスを打った後の構えをとらない練習も見かけます。これではいざ試合になったら、サービス後の構えが遅れて、せっかく入ったサービスを有効な次のストロークへつなげられないこともあるでしょう。

また、ソフトテニスの技術（その他のスポーツ技術も同じですが）では、身体の軸が大切になります。それはボールに効率よく力を伝えるためだけでなく、次の動きへの素早い準備を行うためにも、軸が安定していることは重要な要素となります。つまり、1球打ち終わってバランスをくずすようでは、次のボールへの対応が遅れてしまいます。ゆっくりとしたラリーであれば問題にならないでしょうが、早いラリーになると軸が安定していることが重要です。

では、どうすればこうした身体の軸の安定が獲得できるでしょうか。ここでは、2つ以上の動きを連続して練習するときに、その時間間隔を短くする時間圧をかけた練習を考えてみましょう。

例えば普通にラリーをしているときには、自分が打ってから、また次に自分が打つまでにはある程度の時間的余裕があります。あるいは、5球連続練習などでは、練習者の打ったボールが反対側のフェンスに当たってから次の上げボールが出されるような練習を目にすることがあります。これでは、打ち終わってバランスがくずれていても立て直すことができます。

そこで、練習者が1球打ったら、そのボールがネットを越す頃に次の上げボールを出すようにすると、練習者は急いで次のボールを打とうとします。この早いタイミングでの球出しによって、練習者は次から次にボールを打ち返さなければならなくなり、結果的に身体の軸がぶれていては間に合わなくなり、自然と軸が安定していくようになります。

もちろん実際の試合では、こうした練習のような早いタイミングでボールが飛んでくることはないでしょう。しかし、こうした時間圧をかけた練習をしていくと、軸が安定するとともに、身体が自然と次のボールへの構えを早くとるように変わっていきます。ただし、同じ技術の繰り返しに時間圧をかけた方法を取り入れても、かえって逆効果になります。

図は、時間圧をかけて、フォアハンドかバックハンドのどちらかだけを繰り返し練習した人と、フォアハンドとバックハンドを交互に練習した人の練習前後の肩と腰の回転の程度を表したものです。内側のグレーの部分が練習前、外側の黒い部分が練習後です。同じ方向ばかりを練習すると肩や腰の回転が小さくなり、逆に交互に練習すると肩や腰の回転が大きくなります。これはフォアハンドのフォロースルーとバックハンドのテイクバックが融合した結果です。

つまり、時間圧をかけて2つの異なる技術を練習すると、うまく2つの動きが連続するようになります。野球などでボールを捕る動作と投げる動作を別々に練習していたのでは、流れるように捕って投げる動作は生まれません。サービスから次のストロークへの流れるような動作も同様です。どういった技術を連続して練習するといいか工夫して、"身体で覚える"ために時間圧をかけた練習を取り入れてください。

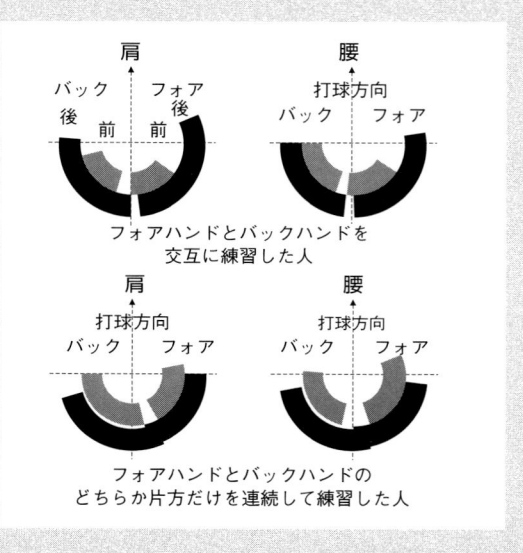

フォアハンドとバックハンドを
交互に練習した人

フォアハンドとバックハンドの
どちらか片方だけを連続して練習した人

グラウンドストローク

Drill 12　基本的な打法、球種、打球コース：基本となる打ち方をマスターする！

基本デザイン
- ロビング気味の球出しをしてもらい、そのボールをアンダーストロークで打ちます
- 最初は大きくロビング、次にシュートボールの練習をします

[留意点]
▶ 最初の球出しはストレートで、打球コースもストレートへ。バックハンドも練習します
▶ バリエーションとして、クロスからの球出し
▶ 右利きの場合、左ストレート、逆クロスの陣形ではバックハンドを多めに練習しましょう
▶ 左利きの場合、右ストレート、正クロスの陣形ではバックハンドを多めに練習しましょう

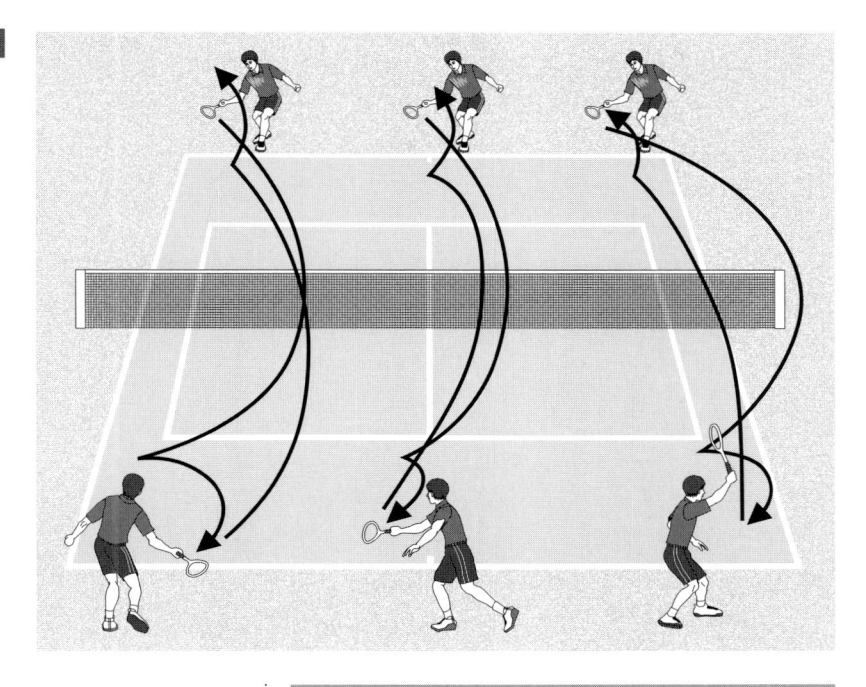

応用デザイン1
- サイドストロークで

応用デザイン2
- トップストロークで

CHECK LIST

☐ **自分が意図している打点にボールが落ちてくるまで、タイミングを図って待てますか？**
　→初心者のうちは、球出しされたボールがバウンドし、最高到達点に達してから落ちてくるところを打ちましょう

☐ **球出しのボールによって、前後左右に移動して打点を調整していますか？**
　→技能が上がるにつれ、球出しはいろいろな球質、球種のボールを出してもらうとより実戦的です

☐ **ドライブのスピンをうまくコントロールできますか？**
　→スイングスピード、インパクト時のラケット面の角度をいろいろ工夫してみましょう

☐ **膝、腰、肩のあたりの高さでしっかり打てますか？**
　→上級者はトップストロークがしっかり打てるようにしましょう

☐ **相手に球種がわからないように、同じ構えからシュートボールを打ったり、ロビングを打ったりできますか？**
　→実戦では、相手が球種を予測しにくい打法が有効です。できるだけ同じような構え（バックスイング）から球種の違うボールが打てるように工夫しましょう

Chapter3：練習デザイン

Drill 13　フルコートでストローク練習：大きく打つ！ ラリーを続ける！

基本デザイン

- ベースライン付近に位置してのストローク練習
- 最初はその場で手で落としてもらったボールを、次に2～3mほど離れたところからアンダーハンドで投げてもらったボールを打ちます
- 最初はアンダーストローク（膝の高さくらいの打点）で
- ラケットは基本的に下から上へ、手打ちにならないように全身を使って大きく振り、前足に体重移動しながら打ちましょう
- 相手コートのベースライン付近にいるプレーヤーにワンバウンドで届くようにコントロールして打ちます

[留意点]
▶ 最初は膝の高さあたりでの打点を意識して下から上へラケットを振り、このときボールに自然にドライブ回転がかかるかどうか確認します
▶ はじめのうちはアウトになっても構いませんが、ネットはしないように注意しましょう
▶ その場でボールを落としてもらうときはベースライン上に落としてもらい、練習者はベースラインより少し後ろに位置したところから1歩踏み込んで打つようにします。ベースライン上という場所を利用して、ポジショニングの位置や自分の身体とインパクトの打点位置を確認します（前後、左右の位置関係）。また、バックハンドはフォアハンドより打点の範囲が狭くなること、インパクトポイントが前足寄りになることを理解してください
▶ 手でボールを投げてもらう場合は、アンダーハンドで投げてもらいます
▶ 練習するとき、打球したボールが球出しの人に直接当たらないように注意しましょう

グラウンドストローク

応用デザイン1
- 自分でボールをトスし、それを打つ練習
- 自分でトスしたボールをバックハンドで打つのは難しいので、フォアハンドだけでもよいでしょう
- はじめはボールをワンバウンドさせてドロップ＆ヒット。次はドロップさせずにノーバウンドで
- ネット越しにラケットで球出しをしてもらい、ワンバウンドしたボールを打つ練習（図左a）
- 球出しはやさしい山なりのロビング
- 打つコース、球出しとも最初はストレートで行い、その後バリエーションを加えてください

[留意点]
▶ ボールをトスするとき、地面にたたきつけるようにしてバウンドさせるとかえって打球が難しくなるので、肩の位置くらいからそのまま落とすか、上に向かって軽く投げ上げる程度にします
▶ 練習者が初心者の場合、上手な球出しをしないとうまく打てません。球出しはていねいすぎるくらいに
▶ 慣れてきたら球出しの場所、打球コースをいろいろ工夫しましょう

応用デザイン2
- お互いベースライン上に位置し、フルコートで乱打練習（図左b）

[留意点]
▶ 振り遅れないように、バックスイングを早めに完了させることが大切。一般的には相手の打ったボールがバウンドしたときがバックスイングの完了と考えます
▶ ボールがバウンドし、最高到達点に達してから落ちてくるところを打つようにすると、時間的な余裕を確保できます
▶ 乱打練習は、初心者同士ではなかなかラリーが続かないことがあるので、経験者と初心者の組み合わせで行ったほうがよいでしょう
▶ 初心者にとっては、ラリーの続くことがソフトテニスを楽しく感じる第一歩になります

CHECK LIST

☐ **全身を使ってのびのび打っていますか？**
　→アウトになっても構わないので、ボールを遠くへ飛ばすイメージで打つようにしましょう

☐ **フィニッシュで前足に体重が乗っていますか？**
　→最初のうちは結果を気にせずに思いきって打つことを心がけましょう

☐ **球出しされたボールがバウンドして落ちてくるまで待つことができますか？**
　→打ち気にはやってボールに突っ込んでいくと、バウンドが合わなかったり、打点が高くなりすぎたりして、逆に難しくなります。球出しされたボールがどこに落ちてどのくらい弾むのか、落ち着いて見極められるようにしましょう

☐ **打ったボールにドライブ（トップスピン）回転がかかっていますか？**
　→うまく回転がかかっていないときは、グリップの握り、ラケットのスイング方向（基本は下から上へ）を確認しましょう。また、少しラケットヘッドを下に落としてスイングすると、ドライブ回転がかかりやすくなります

☐ **上手な人のフォームを真似したり、自分の理想的なフォームをイメージしたりすることができますか？**
　→上手な人のフォームは合理的な動きになっているものです。自分の周りに上手な人がいたら、その人のフォームを観察して真似したり、自分の中で理想的なフォームをイメージしてスイングしたりするようにしましょう
　→第三者にフォームを見てもらい、アドバイスをしてもらうことも役に立ちます
　→さらに効果的なのは、ビデオで自分のフォームを撮影し、その映像を見ることで視覚的なフィードバックを行うことです。「百聞は一見に如かず」の言葉どおり、自分のフォームを客観的に見ることは大変役に立ちます

Chapter3：練習デザイン

3. ネットプレー

《1 ── ボレー》

Drill 1　試合形式の練習：2人で1本！

基本デザイン

- ファーストサービスとセカンドレシーブの有利性・優位性を生かしたサービス（レシーブ）＆ボレーの練習
  ① パートナーのファーストサービスの返球をボレーする3球目攻撃
  ② パートナーのセカンドレシーブに対する返球をボレーする4球目攻撃

[留意点]

▶ パートナーの配球に合わせた適切なポジショニングを心がけます
▶ ポジショニングの後、しっかり相手プレーヤーの状態を見て返球コースを予測・判断しましょう
▶ ポーチボレーでは、適切なスタートタイミングを計ることが重要です
▶ "出る"と決めたら、素早くボールコースへ移動してボールをヒットします
▶ ボレーのコースはできるだけオープンスペースに

（図中）しっかりとコースをねらって！　スタートのタイミングが重要！

応用デザイン1

- ファーストサービスのコースを変えて、ポーチ、誘いなどを使い分ける練習
  ① クロス、センター、ボディなどのサービスコースの打ち分け
  ② サービスコースによってポジションを工夫
  ③ 相手プレーヤーの特徴に応じて返球コースを予測

応用デザイン2

- セカンドレシーブのコースを変えて、ポーチ、誘いなどを使い分ける練習
  ① クロス、センター、ボディなどのレシーブコースの打ち分け
  ② レシーブコースによってポジションを工夫
  ③ 相手プレーヤーの特徴に応じて返球コースを予測

CHECK LIST

□ 基本セオリーを知っていますか？
　→中級レベルくらいのプレーヤーの場合、次のセオリーが考えられます。生かしてみましょう。
　　① フォアハンドストロークで回り込んで打つ場合は引っ張るコースが多い
　　② フォアハンドストロークで身体から離れた打点でボールを扱う場合はながすコースが多い
　　③ バックハンドストロークの場合は引っ張るコースが多い

□ サインプレーを使っていますか？
　→ダブルスゲームでは、「2人で1本」のチームワークが重要です。特にファーストサービスからの3球目攻撃やセカンドレシーブからの4球目攻撃というのは、サッカーでのセットプレーですから、反復練習することで精度が増し、より効果的な得点パターンの確立に繋がります。特にゲームで活用するためには、実戦を想定し、サインプレーでパートナー同士の意志の疎通を図り、得点を重ねられるようにペアで工夫することが重要です

ネットプレー/ボレー

Drill 2　ボレーのフォロー練習：素早いラケットコントロールを！

基本デザイン

- ネットから離れた位置でバウンドさせてボールを打ち返す（フォロー）練習
  ①手投げの球出しに対して
  ②ラケットでの球出しに対して（連続プレーへと発展させる）
  ③ベースラインから打ち出されたボールに対するボレーに対して

[留意点]

▶ この練習の中で最も重要視されるべきことは、①素早い反応、②ラケットコントロールです

▶ 待球姿勢でのリラクセーション、コースの予測、素早い面合わせ技能を一つひとつチェックしながら、難易度の低いものから徐々にレベルを上げていき、プレーとして完成していくよう練習をデザインしましょう

▶ フォローポジションは攻撃のポジションから少し下がった位置です

（図中：リラックスして準備！）

応用デザイン1

- ①フォアサイド、②正面、③バックサイドの3種類のフォローに分けて練習（理想はフリーグリップ）

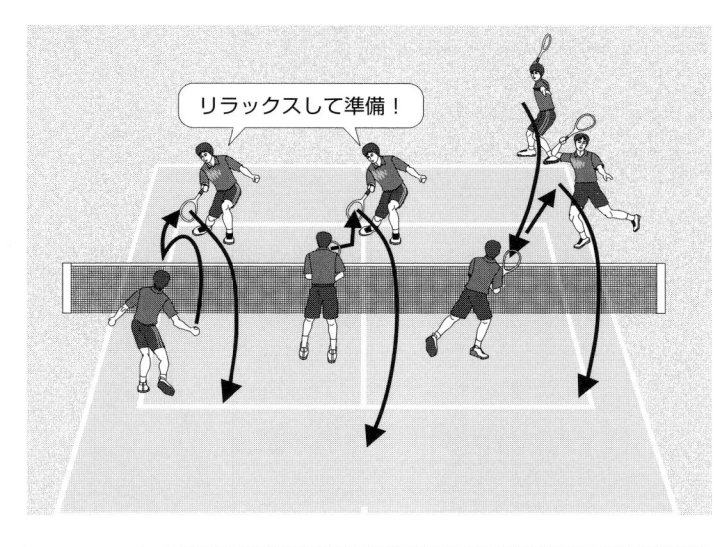

応用デザイン2

- Drill 3、4の移動ボレー練習の対面に入ってフォローする練習
  ①クロスボレー、②ストレートボレー
- フォロー＆ボレーの練習
  フォローの後、ポジショニングしてランニングボレーをする連続プレーへと発展
- アタック＆フォローの練習

CHECK LIST

□ **待球姿勢でリラックスできていますか？**
　→待球姿勢では、①心身のリラックス、②ラケットを強く握らない、③膝、足首の緩みを心がけ、余分な心身の緊張をとり、リラックスして待ちましょう

□ **フォローポジションはとれていますか？**
　→ネットプレーヤーの場合：雁行陣のネットプレーヤーが攻撃に出る場合のポジションは、おおよそネットから身長＋1ｍくらいの位置ですが、フォローの場合はそこからさらに1ｍくらい後方に下がった位置になります。ネットプレーヤーはベースラインにいるパートナーが相手コートに返球したボールを相手ネットプレーヤーにとられた場合を想定し、自コートのどこをカバーすればよいか考え、適切なフォローポジションをとります
　→ベースラインプレーヤーの場合：パートナーのレシーブの場合、ポジションはベースラインよりコート内側に入り、サービスラインやや後方あたりの位置が基本で、相手ネットプレーヤーを注視して、その動きに合わせてプレーします。自分自身が打ったボールが相手ネットプレーヤーにとられる場合で、ネットプレーヤーにしかけていく場合には、打球後直ちに自分が打った方向に前進し、相手から打ち返された場合に備えましょう。また、、自分が相手ベースラインプレーヤーのほうに打球したけれども相手ネットプレーヤーがそのボールをポーチに出てきた場合には、相手の動きに気づいた時点でオープンスペースをカバーするためにその方向に移動します

Chapter3：練習デザイン

Drill 3　状況への対応練習：攻め、誘い、守りの打ち分けを！

基本デザイン

- 「攻め」「誘い」「守り」のボレーを状況に応じて打ち分ける練習
  ①緩いボール
  ②徐々にボールスピードを上げて
  ③ベースライン付近からのシュートボール
  ④さらに前からのシュートボール
  の段階で進めましょう

[留意点]
▶この練習のねらいは、練習している基礎技能をより実戦に近い形で活用できるようにすることです
▶球出しに合わせて、
  ①ポジショニング
  ②予測判断（攻め、誘い、守り）
  ③モーション（スタートタイミング）
  ④ボレー
  といった一連のプレーをより実戦的なものに改善していくよう意識しましょう

（図中吹き出し）
- スタートタイミングが重要！
- ボレーのコースは適切ですか？
- ゲームを想定して球出しをしよう

応用デザイン１

- 球出しのコース
  ①正クロス、②逆クロス、③右ストレート、④左ストレート

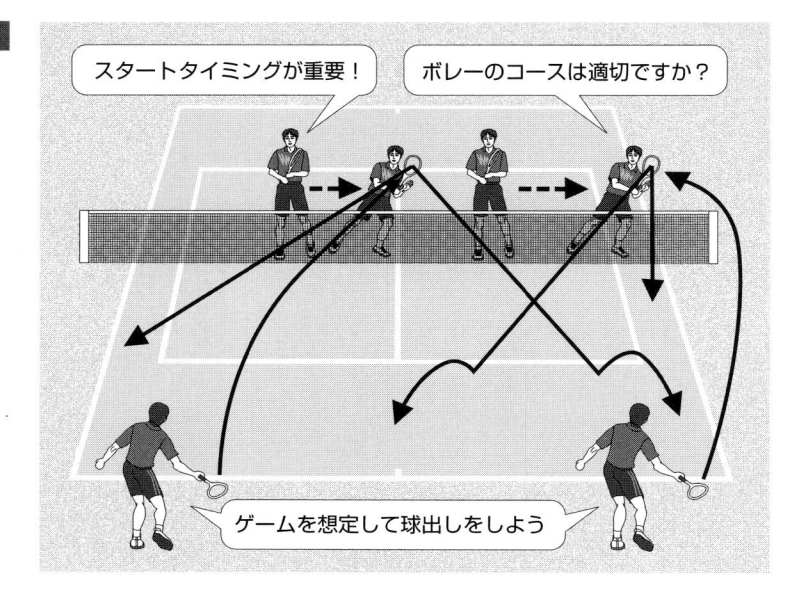

- 球出しの位置を変えて（「攻め」「誘い」「守り」の区別化）
  ①ベースライン後方、②ベースライン上、③コート内側

応用デザイン２

- ボレーの種類―Ⅰ
  ①正面、②フォアサイド、③バックサイド
- ボレーの種類―Ⅱ
  ①落とすボレー、②ながすボレー、③引っ張るボレー

CHECK LIST

□ ポジションはいいですか？
  →よいボレーは的確なポジショニングから。相手ベースラインプレーヤーの状況、ボールが打ち出される打点に応じて適切なポジションをとるよう心がけましょう

□ ネットにつめる動作はできていますか？
  →実戦ではポジショニングの後、ネットに１歩つめる動作を行います。そうすることでネットとプレーヤーとの間の空間をなくし、より効果的なネットプレーが可能になります

□ 斜め前方への移動を心がけていますか？
  →ネットプレーの基本意識は「前へ、前へ」です。したがって、ボレーの際も「横」ではなく、ボールをより最短距離でとらえるように常に「斜め前方」へ動くよう心がけましょう

□ ボレーのコースはいいですか？
  →ボレーのボールコースは、相手のオープンスペースをねらいましょう

ネットプレー/ボレー

Drill 4 　攻めと守りの練習：意識の切り替えを！

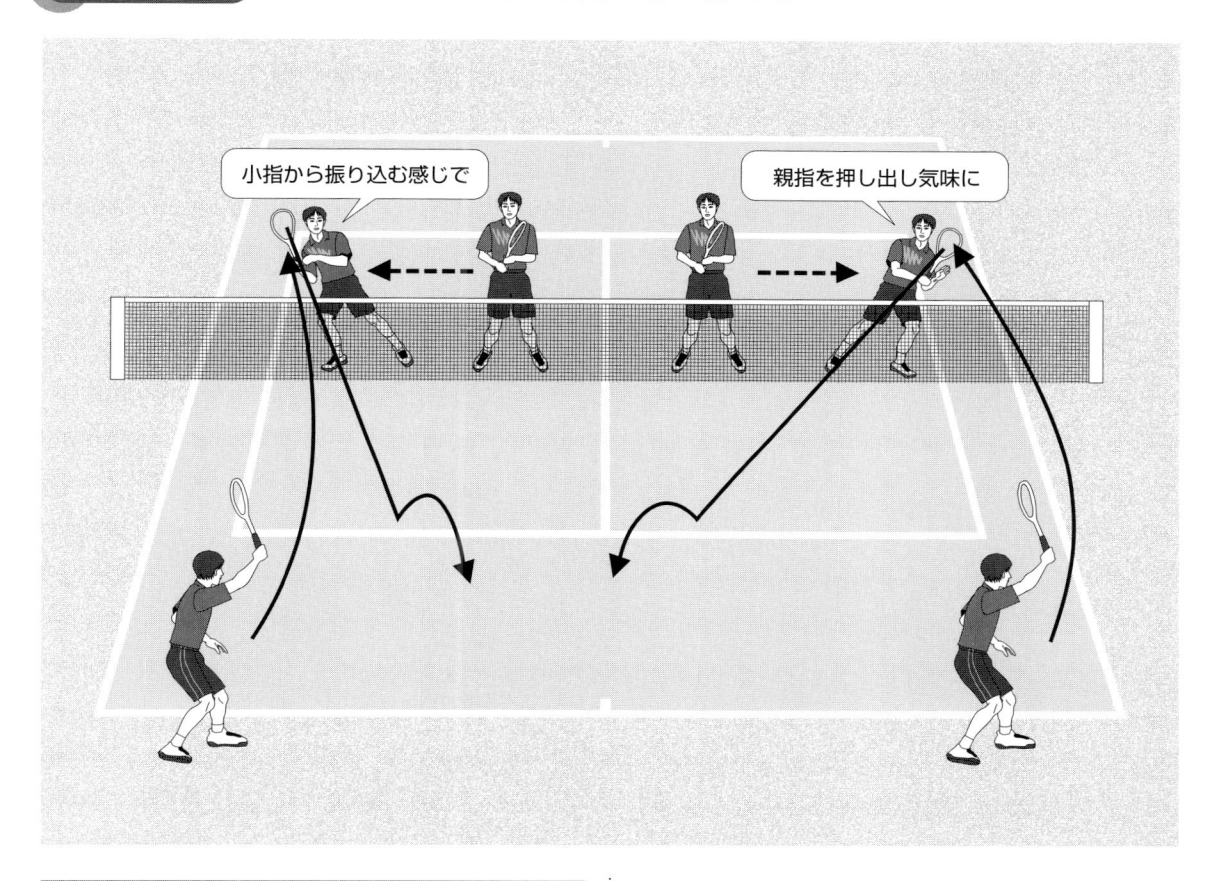

小指から振り込む感じで　　　親指を押し出し気味に

基本デザイン

- 「攻め」と「守り」のボレー練習
  ①緩いボール
  ②徐々にボールスピードを上げて
  ③ベースライン付近からのシュートボール
  の段階で進めましょう

[留意点]
▶この練習のねらいは、雁行陣におけるポーチボレーの基礎技能パターンを身につけることです
▶基本的な4つのコースでの球出し：①正クロス、②逆クロス、③右ストレート、④左ストレート
▶技能の基本となる
  ①ポジショニング
  ②モーション（スタートタイミング）
  ③ボレー
といった一連のプレーを繰り返し反復することで精度を高めていきます

応用デザイン1

- ボレーの種類
  ①落とすボレー、②ながすボレー、③引っ張るボレーの区別

応用デザイン2

- ボレーの種類
  ①フォアサイド、②バックサイド

応用デザイン3

- 「守り」のボレー（次ページ図参照）
  ①正面、②フォアサイド、③バックサイド

Chapter3：練習デザイン

CHECK LIST

□ 落とす、ながす、引っ張るボレーの区別は適切ですか？
　→ボレーコースは相手コートのオープンスペースへのヒットが基本原則です。したがって、雁行陣におけるポーチボレーでは、相手陣形によってできるオープンスペースをあらかじめ予測し、そのオープンスペースへのヒットを考えたボレーの選択が第一条件となります

□ 移動するボレーではどのような意識を心がけていますか？
　→「攻め」のボレーでは、「追いかける」意識が重要です。ただ、ボールのコースへ移動するだけでなく、子どもが蝶々を追いかけるような心でボールをとりに行きましょう
　→「守り」のボレーでは、ゾーンディフェンスが重要です。ポイントではなく、ゾーンを守れるように上体をネットに正対して起こし、待球しましょう

□ ポーチに出るタイミングはいいですか？
　→ポーチのスタートタイミングは、おおよそ相手ベースラインプレーヤーのラケットの振り出しの瞬間です。それ以前に足首、膝を緩めたリラックスしたポジショニングを心がけましょう

□ スムーズにラケットが出ていますか？
　→ネット際での「守り」のボレーでは、特にリラックスが重要です。待球時に非利き手でラケットを支え、上体や肩、腕、グリップの余分な力を抜いて、ボールに反応しやすい状態を心がけましょう

□ 状況判断は的確ですか？
　→下図は「守り」の際のポジションどりです。相手プレーヤーの打球位置によって適切なポジションに移動し、ボレーしましょう

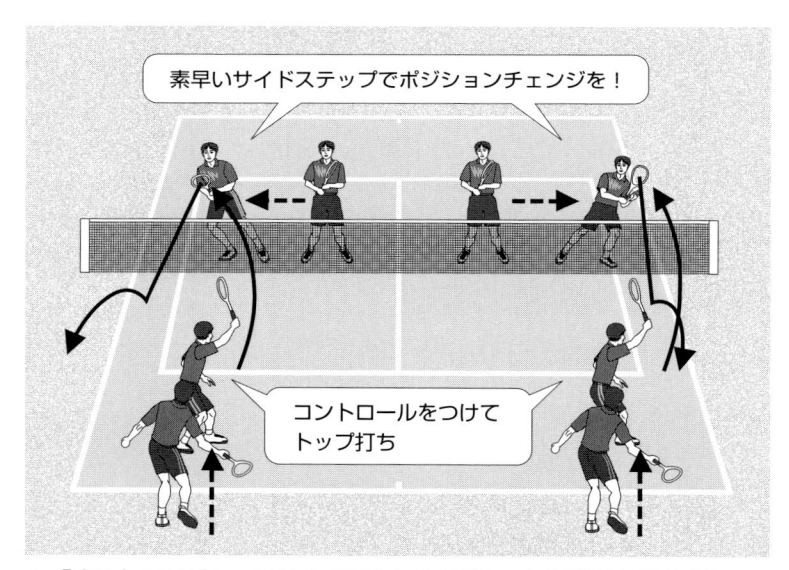

▲「攻め」のポジションから「守り」のポジションに移動してのボレーの練習

　ベースライン付近から前進して球出しをします。ネットプレーヤーはその前進フットワークに合わせて「攻め」のポジションから「守り」のポジションへ移動してから打球します

ネットプレー/ボレー

Drill 5　ハーフボレーの練習：下半身を上手に使って正確に！

基本デザイン
- ネットから離れた位置で、少し山なりに飛んでくるボールをノーバウンドで打ち返します

＜段階的に＞
①ラケットでの緩い球出し
②徐々にボールスピードを上げてゆく
③左右にボールを散らす
④上下にボールを散らす

[留意点]
▶待球姿勢でのポイント
　①心身のリラックス
　②膝、足首の緩み
　③上体の起こし
　④ラケットを強く握らない
　⑤相手プレーヤーのフォワードスイングに合わせてテイクバック
▶下半身の力でボールを飛ばすイメージでプレーします
▶インパクトはフラットな面を心がけましょう
▶フォロースルーをしっかりとります

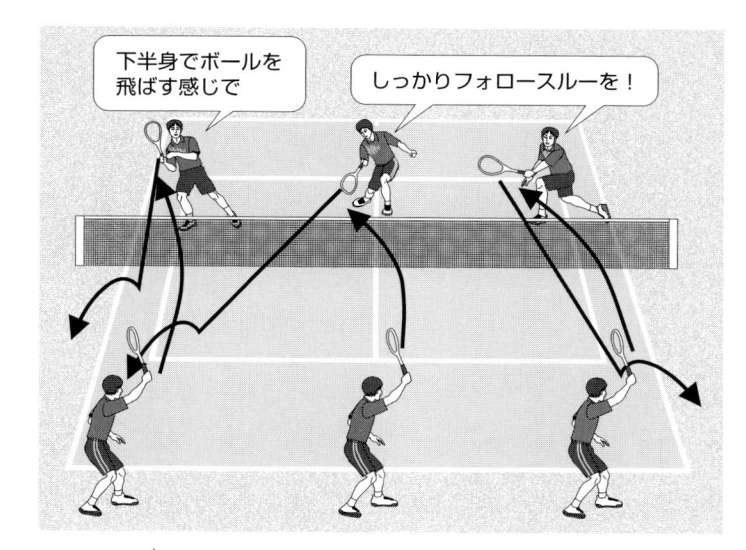

応用デザイン1
①正面、②フォアサイド、③バックサイドの3種類のボレーに分けて練習

応用デザイン2
①ネット並行陣を想定したボレー練習
②前進フットワークからのボレー練習

応用デザイン3
- コースを打ち分けるボレー練習へと発展
　①ながすボレー、②引っ張るボレー、③落とすボレー

（吹き出し）下半身でボールを飛ばす感じで
（吹き出し）しっかりフォロースルーを！

CHECK LIST

□ **下半身をうまく使えていますか？**
→ネットから離れた位置でのプレーでは、ボールコントロールの面からもパワーの面からも上体だけでなく、下半身の使い方が最も重要です。プレーの要素としては、グラウンドストロークとネットボレーの両方の要素がうまく組み合わさることが求められます。ポイントは、
　①待球姿勢でしっかり足首や膝を緩め、リラックスしましょう
　②相手プレーヤーのフォワードスイングにあわせてコンパクトにテイクバックしましょう
　③下半身の力でボールを飛ばすイメージをもちましょう
　④インパクトではフラットな面でボール処理しましょう
　⑤しっかりフォロースルーをとりましょう

□ **上体を起こしてプレーしていますか？**
→待球姿勢の際にしっかり足首や膝を曲げて上体を起こすことで、ストローク動作の軸ができ、プレーが安定します

□ **待球姿勢でのラケットの位置は適切ですか？**
→ネット際でのプレーでは、ネットの高さより低いボールは飛んでこないため、ラケットを準備する位置も自然と高くなります。では、ネットから離れた位置ではどのあたりのボールを多く扱うのでしょうか。答えは「足下から腰のあたり、高くとも肩の高さ」ということです。したがって、待球時のラケットの位置もそれに合わせて低いところに準備しましょう

Chapter3：練習デザイン

Drill 6　5種類のネットボレーの練習：ラケットの扱いを区別しよう！

基本デザイン

- ネットに近い位置で、水平に飛んでくるボールをノーバウンドで打ち返す練習

＜段階的に＞
① ラケットでの緩い球出し
② 徐々にボールスピードを上げていく
③ 左右にボールコースを広げる

[留意点]
＜5種類のボレーの基本＞
▶ 「攻め」の形
　① 落とすボレー、② ながすボレー
　③ 引っ張るボレー
▶ 「守り」の形
　① プッシュボレー、② 落とすボレー
▶ ボレー動作の基本を忘れずチェックしましょう

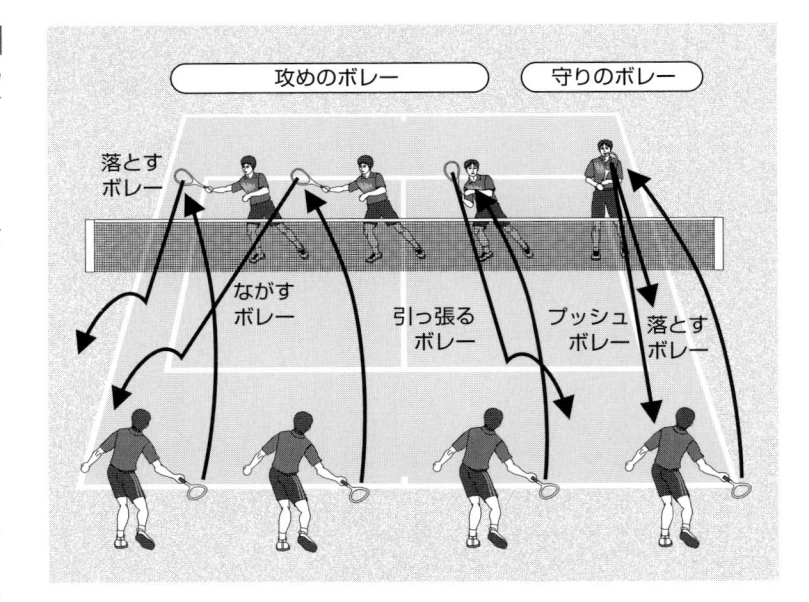

図中ラベル：攻めのボレー／守りのボレー／落とすボレー／ながすボレー／引っ張るボレー／プッシュボレー／落とすボレー

応用デザイン1

- 「攻め」「守り」ともに、① フォアサイド、② バックサイドの2種類のボレーに分けて練習

応用デザイン2

① サイドステップからの基本ボレー練習
② 軽いフットワークからのボレー練習
③ ポジショニングからのコースを打ち分けるボレー練習へと発展
④ ネットから離れた位置でのボレー練習へと発展

CHECK LIST

☐ 「攻め」の3種類のボレーの区別ができていますか？
→「攻め」のボレー練習でプレーヤーが最も留意すべき点は、3種類のボールコントロールのためのラケットの扱い方です。ながす、引っ張る、落とすといった3種類のボールコントロールを確実にするためには、テイクバックの際のラケットの位置、インパクトポイントのとり方、スイング動作の軸の安定などが特に重要なポイントになります。これらの点をしっかりチェックして感覚を磨くようにしましょう

◆ 3つのラケットさばきとその使い分け
ラケットでのボール処理には大きく分けて3つの方法があります。
それは、**(1) スイング処理、(2) プッシュ処理、(3) 面処理**です。そしてそれらの使い分けの原則は、プレーヤー自身の心身の余裕がどれだけあるかにかかっています。つまり、プレーヤー自身がその能力の範囲で余裕があれば、すべてスイングで処理したほうが相手プレーヤーにコースを読まれることが少なく、またボールスピードも上がって決定力も上がります。しかし、その分ボールコントロールが難しくなりエラーの確率も増えてしまいます。そこで、プレーヤー自身がちょうどいいところを判断してプレーしていくことが求められます。日頃からそうした判断力を養う習慣をつけ、より強く、より速く、より効果的なプレーを創造していきましょう

ネットプレー/ボレー

Drill 7　ネットから離れた位置でのボレーの練習：スイートスポットでボールをとらえる

基本デザイン
- ネットから離れた位置で、水平に飛んでくるボールをノーバウンドで打ち返す練習

＜段階的に＞
①手投げの球出し
②ラケットでの緩い球出し
③徐々にボールスピードを上げていく

[留意点]
▶ リズム、タイミングを重視
▶ 待球姿勢では、膝、足首を緩め、心身のリラックスを心がけます
▶ グリップはできるだけ軽く握りましょう
▶ 相手プレーヤーのフォワードスイングにあわせてテイクバック
▶ 下半身の力でボールを飛ばすイメージでプレー
▶ インパクトはフラットな面を心がけます
▶ フォロースルーも大きくとりましょう

身体全体でボールを飛ばそう！
グリップは軽く握る程度で！

応用デザイン１
①正面、②フォアサイド、③バックサイドの３種類のボレーに分けて練習

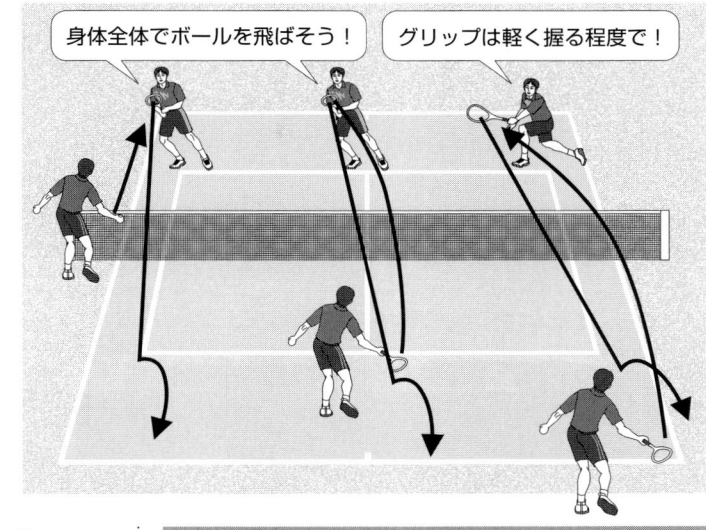

応用デザイン２
①ポジショニングからのボレー練習
②移動フットワークからのボレー練習

応用デザイン３
- コースを打ち分けるボレー練習へと発展
①ながすボレー、②引っ張るボレー、③落とすボレー

CHECK LIST

□ 肩や上体に力が入っていませんか？
→身体に余分な力が入っているとうまく身体が動いてくれませんので、構えたときから心身をリラックスさせておきましょう。少し緊張しているなと思ったら、
　①両手をぶらんとさせて肩の力を抜きましょう
　②大きく息を吸って、そしてゆっくり吐きましょう（深呼吸を２、３回）

□ 空振りやチップが多くありませんか？
→①グリップの握りを緩く、②スイングを小さく、③肩の力を抜きましょう
　強く打つことも大切ですが、ラケットのスイートスポットでしっかりボールをとらえることを最優先に考えてプレーしましょう

□ 目標物をねらってボレーしてみましょう
→オープンスペースに打ち込むためには、思ったところへ自由にボールコントロールするテクニックが求められます。コート上に何か目標物を置いて、それにボールを当てる練習をしてみましょう

□ わきが開いていませんか？
→プレー中、わきが開いてしまうと、どうしてもラケットスイングが不安定になりがちです。正確にしかも力強いボレーを打つためには、打球する前のラケットを握った手から肘に向けたラインが身体の中心に向かうようにしましょう。わきが開くクセのある人はわきにボールを挟んでいるイメージでボレーしてみましょう

Chapter3：練習デザイン

Drill 8　ネットに近い位置でのボレーの練習：基本をしっかり！

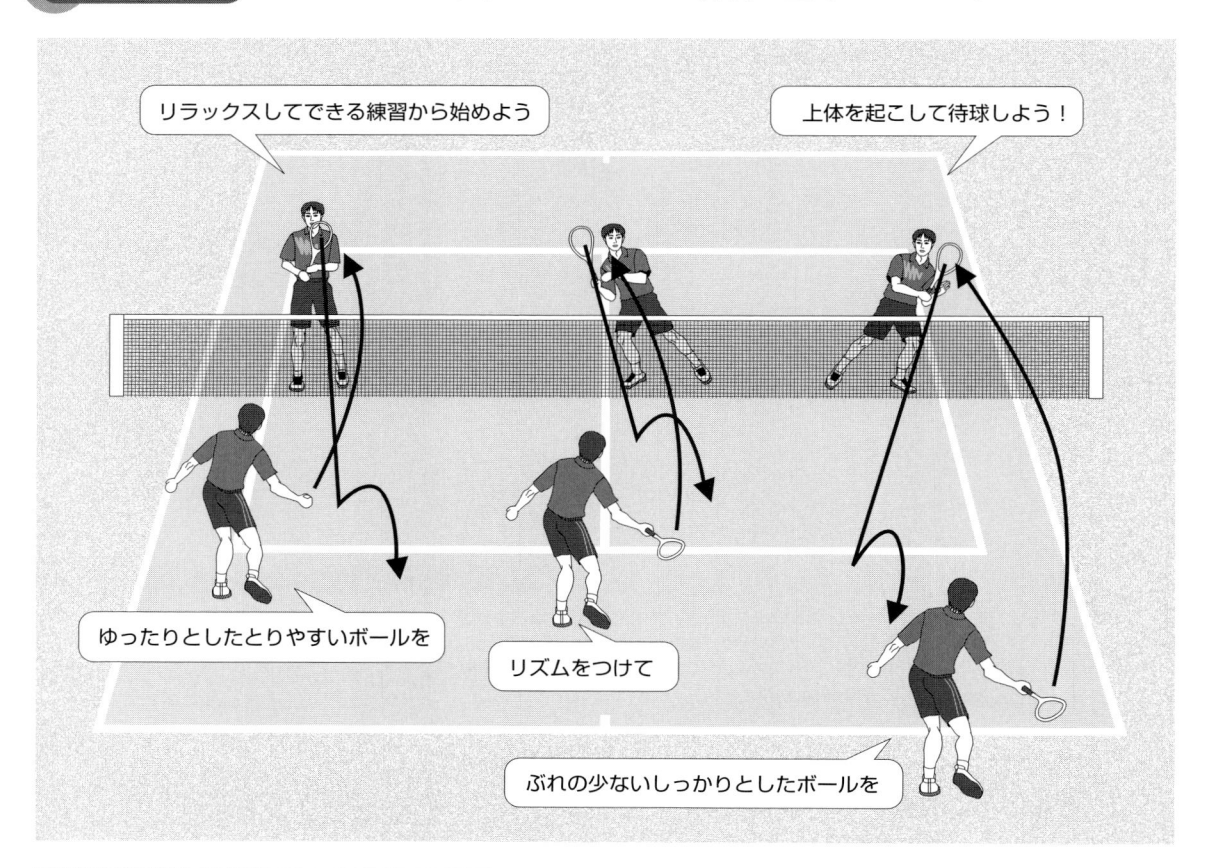

- リラックスしてできる練習から始めよう
- 上体を起こして待球しよう！
- ゆったりとしたとりやすいボールを
- リズムをつけて
- ぶれの少ないしっかりとしたボールを

基本デザイン

- ネットに近い位置で水平に飛んでくるボールをノーバウンドで打ち返す練習

＜段階的に＞
①手投げの球出し
②ラケットでの緩い球出し
③徐々にボールスピードを上げていく

[留意点]
▶リズム、タイミングを重視
▶待球姿勢では膝、足首を緩め、心身のリラックスを
▶グリップはできるだけ軽く握ります
▶相手プレーヤーのフォワードスイングにあわせてテイクバック
▶背筋を伸ばし、身体の軸を起こすよう習慣づけましょう
▶インパクトはフラットな面を心がけます
▶インパクト後のフォロースルーもできるだけ面を残します

応用デザイン1

ボレーのコツをつかむために、①素手でボールをつかむ練習、②お盆を両手で持ってそれにボールを当てる練習、③ラケットでボールを打つ練習と、段階的に進めます

応用デザイン2

①正面、②フォアサイド、③バックサイドの3種類のボレーに分けて練習

ネットプレー/ボレー

応用デザイン3
- 移動フットワークからのボレー練習
- いろいろなコースに打ち分けるボレー練習へと発展
  ①ながすボレー、②引っ張るボレー、③落とすボレー

CHECK LIST

☐ **常にボレー動作の基本をチェックしていますか？**
  → ボレーの基本ポイントはどの種類のボレーにおいても共通したものです。常に頭において繰り返し反復し、身につけましょう
  ① 待球姿勢でのリラックスを心がけます
  ② リズム、タイミングを重視し、しっかり足を動かします
  ③ 相手プレーヤーのフォワードスイングにあわせてテイクバック
  ④ 背筋を伸ばし、身体の軸を起こしてプレー
  ⑤ ボールコースにしっかり身体を入れます
  ⑥ インパクトはフラットな面を心がけます
  ⑦ フォロースルーをしっかりとり、面を残します

☐ **全体としての動きにリズムがありますか？**
  → はじめは普段歩いているような軽いリズムが大切です
  → よいリズムは自然な動きを引き出します

☐ **上体は突っ込んでいませんか？**
  → どうしても最初は前のめりになりがちです。実際には身体の軸を起こしてプレーすることで、多様なボールに対応できます。上体を起こしてプレーしましょう

▲上体を起こして待球しよう

Chapter3：練習デザイン

《2──スマッシュ》

Drill 1　試合形式の練習：積極的なポーチスマッシュを！

基本デザイン

- ファーストサービスとセカンドレシーブの有利性・優位性を生かしたサービス（レシーブ）＆スマッシュの練習
  ①パートナーのファーストサービスの返球をスマッシュする3球目攻撃
  ②パートナーのセカンドレシーブに対する返球をスマッシュする4球目攻撃

[留意点]
- ▶パートナーの配球に合わせた適切なポジショニングを心がけます
- ▶ポジショニングの後、しっかり相手プレーヤーの状態を見て返球コースを予測・判断しましょう
- ▶ポーチスマッシュでは、適切なスタートタイミングを計ることが重要です
- ▶"出る"と決めたら、素早くボールコースへ移動してボールをヒットします
- ▶スマッシュのコースはできるだけオープンスペースに

しっかりコースをねらって打とう！

応用デザイン1

- ファーストサービスのコースを変えて、相手にロビングを打たせる工夫を
  ①クロス、センター、ボディとサービスのコースの打ち分け
  ②サービスのコースによってポジションを工夫
  ③相手プレーヤーの特徴に応じて返球コースを予測

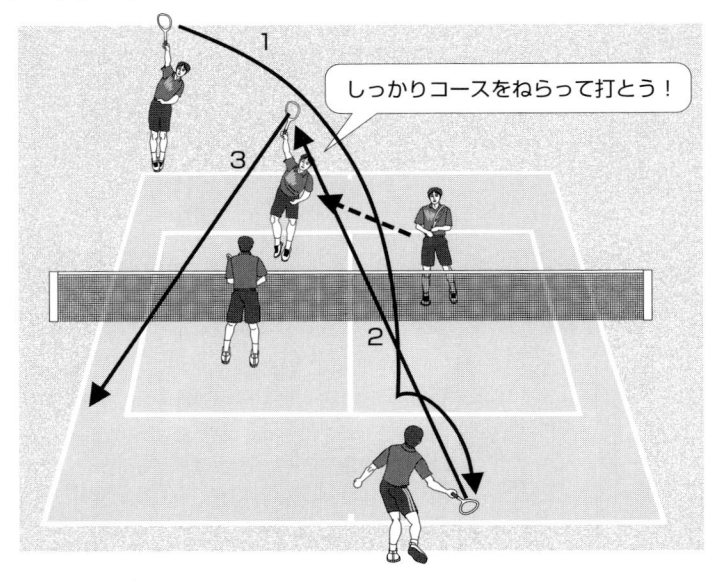

応用デザイン2

- セカンドレシーブのコースを変えて、相手にロビングを打たせる工夫を
  ①クロス、センター、ボディとレシーブのコースの打ち分け
  ②レシーブのコースによってポジションを工夫
  ③相手プレーヤーの特徴に応じて返球コースを予測

CHECK LIST

□ **スタートタイミングはいいですか？**
→スマッシュでは予測がとても重要です。相手の心理状態、打球姿勢、ラケットの位置などの状況から、ロビングが上がると判断したら、一気に後退フットワークでボールの落下点に移動します

□ **ポーチスマッシュでは「追いかける」意識がありますか？**
→ポーチスマッシュでは、単にロビングが上がったからたたくということだけでなく、より積極的に相手プレーヤーのつなぎのロビングを追いかけて決定打を打つという意識が必要です。相手が逃げてもさらに「追い切る」といった、よりアグレッシブな気持ちが重要です

□ **ボールの変化に対応できていますか？**
→後退の際、上体の力みをとり、軽いステップで、かつしっかりタメをつくってスイングするようにしましょう。身体に余分な力を入れず、リラックスすることでボールの変化への対応や大きなパワーを生み出すことが可能になります

Drill 2　スマッシュのフォロー練習：素早く面を合わせよう！

基本デザイン

- ネットから離れた位置で、スマッシュボールを打ち返す（フォロー）練習
  ①ラケットでの球出しに対して
  　（徐々にボールスピードを上げます）
  ②ベースラインから打ち出されたボールに対するスマッシュに対して

[留意点]

▶ この練習の中で最も重要視されるべきことは、①素早い反応と、②ラケットコントロールです

▶ 待球姿勢でのリラクセーション、コースの予測、素早い面合わせ技能を一つひとつチェックしながら、難易度の低いものから徐々にレベルを上げていき、プレーとして完成させていくように練習をデザインしましょう

▶ フォローポジションは攻撃のポジションから少し下がった位置です

> リラックスして準備しよう！
> 裏面でのフォローを覚えよう

応用デザイン 1

- ①フォアサイド、②正面、③バックサイドの 3 種類のフォローに分けて練習（理想はフリーグリップ）

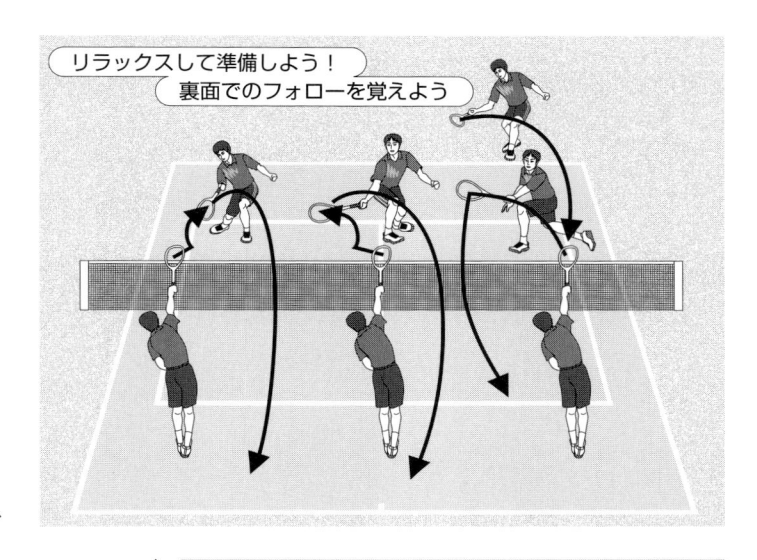

応用デザイン 2

- Drill3 の移動スマッシュの対面に入ってフォローする練習
- フォロー＆スマッシュの練習。フォローの後、ポジショニングして後退スマッシュをする連続プレーへと発展

CHECK LIST

☐ **待球姿勢でリラックスできていますか？**
　→相手がスマッシュを打つとき、こちらが緊張してはいけません。相手の動きやスイングの方向などをしっかり見て、打球方向に素早くラケット面を向けるよう心がけましょう

☐ **フォローポジションはとれていますか？**
　→ロビングを上げたコースによって、パートナー同士でフォローすべきコートを分担します
　　〇ネットプレーヤーの場合はボレーのフォローポジションと同じです。自コートのどこをカバーすればよいか考え、適切なポジショニングとともに役割分担をします
　　〇ベースラインプレーヤーの場合もボレーのフォローポジションと同じです。相手ネットプレーヤーを注視してその動きに合わせて、パートナーと 2 人でお互いにオープンスペースをつくらないよう意図して、適切な位置に移動しましょう

☐ **フリーグリップでのフォローをめざしましょう！**
　→素早いフォローでの反応には、ラケットの握り替えがどうしても求められます。基本は面合わせでの処理になりますが、その際コンチネンタルやイースタンなどのグリップのほうが対応しやすいので、それで練習してみましょう

Chapter3：練習デザイン

Drill 3　後退してのコースの打ち分け：オープンスペースへ！

基本デザイン
- ボレーポジションからの素早い後退フットワークを使ったスマッシュの打ち分け練習

＜段階的に＞
①ラケットでの浅い球出し
②後退距離を徐々に伸ばして高さをつけていく
③左右にボールを打ち分ける
④ボールの深さに変化をつける
の段階で進めましょう

[留意点]
▶この練習のねらいは、雁行陣におけるスマッシュの実戦的技能パターンを身につけることです
▶技能の基本となる
①ポジショニング
②モーション（スタートタイミング）
③スマッシュ
といった一連のプレーを繰り返し反復することで精度を高めていきます

（図中ラベル）
ながすスマッシュ　引っ張るスマッシュ
正面へのスマッシュ
練習者の状況を見て慣れてきたら変化をつける

応用デザイン1
- スマッシュの種類
①ながすスマッシュ、②正面へのスマッシュ、③引っ張るスマッシュの区別

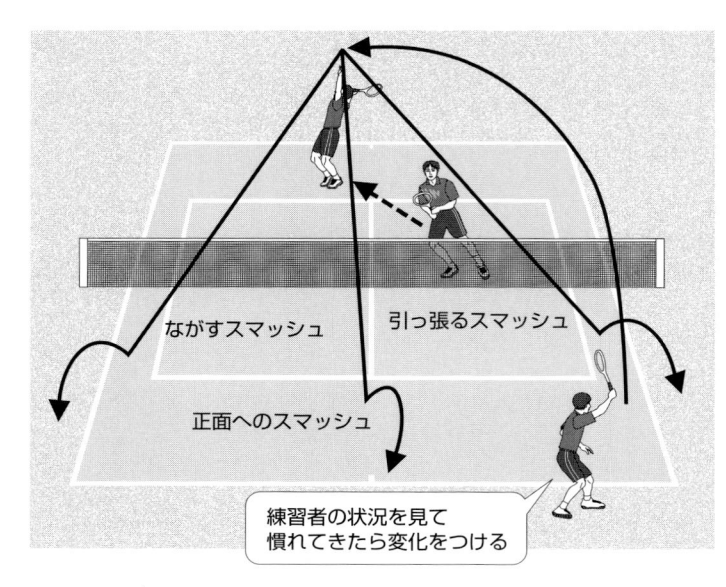

応用デザイン2
- 陣形の種類（基本的な4つのコースでの球出し）
①正クロス、②逆クロス、③右ストレート、④左ストレート

応用デザイン3
- スマッシュの種類
①フォアハンド、②バックハンド

CHECK LIST

□ ながす、正面、引っ張るスマッシュの区別は適切ですか？
→スマッシュのコースは相手コートのオープンスペースへのヒットが基本原則です。したがって、雁行陣におけるスマッシュでは、相手陣形によってできてくるオープンスペースをあらかじめ予測し、コースを選択しましょう

□ ボールを十分引きつけて打っていますか？
→スマッシュの打ち分けでは、ボールの引きつけがポイントです。身体全体のそりや身体のひねりで力をためると同時に、ボールを十分引きつけておいて一気に振り出して打ち分けましょう

◆実戦的後退フットワーク——スマッシュでは予測が重要！
　パートナーと相手プレーヤーとの力量差、相手のクセ、そして1球1球での心理状態、それらを総合してロビングの球質やコースを予測します。しかし、実戦では　予測だけでなくその場の状況判断も働きます。スマッシュの後退フットワークでは予測したときに一気に後退するのではなく、相手プレーヤーに正対したまま1歩退いた位置に移動して状況判断し、ロビングが上がると確認できたら一気に後退フットワークに移行してスマッシュします。早すぎる横向き姿勢は相手に速いボールで攻撃されてしまいます。

ネットプレー/スマッシュ

Drill 4　後退フットワークの練習：素早く下がって思いきり打つ！

基本デザイン
- ネットに近い位置から後退フットワークを使って一定のコースに打つスマッシュ練習

＜段階的に＞
①ラケットでの浅い球出し
②徐々にボールスピードを上げていく
③左右にボールを打ち分ける
④ボールの深さを変える
の段階で進めましょう。

［留意点］
▶この練習のねらいは、後退フットワークからのスマッシュの基本的技能パターンを身につけることです
▶技能の基本となる
①待球姿勢
②モーション（後退フットワーク）
③スマッシュ
といった一連のプレーを繰り返し反復することで精度を高めていきます

図中の吹き出し：
- 打点を高くし、コースをねらって
- 素早い後退がスマッシュのポイント

応用デザイン1
- スマッシュの種類
①ながすスマッシュ、②正面へのスマッシュ、③引っ張るスマッシュ

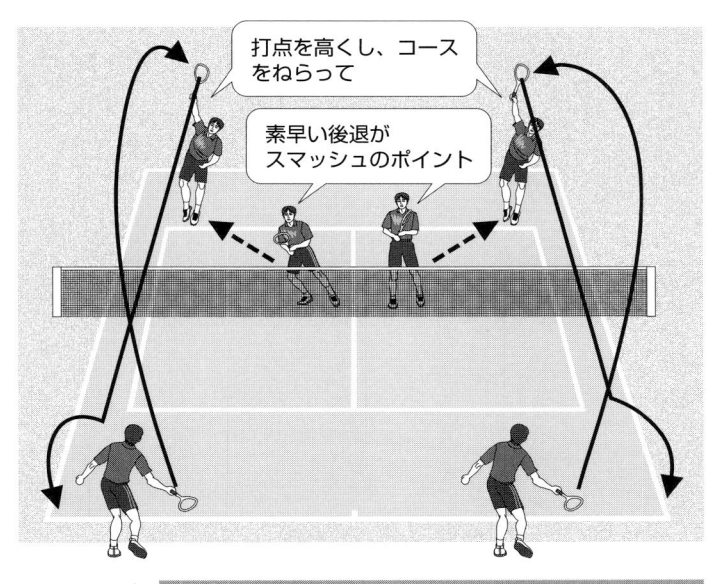

応用デザイン2
- 各陣形を想定した練習（基本的な4つのコースでの球出し）
①正クロス、②逆クロス、③右ストレート、④左ストレート

応用デザイン3
- スマッシュの種類
①フォアハンド、②バックハンド

CHECK LIST

□ **素早い移動ができていますか？**
→スマッシュでは、浮いたボールがくると判断したら素早く移動して、ボールの下に入ることが重要です。Drill6に示した待球姿勢での留意点を確認し、リラックスしたポジショニングを習慣づけることで反応の素早さとともに移動へのスムーズな移行が可能になります

□ **後退フットワークを工夫していますか？**
→後退フットワークはクロスステップとサイドステップの組み合わせです。軽いリズムと素早い後退ですみやかにボールの下にもぐり込みましょう

□ **リストの利いたスマッシュを打っていますか？**
→より深いロビングを破壊力のあるスマッシュでたたくためには、後退に合わせてグリップをイースタンやコンチネンタルに持ち替えて打つことが最適です。そうすることでリストの利いた鋭い角度のあるスマッシュが可能になります

▲スマッシュではリストの使い方を工夫しよう

Chapter3：練習デザイン

Drill 5　3コースの打ち分け：目標を決め、強く、正確に！

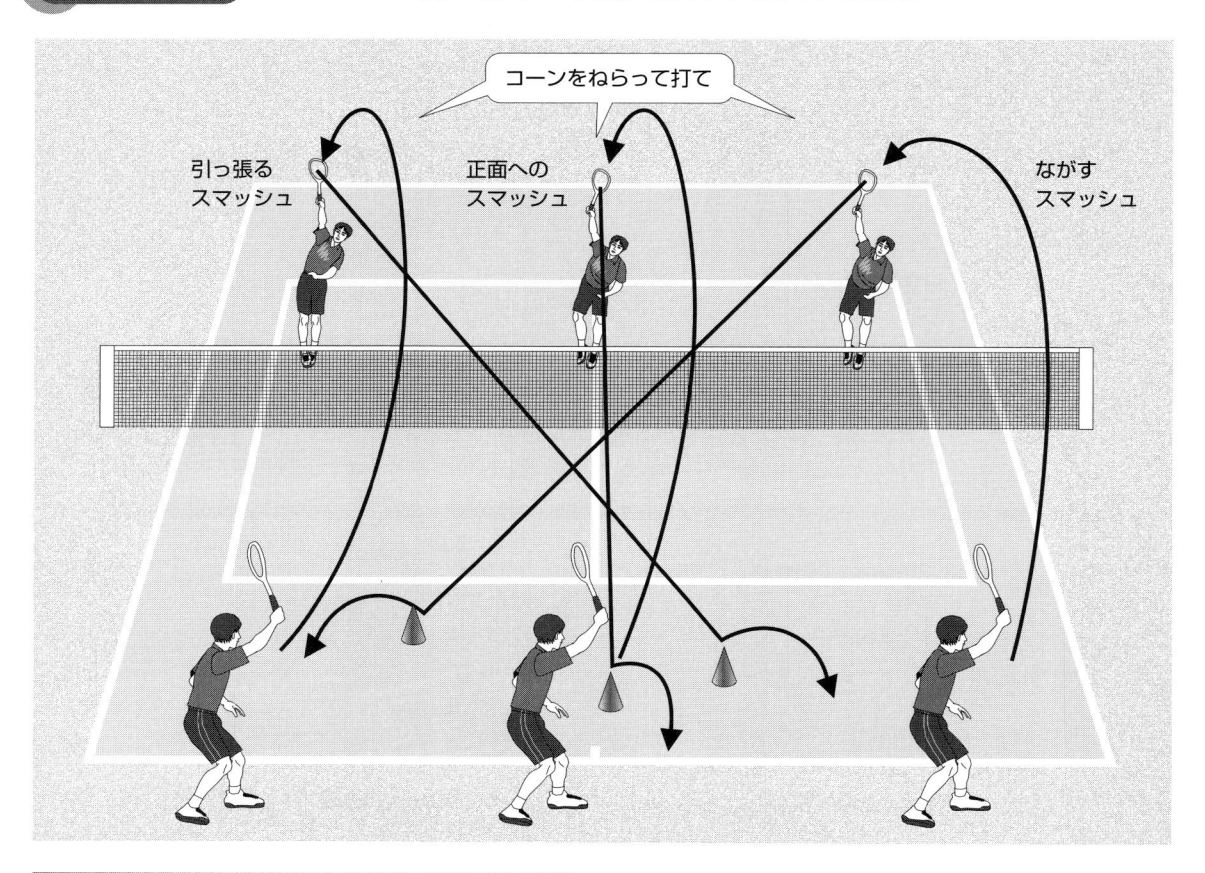

（図中）
コーンをねらって打て
引っ張るスマッシュ　　正面へのスマッシュ　　ながすスマッシュ

基本デザイン
- ネットに近い位置で3コースに打ち分けるスマッシュ練習

＜段階的に＞
　①高さ2～3mの山なりの球出し
　②高さ4～5mの山なりの球出し
　③高さ6～7mの山なりの球出し
　の段階で進めましょう

[留意点]
▶この練習のねらいは、いろいろなコースに打ち分けるスマッシュの基本的技能パターンを身につけることです
▶技能の基本となる
　①待球姿勢
　②テイクバック（バックスイング）
　③フォワードスイング
　④インパクト
　⑤フォロースルー
といった一連の動作を繰り返し反復することで基本動作をマスターします

応用デザイン
①コースをストレートだけでなくクロスに設定
②フォアハンドスマッシュとバックハンドスマッシュ
③少し移動してのスマッシュ練習へと発展
④ネットから離れた位置でのスマッシュ練習へと発展
⑤ノーミスでのスマッシュ練習

ネットプレー/スマッシュ

CHECK LIST

- □ **目標物をねらってスマッシュしてみましょう**
  - →ボールを的確に相手コートのオープンスペースへ打ち込むためには、思ったところへ自由にボールコントロールするテクニックが求められます。コート上に何か目標物を置いて、それにボールを当てる練習をしてみましょう
- □ **スマッシュのコースをうまく打ち分けられていますか？**
  - →きちんと打ち分けるためには次の3つのポイントをチェックしてみましょう
    - ①打点は身体の斜め上で安定して打てていますか？
    - ②打ち込もうとするコースにしっかりラケット面が向いていますか？
    - ③振り切る方向と打ち込む方向が一致していますか？
- □ **正確でかつスピードのあるボールを打っていますか？**
  - →どのような技術でも同じですが、より正確により速いボールを打つことが技術の最終目標です。そのためには集中力を持続してコースや目標をしっかりねらって、思いきりのいいスイングを心がけましょう
- □ **肩がうまく回っていますか？**
  - →よいスマッシュを打つには肩を十分に回す必要があります。動作的にはインパクトに合わせてスイング側の肩を反対側より前方に出すことで可動域が確保されます。また準備運動で肩甲骨周辺のストレッチを欠かさないことも重要です

▲インパクトはぞうきんをしぼり込む感じで

COLUMN

〈腕にかかる負荷〉

ラケットスイングは、グラウンドストロークにしろ、オーバーハンドストロークにしろ、円に近い軌道を描きます。つまり、腕は体幹を回転軸とした回転運動をしていることになります。水の入ったバケツを手に持ってぐるぐる回すと、腕が引っ張られるように感じる力を「遠心力」と言います。スイングにおいても、この遠心力が腕に働いています。この場合、遠心力は関節を固定している筋肉や靭帯といった組織を伸ばそうとする負荷となります。ボールを思いきり投げたとき、いわゆる"肩が抜けた"ような感覚を経験したことはないでしょうか？ これは、遠心力により筋肉や靭帯に限界以上の大きな負荷がかかったためと考えられます。一流選手のスイングの場合、肩や肘にかかる負荷は瞬間的に最大で約40kg重にもなり、これは小学校6年生の平均体重に相当します。つまり、200～300gのラケットを振っただけでも、瞬間的とはいえ、肩や肘にはそのラケットの重さの100倍以上の負荷がかかっているのです。手首では、約半分の20kg重程度の負荷がかかり、これはボウリング玉3個の重さに相等します。

近年では、関節の固定に働いている身体の内部にある小さい筋群（インナーマッスル）のトレーニングが重要であると指摘されています。ラケットスイング時に大きな負荷が関節にかかることを考えれば、障害予防という観点からもインナーマッスルのトレーニングの重要性が納得できるでしょう。

Chapter3：練習デザイン

Drill 6　ネットに近い位置でのスマッシュの練習：基本をしっかりと！

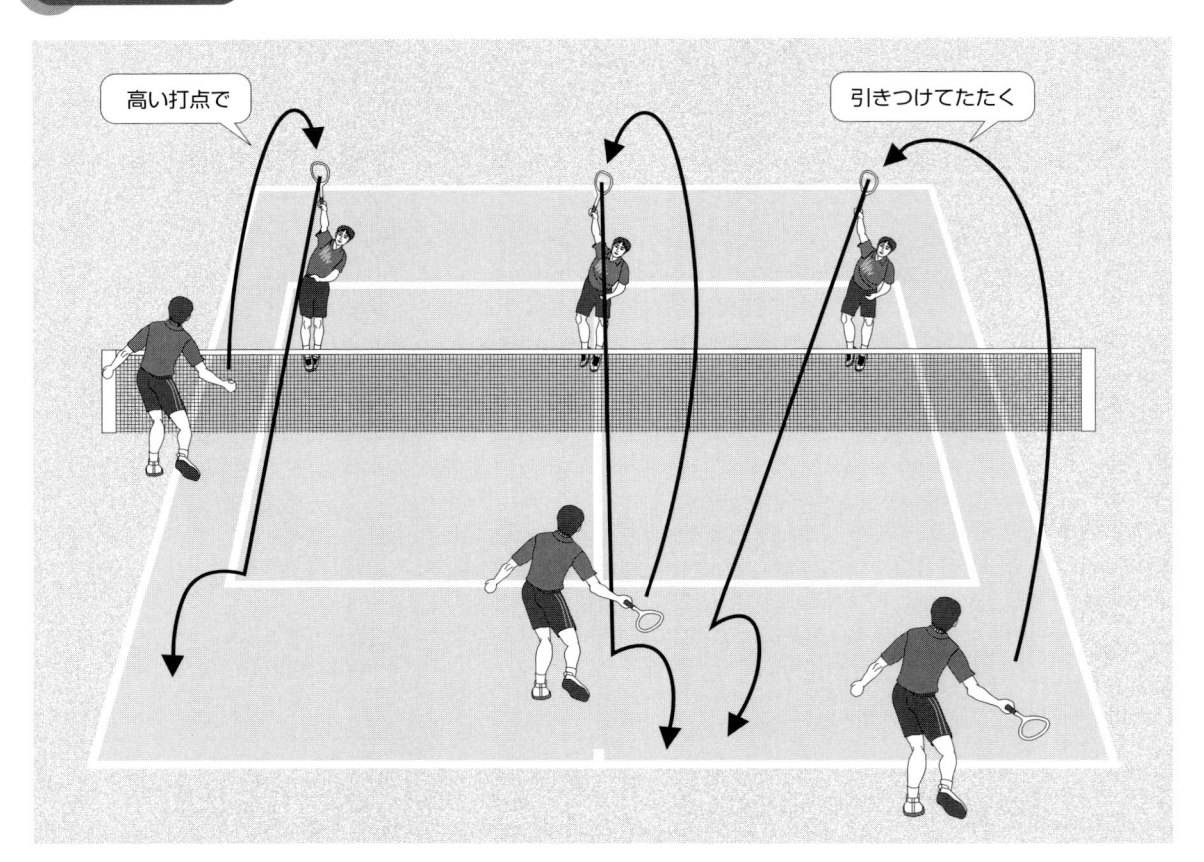

高い打点で

引きつけてたたく

基本デザイン

- ネットに近い位置で、上からたたくスマッシュ練習

＜段階的に＞
　①手投げの山なりのボール
　②ラケットでの低い山なりのボール
　③ラケットでの高い山なりのボール
　の段階で進めましょう

[留意点]
▶この練習のねらいは、山なりのボールを上からたたくスマッシュの基本的技能パターンを身につけることです
▶リズム、タイミングを重視
▶待球姿勢では膝、足首を緩め、心身のリラックスを心がけましょう
▶グリップはできるだけ軽く握ります
▶相手プレーヤーのフォワードスイングに合わせてテイクバック
▶体重移動でボールを飛ばすイメージでプレーします
▶インパクトはフラットな面を心がけ、フォロースルーも大きくとりましょう

応用デザイン1

- スマッシュのコツをつかむための段階練習として、
　①ボールを額に当てる
　②ボールを左手でキャッチする
　③キャッチするつもりでラケットでボールをたたく

ネットプレー/スマッシュ

応用デザイン2
①軽い移動フットワークからのスマッシュ練習
②ボールの高さを変え、ボレーとスマッシュを交互に練習

応用デザイン3
- コースを打ち分けるスマッシュ練習へと発展
  ①ながすスマッシュ、②正面へのスマッシュ、③引っ張るスマッシュ

CHECK LIST

□ **肩や上体に力が入っていませんか？**
→スマッシュするとき、身体に余分な力が入っているとうまく身体が動いてくれません。どんな場合でも、構えたときから心身をリラックスさせておきましょう。少し緊張しているなと思ったら、両手をぶらんとさせて肩の力を抜き、深呼吸を2、3回、大きく息を吸って、そしてゆっくり吐きましょう

□ **空振りやチップが多くありませんか？**
→空振りやチップが出る原因には、①グリップの握りが固すぎる、②スイングが大きすぎる、③肩に力が入っている、などが考えられます。強く打つことも大切ですが、ラケットのスイートスポットでボールをしっかりとらえることを最優先に考えてプレーしましょう

□ **フラットな面でボールをとらえていますか？**
→スマッシュにおけるボールインパクトの基本はフラットです。打ちたい方向にラケットフェイスをできるだけ大きく見せるような意識でスイングしましょう

□ **打点は低くありませんか？**
→スマッシュではできるだけ高い打点でボールをヒットしたいものです。上体の力を抜いて身体を伸ばし、適度に肘を伸ばしてボールインパクトするよう心がけましょう

□ **後ろから前への体重移動でボールを飛ばしていますか？**
→腕の振りも大切ですが、ボールを飛ばす原動力はまず後ろから前への体重移動です。打点を頭の前方にとり、一気に振り下ろしましょう

Chapter3：練習デザイン

4. サービス

Drill 1　コースの打ち分けと強弱・コンビネーション

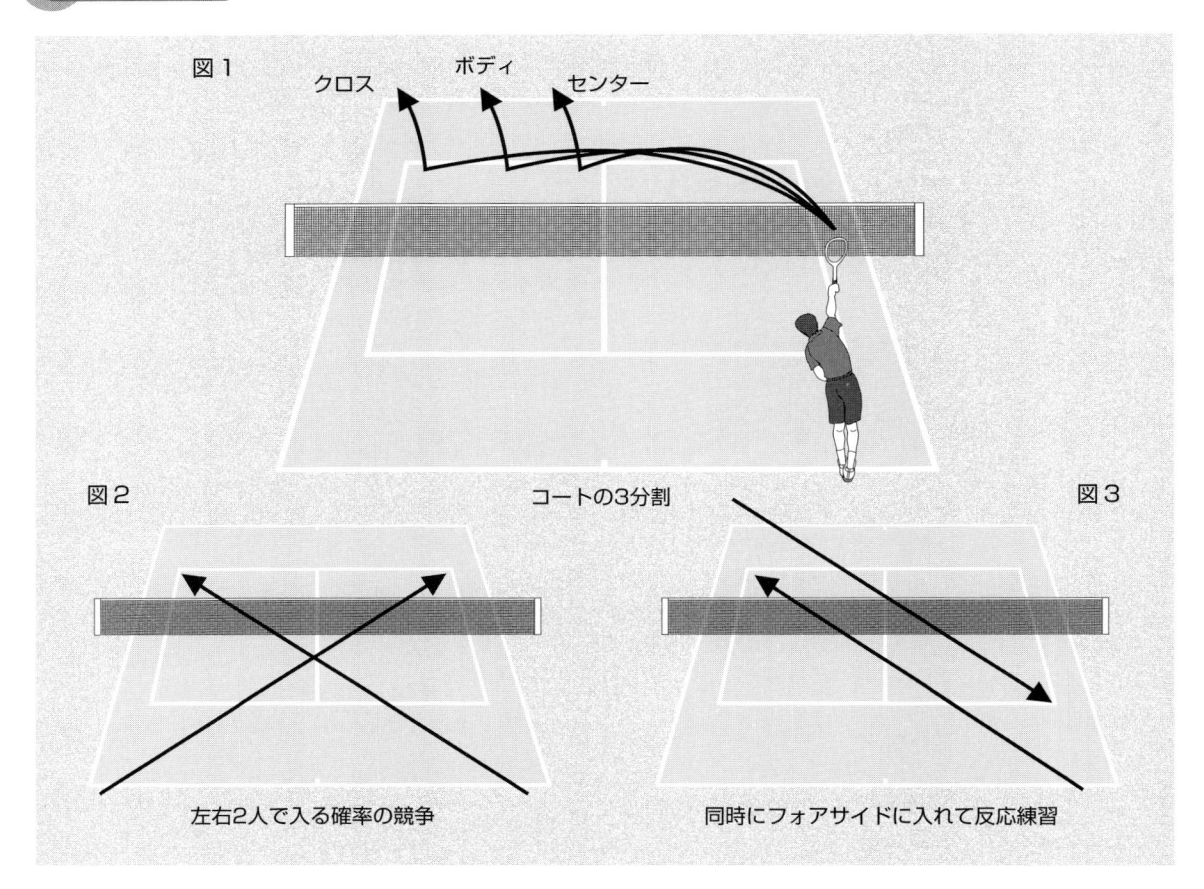

図1
クロス　ボディ　センター
コートの3分割

図2
左右2人で入る確率の競争

図3
同時にフォアサイドに入れて反応練習

基本デザイン
- コースと球種にバラエティーをもたせた、より実戦的な練習です
- 相手サービスコート（クロス）を2〜3分割してコースを打ち分けたり、レシーバーがいるときは相手のポジションを中心にして、フォア側、ボディ正面、バック側といった3方向の打ち分けにトライしましょう(サーバーから見たサービスコートの3分割で、サービスコートの面積の3分割ではない)
- 構えたときにねらうコースを決めて、「クロス！」とか「ボディ！」「次はセンター」と宣言して打ちます

[留意点]
▶ただ相手サービスコートに入ればいいという感覚から脱皮して、常に工夫する習慣をつけたいものです
▶漠然と打っていると、知らぬ間に打球は同じコースに集まってしまうものです
▶微妙にトスの位置やスイングの方向に違いが出てきましたか？　相手レシーバーにそのクセを見破られないためにも、同じフォームとトスで打ち分けられたら最高です

▶ シングルスとダブルスの違い：立つ位置がベースライン上で違うので、それぞれの場所でコート全体を視野に入れ、ターゲットイメージをつくりながらコースをねらうようにします
▶ ネットダッシュするネットプレーヤーは、1本1本中間ポジションまでスムーズにダッシュします。構えの位置、入れるコース、ダッシュするコースと中間ポジションの位置のすべてが絡んできます。漠然とダッシュするのではなく、イメージをつくってから動き始めましょう

応用デザイン1
- 正クロスで打つ2人組と逆クロスで打つ2人組とで、規定打数内でどちらが多く入るかを競争する練習（例えば2人で20本中何本入ったか）（図2）

応用デザイン2
- 1組でレシーブの反応を高める練習。サーバーはお互いに相手のフォアをねらって同時にサービスを打ち、それに対してコースを決めてレシーブします（図3）

応用デザイン3
- パートナーとのコンビネーションを考え、サインを決めてコースと球種の打ち分け練習
  ①センターに速いサービスを入れて、クロスレシーブをネットプレーヤーがポーチ
  ②クロスに速いサービスを入れて、ストレートレシーブをネットプレーヤーがボレーで止める
  ③センターに入れて、ネットダッシュして自身がローボレーやハイボレーなど
※本章「1. 総合技術」参照

◆逆転の発想
「サービスはサービスコートに入れなければならない」「サービスはベースラインから打たなければならない」という既成概念を取り払い、コート内のいろいろなところからサービスコート外をねらってみます。あえてフォールトエリア（例：シングルサイドラインとダブルサイドラインの間のアレイなど）をねらって打ってみましょう。身体の向き、視線をコントロールすることで、逆にサービスエリアに対するイメージが確立されます。

◆悪い天候でも
試合ではいつも安定した天候やコンディションでプレーできるとは限りません。風が強い日、太陽のまぶしい日など、いろいろです。少々の雨でも砂入り人工芝のコートでは試合が強行されることもよくあります。あえてコートコンディションが悪いときにも練習しておくことは大切です。

◆オプション練習
サービスにもストロークのライジング打法のような技術があります。「バズーカサービス」です。低いトスで、トスが頂点にいかないうちにタイミングよく打つ技術です。風が強くトスが流されるときや相手のタイミングをずらすときに効果的です。日頃からオプション的に練習しておきましょう。急にやろうと思っても日頃から練習していないと不安なものです。

CHECK LIST

□ 肘が下がっていませんか？
→ 耳に二の腕が触れるくらいに高く肘を上げて、最も高い打点（頭の真上やや前）でインパクトする意識をもちましょう

□ 肩が開いていませんか？
→ 左手を右わきに引きつけて（右利きの場合）、インパクトの瞬間まで視線をコントロールします。打ちたいコースを見てしまうと身体が開きやすくなります

□ 体重が乗っていますか？
→ タメをつくって軸足に体重をしっかり乗せ、パワーをつくりましょう

□ 息を止めて打っていませんか？
→ 強く打とうとして無意識に息を止めて打とうとすると、筋肉も堅くなり、肩や腕が滑らかに動かなくなってリズムが狂います。「フゥ～」と息を吐きながらインパクトしましょう

Chapter3：練習デザイン

Drill 2　ベースラインからクロス方向へ

基本デザイン

- ゲームと同じようにベースラインからクロス方向へサービスを打ちます
- ライトサービスコート、レフトサービスコート両方で練習します

[留意点]
▶ 正クロスと逆クロスではスタンスが異なることがあります。構えたときのスタンスと姿勢によって、例えばスタンスの位置を左右どちらかに50°変えるだけでも目に入ってくるコート全体の視野が大きく違ってきます。クロスの左右方向によって得意不得意ができないようにしましょう

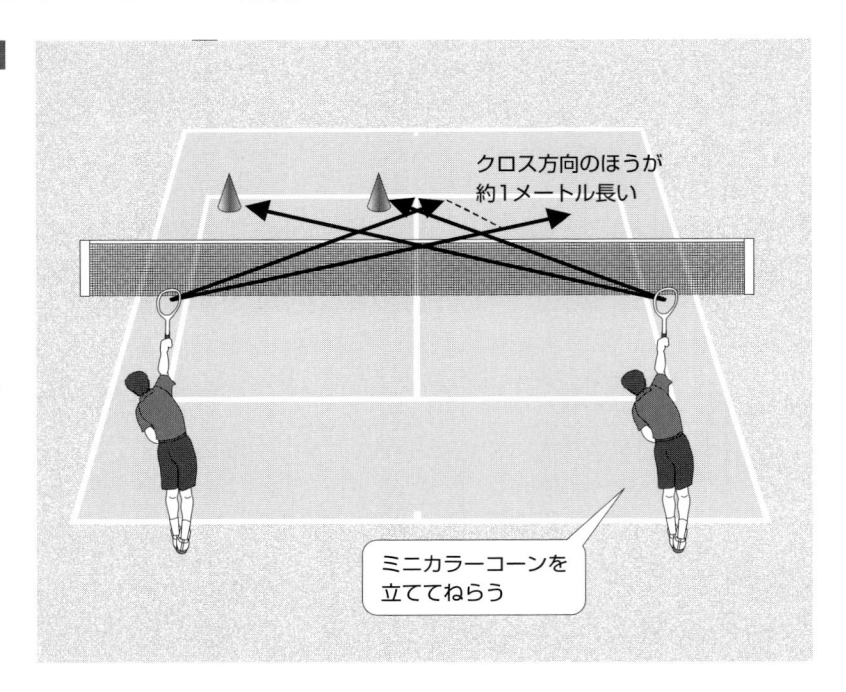

クロス方向のほうが約1メートル長い

ミニカラーコーンを立ててねらう

応用デザイン

- 相手サービスコートの長いところと短いところというように、コースをねらって打ちます

[留意点]
▶ 実際構えた位置にもよりますが、長いコースと短いコースではボールの滞空時間も違いますし、距離も1mくらい違います。長さの違うサービスを打ち分けられるようになると、コースをねらうための技術的なポイントも感じられるようになります。打とうとする打球の精度を高め、意識を集中して練習しましょう。相手サービスコートのコーナーにミニカラーコーンを立てるなどして、目標をはっきりさせることは有効です

CHECK LIST

□ **集中していますか？**
　→ガットのよれを直すなどして、視線を一点に集中したり、呼吸も同時にコントロールしたりしましょう

□ **サービスの入る確率は？**
　→練習で8〜9割でも、試合では6〜7割に下がるものです。確率を上げていきましょう

□ **フットフォールトしていませんか？**
　→トスアップのとき、前足が動いてラインにかかったり、前足の近くに寄せた後ろ足がラインを踏んだりしないよう、普段の練習からきちんとチェックしましょう。意外に自分ではわからないので、コーチや友だちに見てもらうことです

サービス

Drill 3　サービスラインからクロス方向への感覚を覚える練習

基本デザイン

- サービスラインからクロス方向へサービスを打ちます。ライトサービスコート、レフトサービスコートの両方で打ちます

[留意点]

▶ コート上のクロスに打つという方向と、そのときの自分の身体の向きやコートとネットの角度を含めた位置関係を学習し、クロス方向を身体に感覚としてしみ込ませます

▶ オーバーヘッド系の練習では相手コートは近く感じられるので、ネットのプレッシャーはあまり感じないでしょう。入る確率は高いはずです

▶ カット系の練習では、はじめからベースラインに立って練習しましょう

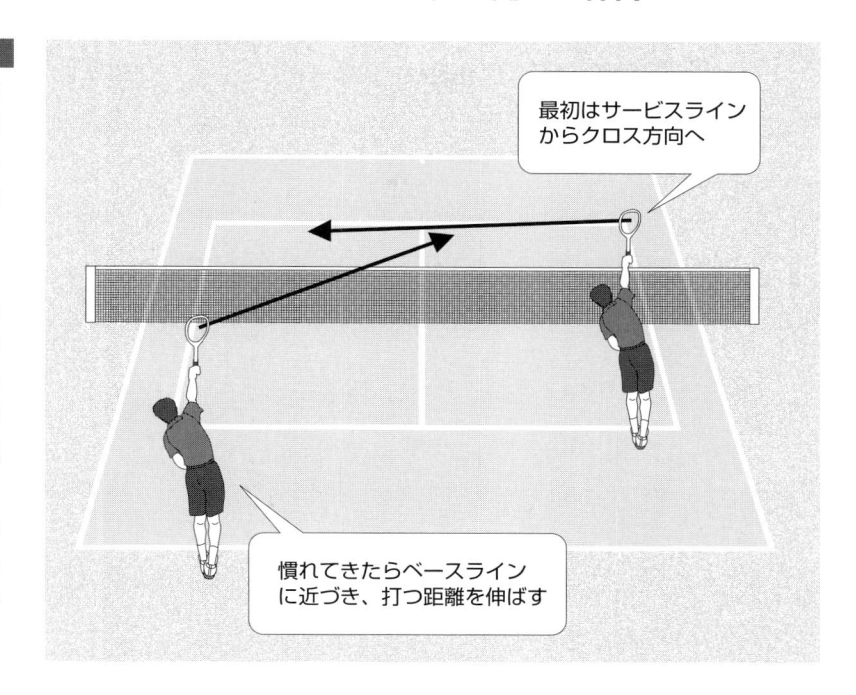

最初はサービスラインからクロス方向へ

慣れてきたらベースラインに近づき、打つ距離を伸ばす

応用デザイン

- フォームが安定し、高い確率が得られてきたら、徐々に構える位置をネットから離してベースラインに近づけ、打つ距離を伸ばしましょう

[留意点]

▶ この練習ではクロス方向のネットと相手サービスコートの感覚をつかみながら、サービスが確実に入るようにすることがねらいです

CHECK LIST

□ **方向とリズム・タイミングに注意をはらっていますか？**
　→構えのときのスタンスとトスアップのリズム、ラケットを始動するタイミング、振り抜く感覚を自分にとってやりやすいものにしましょう。当てるだけにならないように！

□ **軸はまっすぐに、打点の高さに注意しましょう**
　→打点はトスの高さやボールと自分との距離で決まってしまいます。腰が曲がったりしないように、胸を張って、打ち終わっても頭を残しておいてください

□ **肩が回っていますか？**
　→軟式野球のボールなど、少し重めのボールでキャッチボールをしたり、自転車のチューブを使って矯正しましょう

Chapter3：練習デザイン

COLUMN

〈フォアハンドにおける筋の伸張―短縮サイクルの利用〉

より速い打球を目指したい、そのためにはどんなことが必要でしょうか。

私たちがラケットを振るとき、腕の筋肉も上肢の動きに合わせて伸び縮みします。この筋肉が伸び縮みしたとき、あるエネルギーが筋肉内に生じると考えられています。このエネルギーを「筋の弾性エネルギー」と呼びます。通常、筋肉はバネになぞらえて考えられていますが、筋肉もバネ同様、この弾性エネルギーを生じることができます。この筋の弾性エネルギーをうまく使って、何とか打球できないでしょうか。

バネの弾性エネルギーと違って筋の弾性エネルギーは、筋肉が伸び縮みしてから時間が経つと、どんどん消失してしまうという性質をもっています。つまり、筋肉が伸びた状態を長い間維持していると、それだけ筋の弾性エネルギーが消失してしまいます。

これを肘の曲げ伸ばしについて考えてみると、肘を曲げた状態から伸ばして（伸展）、その後に曲げた（屈曲）ほうが、最初から肘を伸ばした状態から曲げた場合よりもより大きな力で屈曲動作ができます（図上）。こうした現象は、多くの場合「反動」を使った動作として理解されているようですが、ジャンプ動作、ベンチプレス、投動作などにおいても筋の伸び縮みによって生じる弾性エネルギーの有効性が確認されています。このような筋肉の伸び縮みが見られる一連の運動を「筋の伸張―短縮サイクル運動」と呼びます。そしてこのとき、筋肉が伸びてから素早く縮む方向へ運動を切り替えることによって、筋の弾性エネルギーを消失することなく縮む方向の運動を行うことができます。

つまり、ラケットを引き終わってからフォワードスイングを開始するまでになるべくラケットを停止させないようにすることで、より速くラケットを振ることができるのです。近年の国際大会上位入賞レベルの選手は、いずれもラケットを引いてから振り出すまでにかかる時間が短くなっているように思われます。また、韓国のプレーヤーが行う超高速サービスはクイックモーションで行われています。これも筋の弾性エネルギーを利用したサービスだと思われます。

初心者に対して「早くラケットを引きましょう」と言う指導者も多いでしょうが、振り遅れることがないプレーヤーに対してはラケットを引くタイミングを遅らせて、より速くラケットを振ることを考えてもいいでしょう。

早くラケットを引きすぎてしまうと、どうしてもラケットを停止させてフォワードスイングの開始を待たなければならず、それだけ速い打球を打つことは困難です。そんな場合には力んで打って、ミスにつながってしまうことがよく見られます。上達してきたら、テイクバック開始のタイミングを見直してみるのも面白いでしょう。

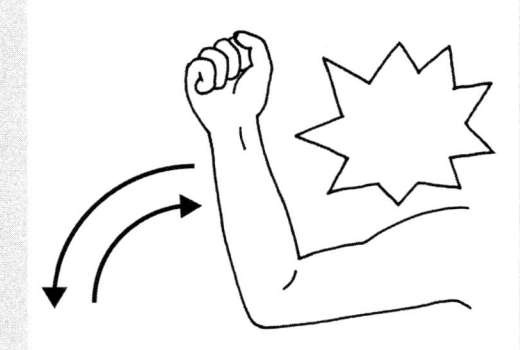

伸ばして曲げる

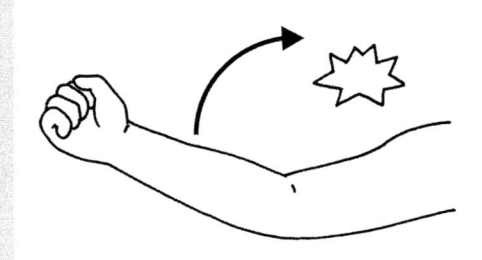

曲げるだけ

サービス

Drill 4　ストレート方向へ打ち、サービスの感覚を覚える練習

基本デザイン

① サービスライン付近からストレート方向にサービスを打ちます
② 慣れてきたら少しネットから離れて、ベースラインとの中間ぐらいから
③ さらにベースライン付近まで下がって

[留意点]

▶ ねらった目標の方向にコースをはずさずに打つのがねらいです。そのためにベースラインからまず縦の方向に打ちます
▶ あらかじめラケットをかついだ形からラケットをプッシュするようにはじめ、次第に8の字を描くように発展させていきます
▶ 打点の高さや面の向きがどうなっているかをチェックして、常に安定してインパクトできるよう繰り返します。ラケットのスイングの方向にも注意を向けましょう

まずはストレート方向に打ち、ねらった所へ打てるようにしよう

① サービスライン付近から
② 慣れてきたら少し下がってサービスラインとベースラインの中間付近から
③ 最後はベースライン付近から

[留意点]

▶ 壁打ちは有効な練習場です。あらかじめ壁にネットの高さ 1.07 m のところに横にラインを引くなどしましょう。壁に当たった場所は自分のねらったところですか。まっすぐ自分のところに返ってきていますか。高さや左右のブレ、はね返ってくるバウンドなどから情報を得ましょう

応用デザイン

・壁打ちで正確性を高める

CHECK LIST

☐ **音や感触からの情報に敏感になっていますか？**
　→いい当たりのときと悪い当たりのときとでは、インパクト時とその前後の音や腕に伝わる感触が違います。入った、入らないという眼からの情報も大切ですが、自分の五感を働かせましょう

☐ **滞空時間(スピード)、バウンドの高さとはねる方向を打つたびにチェックしていますか？**
　→ラケットの振り抜き速度や振る方向で打球に微妙に変化をつけられると、サービスのバリエーションが増えます

※ Drill 4 の練習はフォームを確認しながらサービスの技術を覚える原点です。ドリルが進んで思うようにサービスが入らなくなったら、またこのドリルに戻ってフォームの確認などをしてください。だいたいのフォームができあがってきたら、次のドリルに進みましょう

Chapter3：練習デザイン

5. ラケット & ボールコントロール

Drill 1　2人でボールを扱う練習：2人で楽しく、リズムよく！

基本デザイン

- 2人のプレーヤーが向かい合ってワンバウンドでボールをパスし合います
- 最初は互いにやさしいボールをパスし合うように心がけます（バウンド数にこだわらない）
- 少しずつ慣れてきたら、ボールを散らしていくようにします
- さらに慣れてきたら、ボールをノーバウンドでも扱えるように発展させていきます

[留意点]
▶ 対人での基本プレーはこのドリルから始まります。「習うより慣れろ」の原則が重要です
　① 「ラケットの扱いに慣れる」
　② 「ボール、バウンドに慣れる」ことを目標にしましょう
▶ 「失敗は成功のもと」。失敗を恐れず、楽しくラリーを続けましょう（ラリー数を数えるのもよい方法です）

応用デザイン1

- 最初の球出しはコートにバウンドさせ、アンダーハンドで出す方法から始めます。次は、ノーバウンドで出すようにし、さらにオーバーハンドパスから始めます（サービスへの発展を意識）

応用デザイン2

- 最初はワンバウンドパスで行い、慣れてきたらノーバウンドパスも織り交ぜてラリーを続けます（多様なプレーを引き出すことを意識）

②オーバーハンドパスからの練習

CHECK LIST

☐ ボディコントロールを意識していますか？
　→ ボールをうまく扱うことを覚えるには、ボディコントロール（身体のさばき）が重要です。待球姿勢ではボールに正対し、ボールが右へきたら身体を右向きに、左へきたら左に向けて対応します

☐ リズム、タイミングを優先していますか？
　→ ボディコントロールは確かに重要ですが、あまりそれに意識をおきすぎると動作がぎこちなくなってしまいます。そこで大切なのが、身体を動かすリズムやタイミングを優先することです。そうすることで自然な動きが引き出され、反応よくプレーできます

☐ ボールに集中していますか？
　→ もうひとつ重要なのが「ボールへの集中」です。リラックスした中でボールだけに集中する感覚が身につくとボールへの反応もよくなり、意識と身体の動きの一体化が進みます。また、待球時には、①膝、足首の緩み、②ラケットを強く握らない、③心身のリラックスの3点を常にチェックしましょう

Drill 2　1人でボールを扱う練習：楽しくラケット＆ボールに慣れよう！

基本デザイン
- 1人でボール、ラケットを扱う練習
- 最初はコートでボールをバウンドさせ、何度も突いてみます
- 少しずつ慣れてきたら、バウンドの高さを変えたり、強弱をつけたりして行ってみます
- さらに慣れてきたら、ボールを上に突いてみましょう

[留意点]
▶ ソフトテニスのすべての基本はこのドリルから始まります。「習うより慣れろ」の原則に従います
　①「ラケットの扱いに慣れる」
　②「ボール、バウンドに慣れる」ことを目標にしましょう
▶ ラケットはできるだけ軽く握る感じで扱い、その操作性を高めると同時に、身体の余分な緊張を取り除きましょう

応用デザイン1
- 上突きの連続ができるようになったら、①裏面を使った上突き練習、②表・裏を交互に使った上突き練習、③表・裏・フレームを使った上突き練習ができるようにします

応用デザイン2
- コートでのボール突きができるようになったら、①その場ジャンプ、②その場かけ足をしながら、リズムをとって同じプレーができるように練習します

①バウンド練習
②ボール上突き練習
③ボール2個で上突き練習

CHECK LIST

☐ ドリルを楽しんでやっていますか？
　→「スポーツは気晴らし」というくらいの軽い気持ちで楽しく行うのが基本です。リラックスしてドリルを楽しみましょう

☐ グリップに力が入りすぎていませんか？
　→最初はどうしても緊張しすぎたり、肩に力が入ったりしがちですが、やはりスポーツは楽しくリラックスして行うのが一番です。特に初心者や初級者ではラケットを握るグリップに力が入り、握りすぎてしまう傾向があります。意識してグリップの余分な力みをとりましょう。また、そうすることで、ボールがラケットに当たる感覚（「タッチ」）がよくわかり、上達が早くなります

☐ リズム、タイミングはどうですか？
　→動きにリズムが出てくると、自然と身体の動きがよくなるものです。その場ジャンプやその場かけ足でボールを突くのも、そうしたプレーヤーのリズム感や動きを引き出すよいきっかけになります

☐ 膝や足首は使えていますか？
　→ソフトテニスでは下半身の使い方がとても重要です。基礎練習からそのことを頭においておきましょう

Chapter3：練習デザイン

6. フィジカルフィットネストレーニング

　ソフトテニスにおけるフィジカルフィットネスとは、そのパフォーマンスにかかわる身体能力全体を意味します。具体的にソフトテニス選手に求められる身体能力には、筋力・パワー、スピード・敏捷性、スタミナ、柔軟性、そしてコーディネーション（神経筋協調能）などがあげられます。それら個々の要素がよりよくトレーニングされるとともに、最適に調整されることで高いパフォーマンスが保証されます（図3-1）。

　ここでは、それぞれの要素別に代表的なトレーニングプログラムを紹介し、実際の練習やトレーニング時における具体的なウオーミングアップ、ならびにクーリングダウンのためのプログラムを例示します。

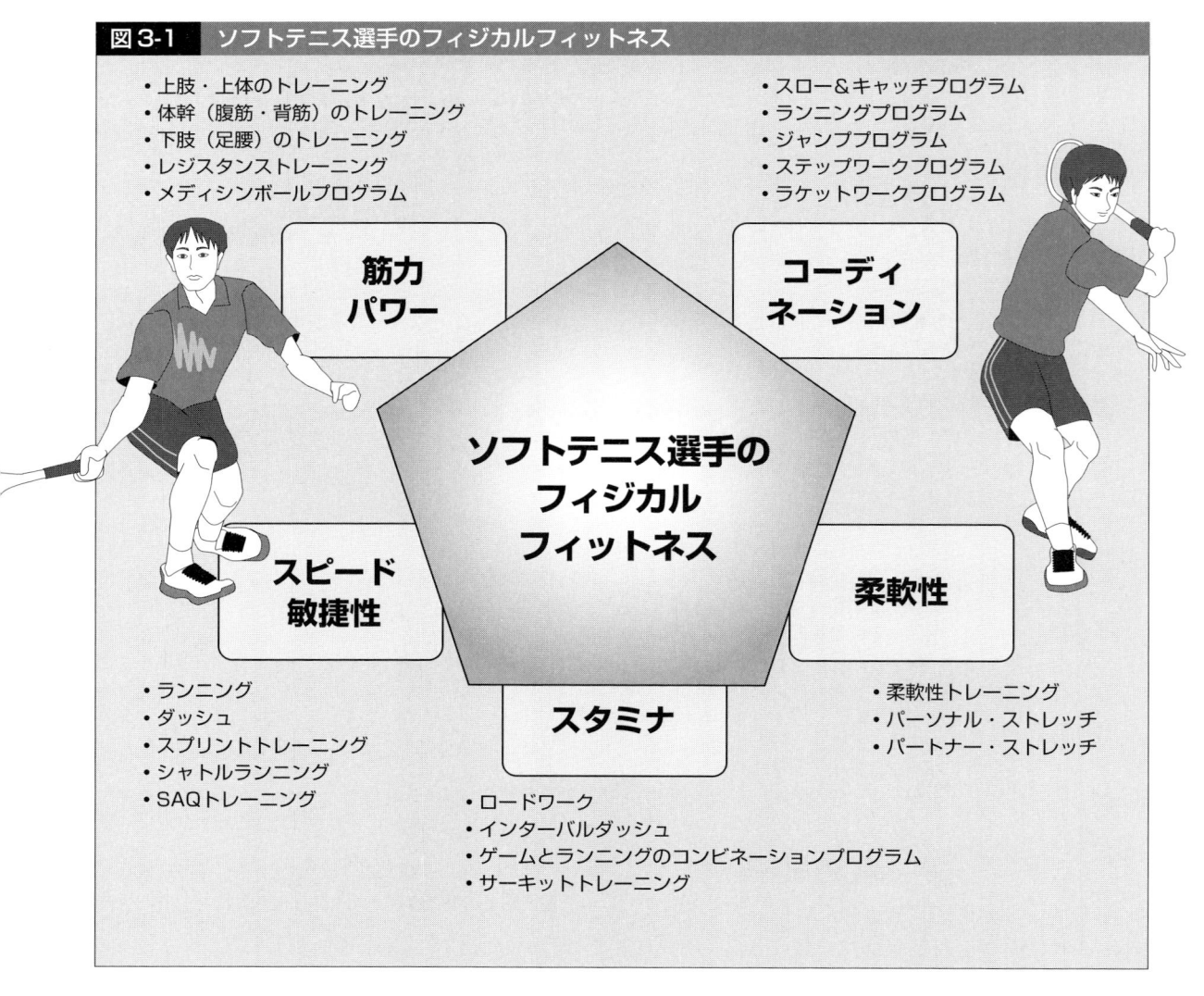

図3-1　ソフトテニス選手のフィジカルフィットネス

- 上肢・上体のトレーニング
- 体幹（腹筋・背筋）のトレーニング
- 下肢（足腰）のトレーニング
- レジスタンストレーニング
- メディシンボールプログラム

- スロー＆キャッチプログラム
- ランニングプログラム
- ジャンププログラム
- ステップワークプログラム
- ラケットワークプログラム

筋力パワー

コーディネーション

ソフトテニス選手のフィジカルフィットネス

スピード敏捷性

柔軟性

スタミナ

- ランニング
- ダッシュ
- スプリントトレーニング
- シャトルランニング
- SAQトレーニング

- ロードワーク
- インターバルダッシュ
- ゲームとランニングのコンビネーションプログラム
- サーキットトレーニング

- 柔軟性トレーニング
- パーソナル・ストレッチ
- パートナー・ストレッチ

Point 1　筋力・パワー・筋持久力

　基礎的な筋力・筋持久力の必要性については、ソフトテニス特有の内容があるわけではありませんが、特に上肢、体幹、足腰の筋力・筋持久力はソフトテニス選手にとっても欠かせないフィットネス要素です。ステップとしては、まず基礎的な筋力づくりを行い、次いで抵抗を加えて筋力アップを図り、さらにレベルアップを図る際にはスピードを上げることをねらってトレーニングを進めることで、より効果的な機能アップが可能になります。

※強化する要素、目的に合わせて以下の原則を守り、これらを重視したトレーニングを組み合わせましょう。
　①筋力アップには、負荷を高くして回数を少なくしたトレーニングを
　②筋持久力アップには、負荷を低めにして回数を増やしたトレーニングを
　③パワーアップには、筋力をアップした後に、負荷を低めにしてスピードを上げて

▼上肢と上体

リストカール 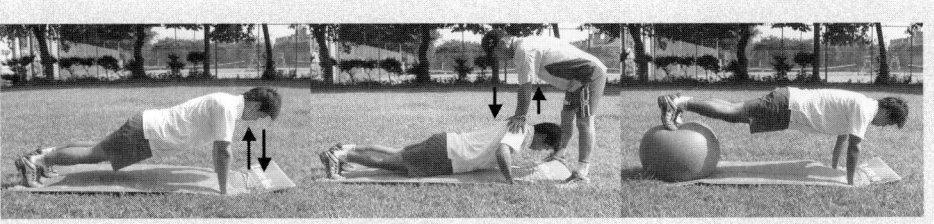　　プッシュアップ

▼腹筋

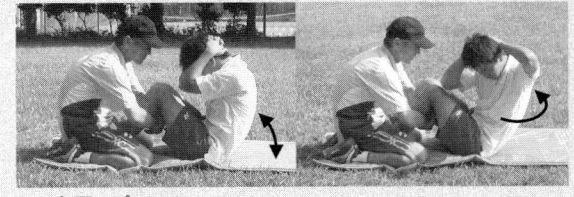

シットアップ 　　ジャックナイフ 　　Vシット

▼背筋

バックエクステンション

ハイパー・バックエクステンション 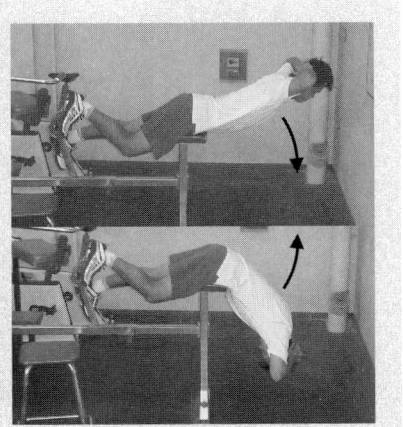　　バックエクステンション

Chapter3：練習デザイン

▼足腰（下肢）

スクワット

スクワットジャンプ

レッグランジ
基本ポジションから上体を起こしたままで前後左右にランジします

前後　　基本ポジション　　左右

▼バンドを用いたフィールドでのレジスタンストレーニング

レジスタンスシャトル 　　シットアップ

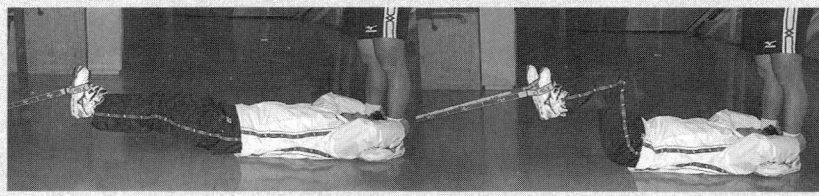

レジスタンストレーニングとは、ある種の抵抗を与えた過負荷トレーニングをいいます

レッグレイズ

▼メディシンボールプログラム

メディシンボールプログラムの利点は、スイング動作に近い形で基礎的な筋力アップを図れることです（よって、このプログラムを後述するSAQトレーニングの中に入れる場合もあります）

前投げ　　後ろ投げ　　左右投げ

Point2　スピード・敏捷性・素早さ

　ソフトテニスにおける機敏さはフィットネス要素の中心的課題です。主たる内容には、スピード（S）、敏捷性（アジリティ：A）、切り替えの素早さ（クイックネス：Q）の3要素があります。もちろん、SAQは基礎的な筋力・パワー・バランス能力・柔軟性とも関連しますが、最も関連するのはソフトテニス特有のフットワークやポジションで求められる重心の位置や姿勢です。

　プログラム実施に際しては、それらの点を十分に留意しましょう。

▼各種ランニングプログラム

ショートダッシュ

リレーランニング

▼バンドを用いたパワーダッシュプログラム

パワーダッシュ
バンドを腰につけ、トレーナーが反対側でそれを引っ張ることで負荷を上げる基本プログラム

2人の選手が長めのバンドの両端を腰につけて行うプログラム
①互いに向かい合ってバックランニングで引っ張り合います

②最初は1人が抵抗のある状態でランニングし、その後急に抵抗をなくし、オーバースピードを体験できるようにします（その直後から追っかけ合ってもよい）

Chapter3：練習デザイン

▼ラダードリル

各種の細かいステップワーク　　　　　　　　　　　　　　　　　　　　　ランジ　　　クロスオーバー

▼コートを使ったアジリティプログラム

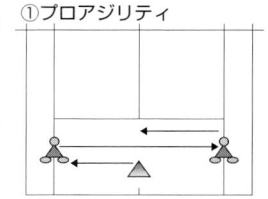

①プロアジリティ
スタートから左側に走りラインの外側を手でタッチし反対側へ、同じようにセンターまで帰る

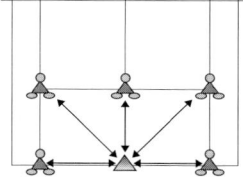

②スパイダードリル
スタートから5つの方向にあるテニスボールを1つずつスタートポイントに集め、5つめのボールから再度5つのポイントに返していく

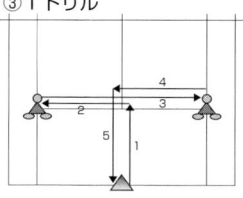

③Tドリル
スタート地点から順番に移動する。この際2〜4の移動はサイドステップにて、5は背走にてスタート地点にもどる

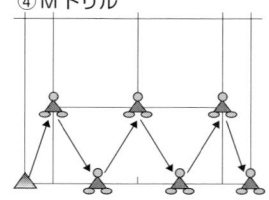

④Mドリル
スタートよりすべてサイドステップにて移動

▼その他のプログラム

ヘクサゴンドリル
一辺60cmの正六角形を描き、各辺ごとに中と外を交互に両足ジャンプで回ります（1周6ジャンプで3〜5周）

⑤サイドステップ（サイドラインを利用して）

フライパンドリル
小刻みなステップを続ける中で、トレーナーの合図に従って、左右のツイスト、バーピー、ジャンプなどを即座に実施します

フィジカルフィットネストレーニング

Point3　スタミナ

　ソフトテニスに必要なスタミナづくりのプログラムは、持続的な練習やトレーニングプログラムの実施が基本になります。ゲーム時間を想定し、少なくとも積極的な改善には20分から1時間以上継続して150～170拍くらいの心拍数になるようなエクササイズを実施することが求められます。また、ゲームを想定した無酸素性のスタミナづくりには、短時間の全力プログラムと適当なインターバルを組み合わせたインターミッテントプログラムが用いられます。

▼有酸素性のスタミナづくり
①ロードワーク
②階段昇降
③ゲームとゲームの間に行うランニングプログラムのコンビネーション

階段昇降

ロードワーク

▼ 無酸素性のスタミナづくり

　筋力・筋持久力、パワー、SAQ、コーディネーションなどの改善を目的とした短時間（15～30秒）の全力プログラムを、適当なインターバル（20～30秒）を入れて連続的に実施するサーキット型インターミッテントトレーニングを行います。
- ・初級者向けプログラム例
    ①連続素振り（フォアハンド）→コーディネーション、パワー
    ②プッシュアップ→上肢・上体の筋力、筋持久力
    ③スクワットジャンプ→下肢のパワー
    ④バックエクステンション→体幹（背筋）の筋力、筋持久力
    ⑤連続素振り（バックハンド）→コーディネーション、パワー
    ⑥リストカール→手首・前腕の筋力、筋持久力
    ⑦ヘクサゴンドリル→SAQ
    ⑧シットアップ→体幹（腹筋）の筋力、筋持久力

Point4　柔軟性

　柔軟性のトレーニングは、余分な筋肉の緊張をとり、関節の可動域を改善することを目的とするものです。ですから、ソフトテニスで用いる身体各部のストレッチングがその主体で、右のような特徴をもっています。

①筋のリラックス感を体得することが重要
②痛みをがまんしない
③呼吸を止めない
④無理なストレッチ（伸展）を行わない
⑤ウォーミングアップやクーリングダウンの中で積極的に設計されるべきプログラムで、身体感覚の改善もその重要な要素になる
⑥これらのプログラムを実施した後、練習やプレーをスタートする

▼パーソナル・ストレッチ

体側

肩と肩の前面

肩と肩甲骨周囲筋

ハムストリング

股関節（開脚）

大腿前面

フィジカルフィットネストレーニング

▼パートナー・ストレッチ

肩・背中

体側

体幹前面

胸と腕

肩関節

▼その他

股関節と体側

股関節と体幹

体幹と下肢

股関節

腰部

145

Chapter3：練習デザイン

Point5　コーディネーション

　コーディネーショントレーニングは、特に神経－筋の協調能の改善を目的とするものです。ですから、巧みさ・素早さ・スピードなどの要素と組み合わせたドリルが主体で、次のような特徴をもっています

①いろいろな道具を用いることが特徴で、ボール、ラケットをはじめ、コーン、ライン、風船などを使用
②ウオーミングアップとして実施
③スタミナや筋力・パワートレーニングを始める前に実施
④特に、手や眼、全身的な動きなどを組み合わせて設計され、バランスの改善も重要な要素
⑤これらのプログラムを実施した後、練習やプレーをスタートする

▼ボールを使ったプログラム

①軽いキャッチボール
②キャッチ＆スロー
③遠投
④ペッパードリル
⑤ボールパス＆ラン
⑥2個使ったボールパス
⑦2個使ったボールパス＆ラン
　（⑤と⑥の組み合わせ）
⑧ボールパス・サークル

2人1組になり、トレーナーが近いところに軽く投げたボールをプレーヤーはワンバウンドでキャッチし、すぐにトレーナーに戻します。これを繰り返します

キャッチ＆スロー　　　ペッパードリル

ボールパス＆ラン
2人1組になり、1つのボールをパスしながらサイドステップで移動

2個使ったボールパス
2人1組になり、2つのボールを同時に投げ合ってキャッチ

ボールパス・サークル
2人1組になり、2つのボールを同時に投げ合ってキャッチしながら円上を回る

▼風船を使ったプログラム

基礎的なコーディネーションプログラムで、特にジュニア選手、初心者、初級者向けのトレーニングです。最初は風船1つを使い、1人で手を使って連続して打ち上げることからはじめ、2つ、3つと風船の数を増やしていきます。次いで2人組、3人組と人数を増やすとともに、風船の数を増やしていきます

ラケットを使った風船上げ

フィジカルフィットネストレーニング

▼ラケットを持ったストレッチとリストワークプログラム

体側　　前面　　　　　腕・体幹　　肩・腕

ラケットを片方の手首だけを使って回します。次いで連続して左右に持ち替え、8の字に回します（回転方向を変える）

体幹のひねり　　リストワーク①（持ち替える）　　リストワーク②（左右8の字）

▼ラケットを使ったコンディショニングプログラム

ラダーがない場合などにラケットを使って行います。両足同時の左右ジャンプや前後ジャンプ、クロスステップなどを行うことで動きづくりの基本を身につけます

コンディショニングジャンプ

コンディショニングステップ

147

Chapter3：練習デザイン

Point6　ウオーミングアップとクーリングダウン

　一般的なウオーミングアップとクーリングダウンのプログラムを紹介します。その日の体調などを感じながら、各自でプログラムをデザインしてください。

▼ウオーミングアップ
練習やトレーニングを効率よく進めていくための効果的な準備がウオーミングアップです。身体を温めると同時に、神経－筋の協調性を高めるストレッチングや細かいステップワークはその必須事項と言えます。

ジョギング 　　　　　大股歩き（ランジ）／前後 　　　　　大股歩き（ランジ）／左右

サイドステップ　　　キャリオカステップ

サイドステップ　　バックステップ 　　キャリオカステップ

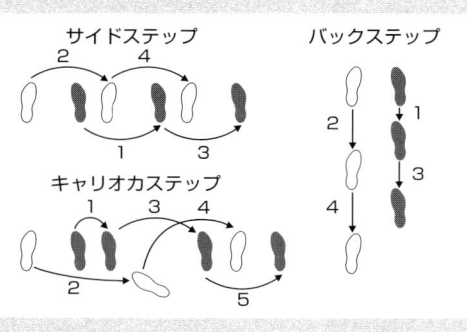

首回し 　　　肩回し・肩甲骨合わせ 　　　腕回し 　　　膝の屈伸

●ウオーミングアップの例
① ジョギング（ゆっくりとしたペースで3～5分程度。寒い季節は少し長めに）
② 左右・前後のランジ（サイドライン2往復程度）
③ ステップワーク（軽いジョギングとの組み合わせで、あわせてコート2～3周程度）
　サイドステップ、キャリオカステップ、バックステップ
④ パーソナル・ストレッチ（各2～3分で10分程度）
　首回し、肩回し・肩甲骨合わせ、腕回し、膝の屈伸、左右開脚による脚のストレッチ
⑤ パートナー・ストレッチ（各2～3分、全体で10分程度）
　肩・背中、体側、体幹前面、胸と肩前面、肩関節のストレッチ

フィジカルフィットネストレーニング

▼クーリングダウン
練習やトレーニングで酷使した心身の疲労回復を効果的に促進するのがクーリングダウンです。全身の血流を確保しながら、硬くなった全身の筋肉をストレッチするとともに、心の沈静化を図りましょう。

●クーリングダウンの例
① ジョギング（ゆっくりとしたペースで3〜5分程度）
② パーソナル・ストレッチ（各2〜3分、全体で10分程度）
　上・下肢、体側、肩前面、肩・肩甲骨、首、ハムストリング、股関節、体幹、大腿前面のストレッチ、腕回し、開脚による股関節の伸展
③ 深呼吸（数回）

ジョギング

肩の後面、肩甲骨の周囲筋のストレッチ

腕回し

首のストレッチ

股関節、体幹のストレッチ

149

Chapter3：練習デザイン

COLUMN

〈速さか正確性か？〉

一般に、運動においては、速さと正確性との間には反比例（トレードオフ）の関係が成り立ちます。正確にしようと思うと動きはゆっくりになり、動きを早くしようと思うと正確性が低くなるという現象です。しかしながら、スポーツ技能では「より早く」「より正確に」というように、一般に相反する両方が求められます。では、練習ではどうすればこの両方が身につくのでしょうか。

図は、ヌマウタスズメという鳥が歌を覚えていくときの発声の様子を示したものです。歌い始めたサブソング（部分的にのみ一致する部分歌）やプラスティックソング（要素はすべて満たしているが規則性のない可塑歌）と呼ばれるときと完成した歌（図の一番下）とを比べると、歌い始めの頃には完成した歌では使わないような音域までもたくさん発声しているのがわかります。

子どもがいつでも無駄に思えるほど大きな力を使って新しい運動技能を覚えようとする（フルスイングの空振りなど）のに対して、年をとってから新しいスポーツを覚えようとするとき、大きな力を出せなくてなかなかうまくなれないのと同じではないでしょうか。

もちろん、正確性は大切な要素ですが、より速くラケットを振ることのできるような大きな力を必要とする動きを練習しておくことが必要だと思われます。同じ時速80kmで走るにも、3,000ccの車のほうが550ccの車よりも楽に走れるのと同じでしょう。

まずは速さを重視して、速い動きができるようになれば、正確性を高めることも簡単にできるはずです。

＜参考文献＞
Marler, P. (1991) "The instinct to learn", in S. Carey & R. Gelman (Eds.) "The epigenesis of mind: essays on biology and cognition", LEA

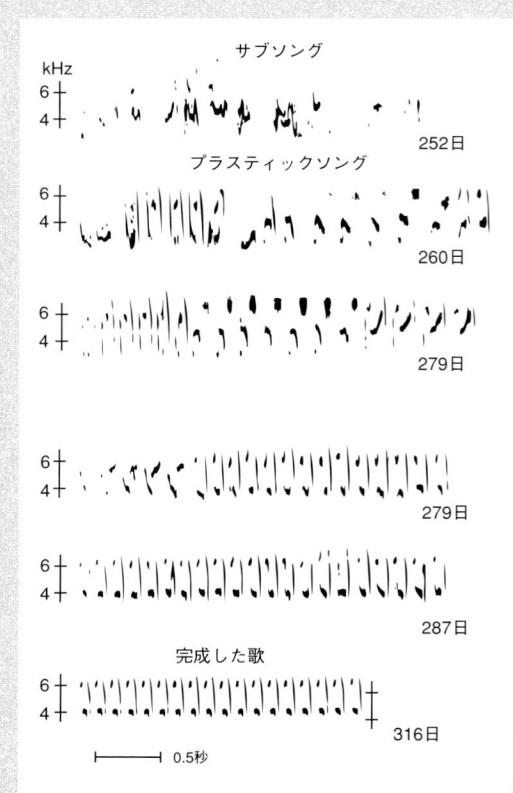

フィジカルフィットネストレーニング

Point7　フィジカルケアプログラム

　フィジカルケアのプログラムは、練習やトレーニング後における心身のリラクセーションと疲労回復の促進が主な目的です。ですから、選手の心や身体がリラックスしやすい清潔で快適な場所を選んで実施するようにしましょう。就寝前の寝室の布団の上やお風呂あがりのリビングなどで行うのもよいでしょう。

　ここでは、パートナー同士で簡単に行える方法をいくつか紹介します。

①背中や腰、四肢を軽くさする
背中や腰は軽く押す感じで行い、四肢は体幹とのつけ根から四肢の先に向かって軽くさする。身体をさする際、写真のような大きめのタオルを使うとよいでしょう

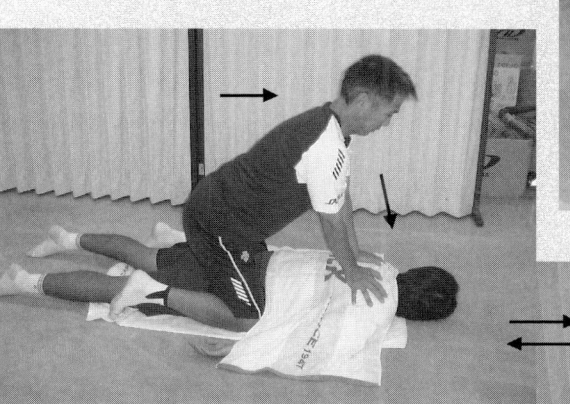

②背中を押す
腕を伸ばしてゆっくり体重を前へかけます（強く押しすぎないこと）

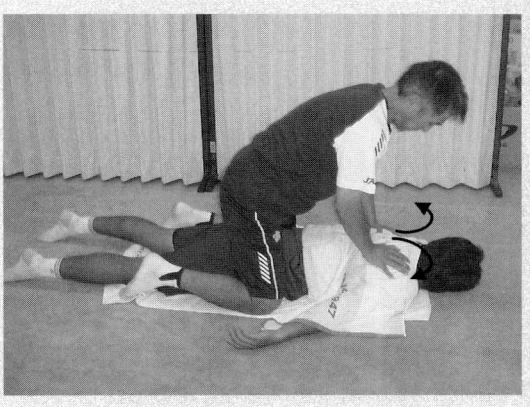

③肩の筋肉をほぐす
軽く手を当てて、ゆっくりと回します

Chapter3：練習デザイン

④身体を反らせる
無理にならないように、ゆっくりと上体を引き上げましょう

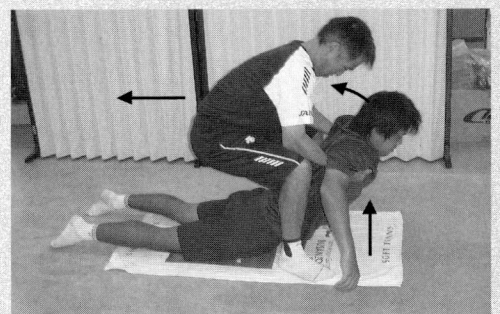

⑤足首を伸展させる
膝、足首が痛くない程度にゆっくりと伸ばします

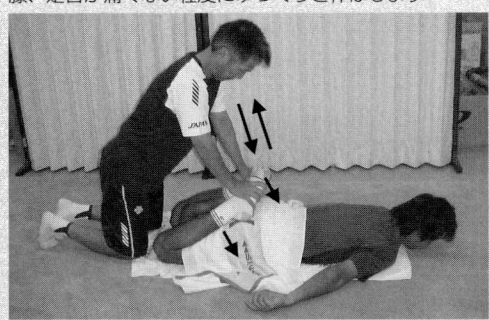

⑥脚をゆする（両脚、片脚）
ゆっくりと上下動させます

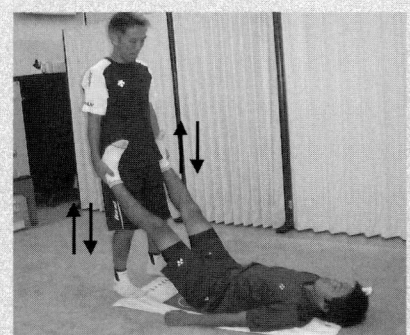

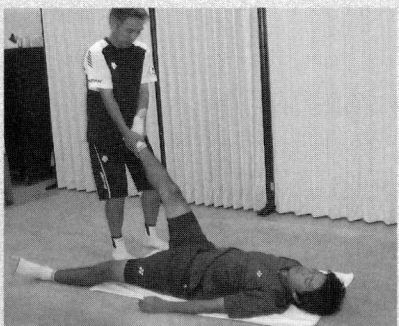

⑦脚の屈伸と足のつけ根・腰の回転
膝や腰に痛みのないことを確認して、ゆっくり動作します

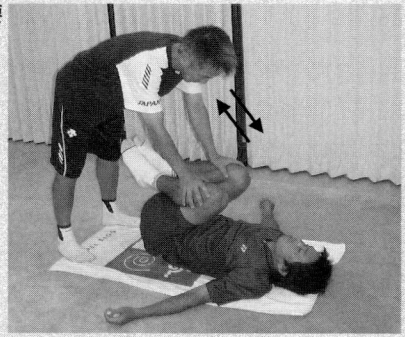

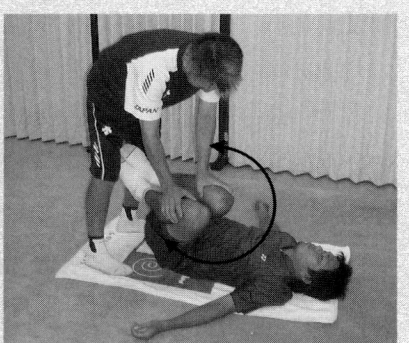

⑧上半身と下半身を軽くひねる（左右）
腰に痛みのないことを確認して、ゆっくり身体をひねります

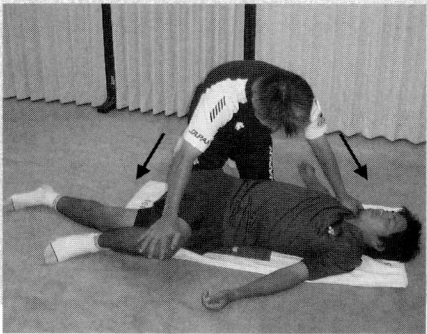

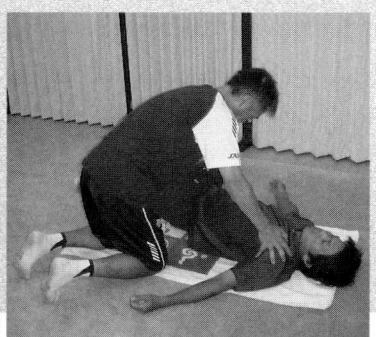

フィジカルフィットネストレーニング

⑨肩と背中を軽くたたく

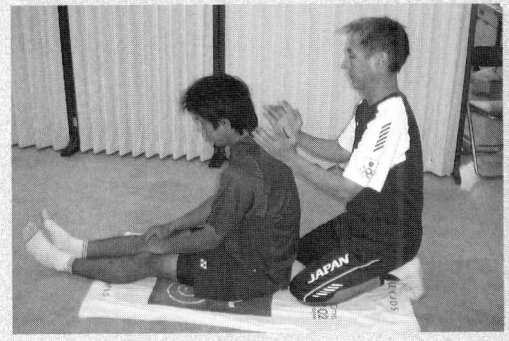

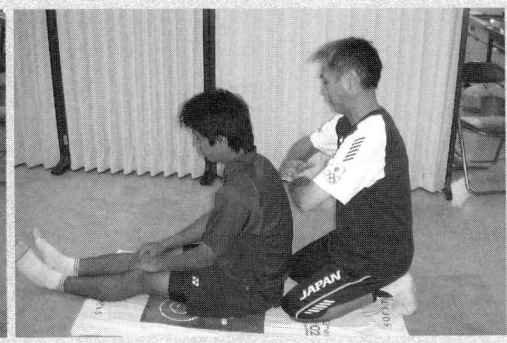

⑩背筋を伸ばして、体幹を軽くひねる

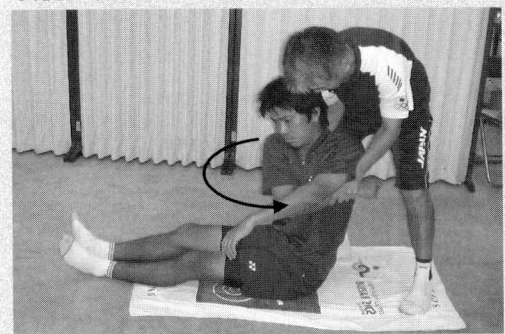

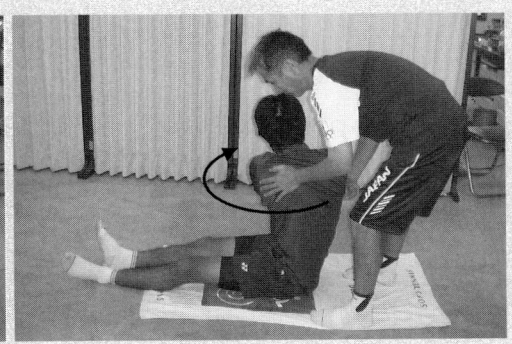

⑪背中を伸ばす
肘を後ろから抱えるようにして持ち上げ、膝で背中を少し押すようにします

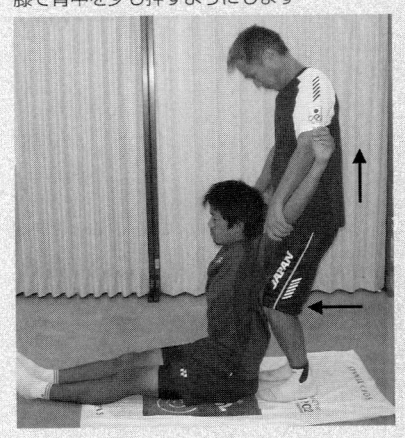

⑫股関節を伸展する

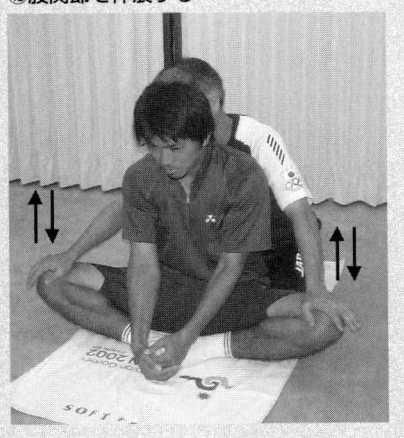

※ 第5章で述べるように、トレーニングと休養は「車の両輪」のようなものです。激しい練習やトレーニングに取り組めば取り組むほど、回復のための方策をうまくデザインすることが重要になります。休養の基本は十分な睡眠をとることですが、入浴やサウナ、さらには瞑想やストレッチなどとともにフィジカルケアを生活に組み入れて、より効果的な疲労対策を講じることがケガを予防するとともによりよいコンディションづくりの基盤になります。

Chapter3：練習デザイン

トレーニングと日課の一例（男子日本代表2007の場合）

　トレーニングのデザインは、対象の年齢や性別はもちろんのこと、実施する対象の目標、改善すべき内容、ねらい、またその時期（トレーニング期か試合期かなど）にあわせて考えなければいけません。また、トレーニングを実施する環境、設備、その場所の立地条件なども考慮すべき条件になります。

　ここでは一例として、2007年9月世界ソフトテニス選手権大会の3週間前に行われた男子日本代表チームの合宿（国内）におけるルーティーンプログラム、ならびにフィジカルプログラム（そのねらい、負荷量など）を紹介します。

合宿のねらい：最終の追い込みと調整、チームワークづくり
トレーニングのねらい：体力的には最終の追い込み時期、メンタル的にはリラックスを図り、大会に向けて落ち着いた中で、しっかり大会を見すえて精神を集中していく時期、チームのまとまり（一致団結）を確認する時期でもある

1．日々のルーティーンプログラム（体調の維持・管理）
○遅くとも朝食約1時間前に起床。ベッド内での安静心拍数を計測し、前日から当日の朝にかけてのコンディションについてシートに記載、提出
○軽い体操とストレッチ、軽いジョギングまたは散歩（15～20分程度）
※朝食前に必ず体重の測定を行う

2．練習前のルーティーンプログラム（いつでも、どこでも、誰と対戦する場合でも準備として行うべき内容を日常化しておく）
○宿舎からコートまでの軽いジョギングまたはランニング（3～4km、20分程度）
○コートでは約1時間程度のフィジカルプログラムを実施
　①ジョギング（5分程度）→ウオーミングアップ
　②ストレッチ（8分）→柔軟性
　③ラダードリル（8分）→SAQ
　④エキサーバンドプログラム（5分程度）→筋力、柔軟性
　⑤キャッチボール（硬式テニスボール使用、5分程度）
　　→コーディネーション

素手での8人テニス

　⑥サーキットラン（ステップ走→ジグザク走→スクワットジャンプ→バック走→ラダー、5分程度）→スタミナ、SAQ
　⑦ペッパー（ソフトテニスボール使用、5分程度）→敏捷性
　⑧素手での8人（4：4）テニス（10分程度）→リラクセーション
　※この後、コートでの技能練習、ゲームなどを実施

3．体育館でのフィジカルトレーニング（大会前の追い込み＝身体的疲労のピークをつくるためのプログラム。雨天のためコートでの追い込みが不可であったため、体育館にて実施）
○バスケットのシュート練習や足での円陣キックパス（レクリエーションプログラム）→リラクセーション
○ストレッチ（10分）→ウオーミングアップ
○キャッチボール（5分程度）→コーディネーション
○2グループでの対抗戦形式
　以下の各種目とも30回1セットとし、1セット終了ごとに約1周100mの体育館を3周ランニングする。指定のセット数を行い、負けたグループは罰ゲーム
・腕立て伏せ（30回×3セット）→筋持久力
・交互ステップ（30回×3セット）→パワー
・バックエクステンション（30回×3セット）→筋持久力
・腿上げ（30回×3セット）→筋持久力
・Vシット（30回×3セット）→筋持久力
・体幹筋運動（30回×3セット）→筋持久力

- 足上げ腹筋（3分間×3セット）→筋持久力
- 腹筋パス（30回連続×1セット）→筋持久力、コーディネーション
- 背筋パス（30回連続×1セット）→筋持久力、コーディネーション

4．練習後のルーティーンプログラム（コート内）
○軽いジョギングとステップワーク（5分程度）→クーリングダウン
○ストレッチ（深呼吸と合わせて10分程度）→リラクセーション
○深呼吸→リラクセーション、鎮静

5．練習後のルーティーンプログラム（コート外）（全身的な軽い運動で全身の血流を確保し、回復の促進を図る）
○コートから宿舎までの軽いジョギング（3〜4km、20〜30分）→クーリングダウン（スタミナ、追い込みを含む。各自の体調や疲労度に合わせて速さは各自任意としたコンディショニングランニング）

※午前・午後の練習前後に必ず体重の測定を行う（体重による体調チェック）

腕立て伏せ

体幹筋運動

背筋パス

交互ステップ

腹筋パス

2人1組のラケットを使ったボールパス。練習者は膝立てでの腹筋運動（打球するときに上体を起こす）。補助者は両足で相手の靴のつま先を踏んで立ち、練習者の打ったボールをラケットで軽く打ち返します。パスが30回続いたら終了

CHAPTER 4 GAME

第4章

ゲームデザイン

1. ゲームデザインの準備：ゲーム分析

1 ── ゲームを分析するとは

　古代中国の春秋時代に著された『孫子』の兵法の中に、「彼れを知りて己を知れば、百戦して殆［あや］うからず。」という一節があります。「相手の実情も知って自己の実情も知っていれば、百たび戦っても危険な状態にならない」ということです。

　ゲームのスコアをつけることは敵を知り、己を知る最も簡易で有効な方法で、記入している選手の姿は大会会場でよく見かけます。スコアのつけ方は、ゲームの流れを記入したり、ポイントの内容を記号化して記述したり、ゲームを見る視点によって千差万別です。ゲームの内容すべてを記述することは難しいので、選手が課題としている点、抽出したい選手の特徴など、視点を絞ってスコアをつけるとよいでしょう。

　また、スコアは試合後に反省するとき、選手の記憶再生の手助けになります。さらに、ファーストサービスの確率や1試合あたりのレシーブミスの頻度など、種々の基礎的な統計量（数値）がスコアから算出できます。

　こうした集計作業をテニスコートで、しかも手計算で計算するのは大変な労力を必要としますので、最近では携帯電話やパソコンをテニスコートに持ち込んでスコア集計を行うチームまで現れました。「スコアづけ」→「集計」→「携帯端末で表示」の一連の作業を自動化できるツールの活用により、集計作業の煩わしさから解放されています。

図4-1 スコアをつけている様子

こうした集計を一歩進めると、あなた自身のプレー傾向を把握するだけでなく、チームやトッププレーヤー全体のプレー傾向を知ることができます。いわゆる「ゲーム分析」です。

一口にゲームを分析すると言っても、ポイント・ミスの頻数、スキルの出現数、配球・パターンなどのプレー傾向に関するものと、平均ラリー数、プレー時間、DLT法（1台以上のカメラで撮影された画像から、2次元あるいは3次元座標を計算によって求める方法）により算出した試合中の移動速度、移動距離などのようなソフトテニスの競技特性に関するものに大別されます。残念なことにポジションの制約があった旧ルールの時代の分析結果はありますが、現行ルールのものはありません。早急に現行ルールの下で行われた試合を分析する必要があります。

ゲーム分析ではVTRに録画された試合を見ながら、1打ごとにどの打球者が何打目にどの技術を使ってどこへ返球し、その結果どうなったかをコンピュータに入力していきます。こうした方法は記述分析法（Notational Analysis System）と呼ばれ、プレー傾向を探るためのごく一般的な方法です。

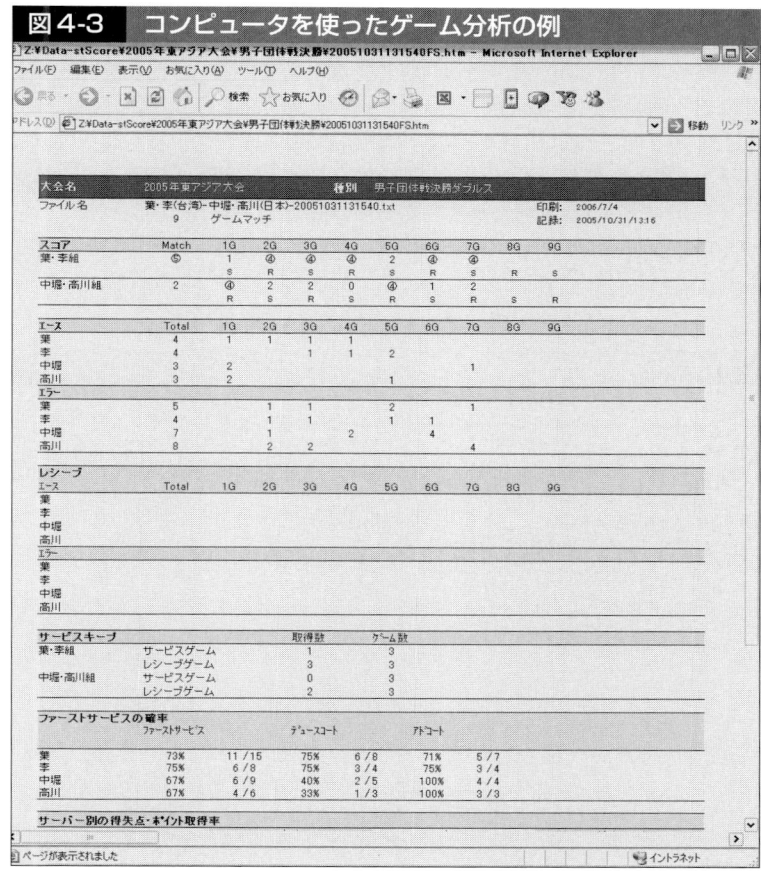

図4-2　携帯の入力画面

図4-3　コンピュータを使ったゲーム分析の例

Chapter4：ゲームデザイン

● 2──スカウティング

　これまで紹介してきたゲーム分析は、競技特性やルールの変更で生じるプレー傾向を明らかにしたり、一流選手のプレーの特徴を把握したりするのが主なねらいですので、長期的な展望に立ったゲーム分析と言えるでしょう。

　それよりも多くの指導者や選手は、明日の試合をどのように戦って勝利を収めるかという切実な問題を抱えていますので、ゲーム分析に期待されていることは短期決戦に勝つためのデータ収集と分析です。

　短期間の大会では、己を知るよりも敵を知ること、次に対戦するチームの情報を知ることが勝利を得るために重要な要素と言えます。そうした情報収集は「スカウティング」と呼ばれています。大会期間中に対戦相手の試合を分析し、得意なコースを事前に選手に伝えて予測の手がかりを与えたり、プレーヤーの動きのクセや弱点に気づいたりすることができれば、試合を有利に進めることができます。

　2006年カタールのドーハで開催されたアジア大会において、男子日本代表メンバーとコーチングスタッフは、事前の合宿や試合前日の宿舎のミーティングで対戦チームのスカウティングをしっかり行い、見事金メダルを手中にしました。各国の選手たちは自分の身体能力を極限まで高めて国際大会に臨んできますので、単に「厳しくやれ」とか「我慢しろ」というような精神論を強要するだけの指導ではもはや勝利をつかむことはできないでしょう。実力が均衡している国際大会で勝つ秘訣は、より正確なスカウティングにあると言っても過言ではありません。

　当然、より高度なスカウティングを進めるためには、コンピュータや映像機器などのIT機器を積極的に活用していくことが必要でしょう。最近では映像のデジタル化は比較的容易にできるようになりましたので、パソコンに取り込んだ映像から任意のプレー場面を検索できるシステムまで登場してきました。今後はこうしたハイテク機器を積極的に活用して、情報収集活動を円滑に進めていくことが勝利をつかむ一歩になるに違いありません。

図4-4　スカウティングのイメージ

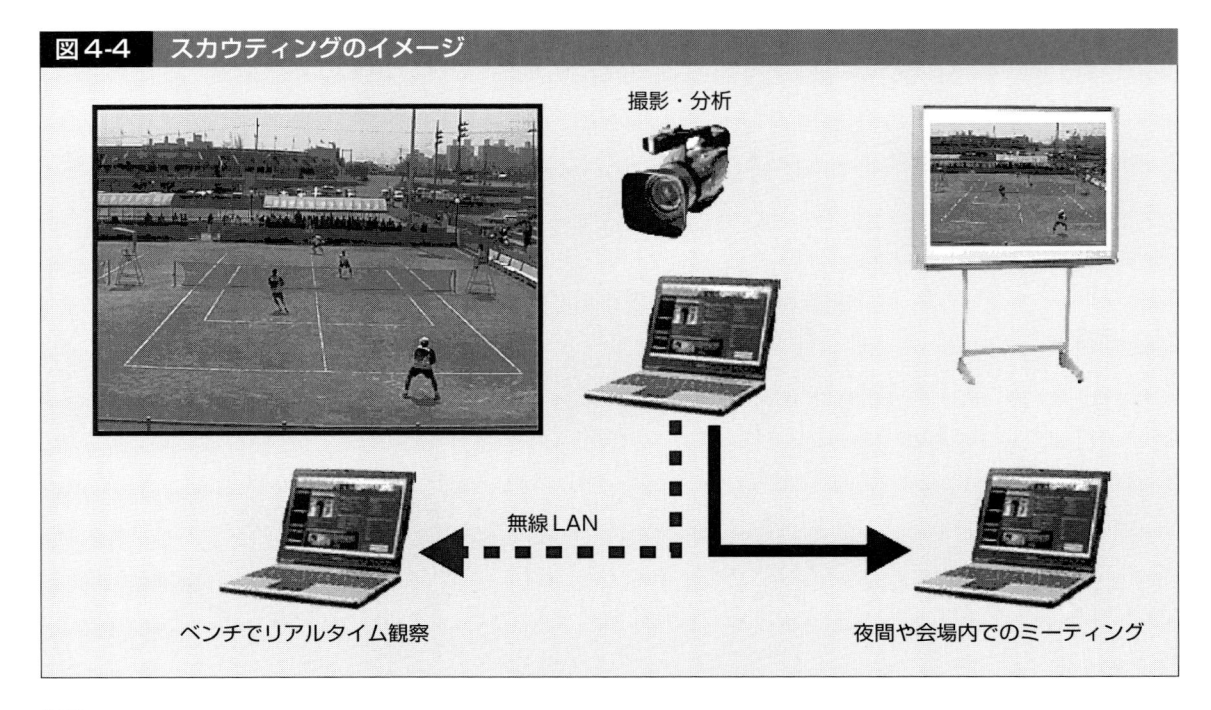

ゲームデザインの準備：ゲーム分析

図4-5 試合直後、選手にフィードバックした分析資料（試合は2006年ドーハで開催されたアジア大会の日本対台湾）

日本	ファーストサービス	デュースコート	アドコート	レシーブエラー
花田	75% (12/16)	88% (7/8)	63% (5/8)	
川村	92% (11/12)	100% (6/6)	83% (5/6)	1

台湾	ファーストサービス	デュースコート	アドコート	レシーブエラー
LIN	89% (17/19)	90% (9/10)	89% (8/9)	
YEH	60% (9/15)	38% (3/8)	86% (6/7)	4

2006/12/02 2006年アジア大会（ドーハ）男子団体戦ダブルス予選リーグ

3 ── ゲーム分析から練習・ゲームデザインへ

ゲーム分析といってもさまざまな種類があることを理解していただけたでしょう。したがって、「何を知りたいか」によって、ゲーム分析の方法を使い分けなくてはいけません。表4-1にゲーム分析の目的とその方法をまとめてみました。いま、あなた自身が何を知りたいかを考えて適切に使い分けてください。

また、誰のゲームについて知りたいかという対象によって、これらのゲーム分析は大きく3つに分けられます（図4-6）。

① 個別ゲーム分析（己を知る）

自分（ペアも含む）あるいは自チームの特徴（長所・短所）を探る。

② スカウティング（敵を知る）

相手（ペアを含む）あるいは相手チームの特徴（長所・短所）を探る。

Chapter4：ゲームデザイン

③一般的ゲーム分析（競技を知る）
異なる集団（中学生、高校生、社会人や男女別など）の特徴を探る。

さて、一般的なゲーム分析からはさまざまな選手のゲームの様子を知ることができ、自分がどんなプレーを目指すのかという大きな目標が見えてくるでしょう。また、自分の相手となるチームや選手のゲームを分析すれば、具体的にどんな相手と対戦するかがわかり、ゲームを行うときの作戦を立てることができます。さらに自分たちのゲームを分析することによって、いまの自分の現状を知ることができ、これから対戦する相手の特徴とあわせて、具体的なゲームのデザインとそのゲームを行うための練習の目標がはっきりしてくるでしょう。

ゲーム分析は記録をとるために行うものではなく、明日の試合に勝つために、また明日からの練習を考えるために行うものです。いつもいつも同じような方法でゲームを分析していても、それだけでは不十分です。いまやるべきことを明確にするために、その時々でいろいろなゲーム分析を使い分けると同時に、本当に自分の知りたいことがわかるように工夫をしていきましょう。

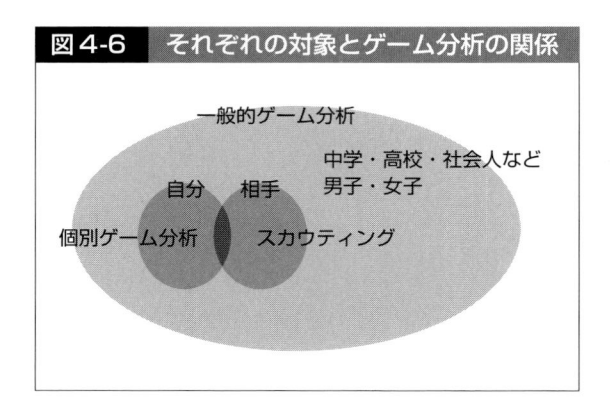

図4-6　それぞれの対象とゲーム分析の関係

一般的ゲーム分析／自分／相手／中学・高校・社会人など男子・女子／個別ゲーム分析／スカウティング

知りたいこと	記録するときに必要なこと	記号化	例
ポイント・ミスはどのくらいか	ポイントとミスの区別	○	P/M
どんなポイント・ミスが多いか	スキルとフォア・バックの区別	○	St/V/Sm*F/B
ポイントが決まるコースはどこか	コースと長短の区別	○	C/FS/BS/RC
ファーストサービスはどの程度入ったか	ファーストサービスが入ったかどうかの区別	○	1/2
どんなサービスが多いか	サービスの種類	○	F/S/R/SC/UC/B
サービスはどこに入ったか	コースの区別	○	F/C/B
レシーブはどこに返しているか	コースの区別	○	Cr/Ct/St/Sh
どのコースでのラリーが多いか	コースと長短の区別	○	C/FS/BS/RC
ゲームはどう流れているか	ポイントの勝敗とカウント	○	○/×
コース変更は多いか	コース変更の区別	○	C-FS/FS-C、…
どういう状況で相手はどう動くか	ボールのコース・種類と次の動き	×	
どのくらいラリーは続いたか	1ポイントに要するラリー数	○	1、2、3、…
1プレーの時間は？	1ポイントに要する時間	○	10、15、18、…
1試合でどれぐらい走るのか	選手の位置	×	
どれくらいの速さで動いているのか	選手の位置	×	

■表4-1：ゲーム分析とその目的

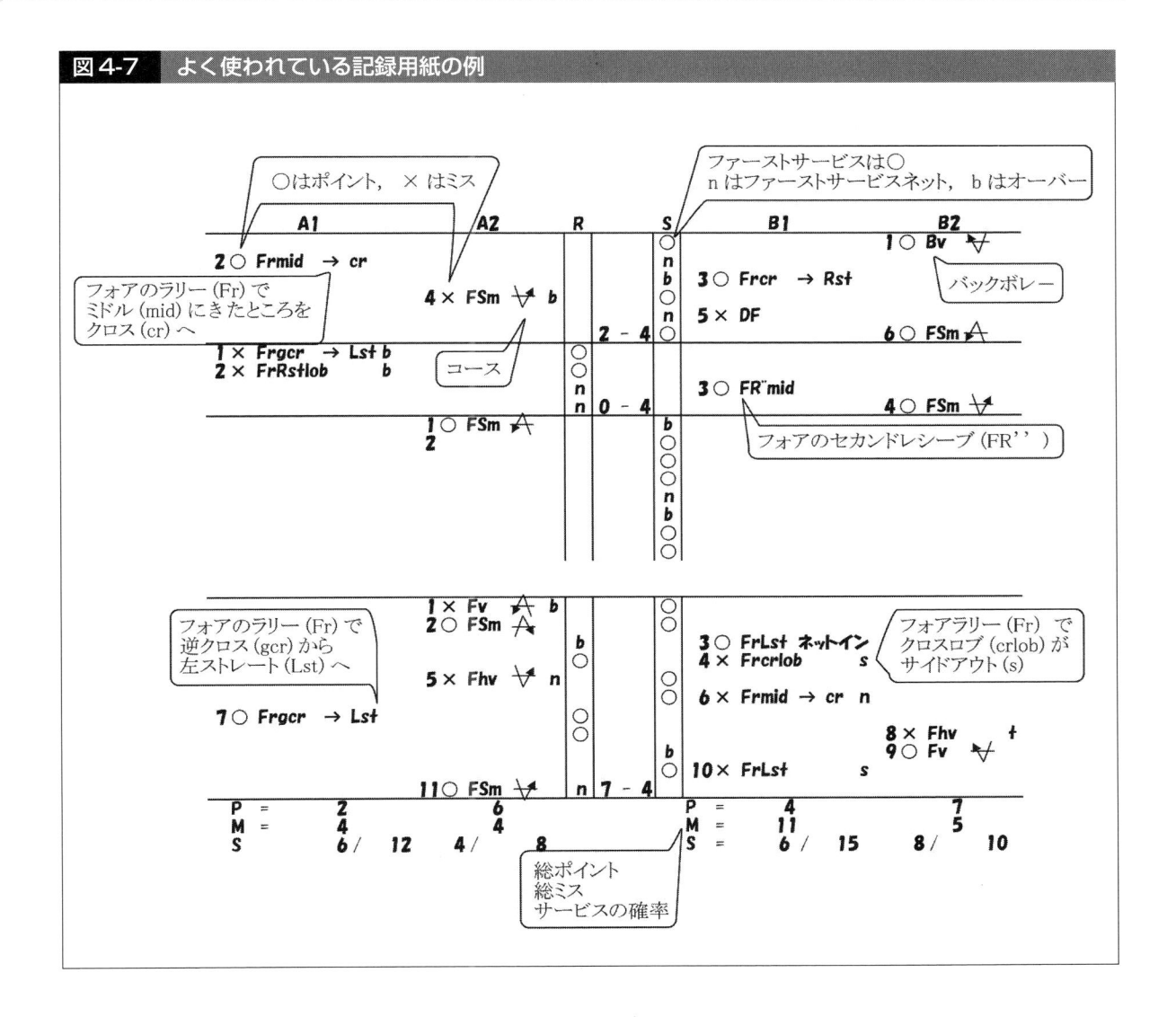

図4-7　よく使われている記録用紙の例

A1	A2	R	S	B1	B2

○はポイント，×はミス

ファーストサービスは○
n はファーストサービスネット，b はオーバー

フォアのラリー (Fr) で
ミドル (mid) にきたところを
クロス (cr) へ

2○ Frmid → cr
4× FSm ✈ b

コース

1× Frgcr → Lst b
2× FrRstlob　　b

1○ FSm ✈
2

2 - 4

0 - 4

○
n
b
○
n
○
○
○
n
n
b
○
○
○
○
n
b
○
○

1○ Bv ✈
3○ Frcr → Rst
5× DF

3○ FR''mid

バックボレー

6○ FSm ✈

4○ FSm ✈

フォアのセカンドレシーブ (FR'')

フォアのラリー (Fr) で
逆クロス (gcr) から
左ストレート (Lst) へ

7○ Frgcr → Lst

1× Fv ✈ b
2○ FSm ✈

5× Fhv ✈ n

11○ FSm ✈

b
○
○
○
○
○
○
b

n 7 - 4

3○ FrLst ネットイン
4× Frcrlob　　s
6× Frmid → cr n

8× Fhv ✈ t
9○ Fv ✈

10× FrLst　　s

フォアラリー (Fr) で
クロスロブ (crlob) が
サイドアウト (s)

P =　2　　　　　6　　　　　　　　　　P =　4　　　　　　7
M =　4　　　　　4　　　　　　　　　　M = 11　　　　　5
S =　　6/ 12　4/ 8　　　　　　　　　S =　6/ 15　8/ 10

総ポイント
総ミス
サービスの確率

163

Chapter4：ゲームデザイン

2. ゲームセオリーと予測

　ソフトテニスを始めて3、4年経ち、ボールが打てるようになった中級者に「フォアハンドに回り込んだとき、ボールはどちらに打ちやすい？」という質問をすると、「引っ張るほう」という答えが多いでしょう。これは、打点と打球コースの一定の関係を体験的に理解していたり、あるいは指導者に教わっていたりするからです。例えば、フォアハンドに回り込んで打球するときには、打点が身体から近く、しかも腰が開いた状態でテイクバックしてしまいがちです。この状態から打球すればながすコースに打球するのが難しく、引っ張るコースへの返球は容易になります。

　このように、「個々の経験や事実にある法則性を認め、その法則性のもとに統一的に組み立てられた考え」を「セオリー」と呼んでいます。上記の例では、「打点が身体に近い」と「引っ張るコースに飛びやすい」が運動学的な法則にあたります。しかし、打点が身体に近くても、打点が後ろになってしまえばながす方向にしか返球できない現象も起こります。打球コースをとってみても、ひとつの要因から説明したり、あるいは一面的に記述したりすることは容易ではありません。とはいえ、指導者と選手がプレーを観察したとき、視点を一致させるための、いわば共通のルールが必要になりますので、それをセオリーと理解したほうがいいかもしれません。

　セオリーどおりに打球するということはミスが少なく、入る確率の高いコースに打球することですから、セオリーどおりにゲームを展開していれば常に勝てるのでしょうか？　答えは、Noです。「セオリーどおり」は、いわば負けない進め方で、勝利するためには本来ならば難しいコースに打球することが必要な場合があります。

　『孫子』の兵法の一節に、「およそ戦いは正を以って合い、奇を以って勝つ」とあります。戦（いくさ）は正攻法で戦い、奇法によって勝つという意味です。ソフトテニスのゲームに言い換えてみると、ゲームの開始は正攻法（セオリー）で戦いながら、勝敗の分け目では奇策を使い、つまりセオリーの裏を突いて勝ちにいくということです。勝敗の分け目はセオリーの裏である場合が多いのです。

　そこで、ここではまず、セオリーを知ることから始めます。奇策というのは正攻法の裏ですから、表の正攻法を知らなければ裏のとりようがありません。まずはしっかり正攻法を身につけましょう。

　例えば、フォアハンド側に移動してストロークする場合、打点が身体から遠くなり、クローズドスタンスになって腰を回しづらい状態になります。この状態からはながす方向に打球するのが容易になります。また、バックハンドで打球する場合、引っ張るコースに返球しやすいなど、さまざまなセオリーがあります。

　また、「パターン」という用語も使われます。パターンというのは「ボールがここへ落ちたら、あそこに打球する」とか、「ここにボールが落ちたら、ネットプレーヤーはポーチする」という決め事です。ただし、パターンといった場合には奇策も含めます。ですから、正攻法（セオリー）の裏をかいた攻め方もパターンと呼ばれます。

　ゲーム中に迷うとか、瞬時に判断できない競技レベルにある選手はパターンを使ってゲームを進めることが多いようです。しかしながら、パターンだけを使ってゲームをしていると、対戦相手に打球コースや動きを読まれて有利にゲームを進めることができない状況になるでしょう。ゲーム中に最も大切なことは、単にパターンどおりにゲームを進めるのではなく、対戦相手のパターンを探りながら、相手の動きや打球コースを予測することです。ジュニア選手にゲーム中の動きや打球コースをパターン化して指導することは重要なことだと思いますが、国際大会で活躍するトップ選手を目指すなら、パターンから脱却したゲーム展開ができないと通用しません。

　優れた選手はこれまでのパターンと過去の経験を生かして、ゲームを進めていきます。「この打ち方はA選手と似ているな」とか、「この攻め方はBチームの

Xペアみたいだな」といった感じで、相手の配球や攻め方・動きなどを予測するのです。もちろん前節で説明したように、事前にビデオなどによって対戦チームを研究すること（スカウティング）も大切なことです。2006年ドーハで行われたアジア競技大会と、2007年韓国安城市で行われた世界選手権大会において団体戦2連覇を成し遂げた日本男子チームは台湾選手や韓国選手の試合をこと細かくビデオでチェックしていました。

このように、予測に優れた選手の多くは、日頃から自分自身でセオリーやパターンなどをきちんと整理しています。自分のプレーのクセも含めて、日頃から打球コースや動きなど、攻め方や守り方を考えていくことが勝利の秘訣でしょう。練習はコート上だけでするものではありません。コートを離れても勝つためにできることはたくさんあります。それが「ゲームデザイン」です。

ここではボールの落下位置、これまでの配球、打球フォームの3つを手がかりとして、そこから考えられる一般的な攻め方、すなわちセオリーを考えてみます。ここで紹介する以外にもたくさんありますが、それは皆さん自身で考えて整理してください。そしてこれらを表の正攻法として、裏の奇策を考えてみましょう。正攻法および奇策のパターンをつくるのです。こうした自分たちのパターンづくりが、自分のゲームをデザインする第一歩となります。

1 ── ボールの落下位置から予測する

経験の少ない初級者のネットプレーヤーが、対戦相手のベースラインプレーヤーの打球フォームからコースを予測してボレーすることは難しいことです。試合中、瞬時に判断を迫られる状況ではなおさらです。そこで、初級者を教える指導者は、ボールの落下位置と返球コースを対応させた、いわゆる「パターン」を教えることが多いようです。

例えば、図4-8にあるように、コートを9分割します。クロス陣形の場合、ボールが4、7番に落ちたらネットプレーヤーは守り、2番に落ちてフォアハンドに回り込んだらポーチという具合に、ボールの落下点や相手選手のフォアハンドストローク・バックハンドストロークの別とネットプレーヤーの動きを対応づけておきます。

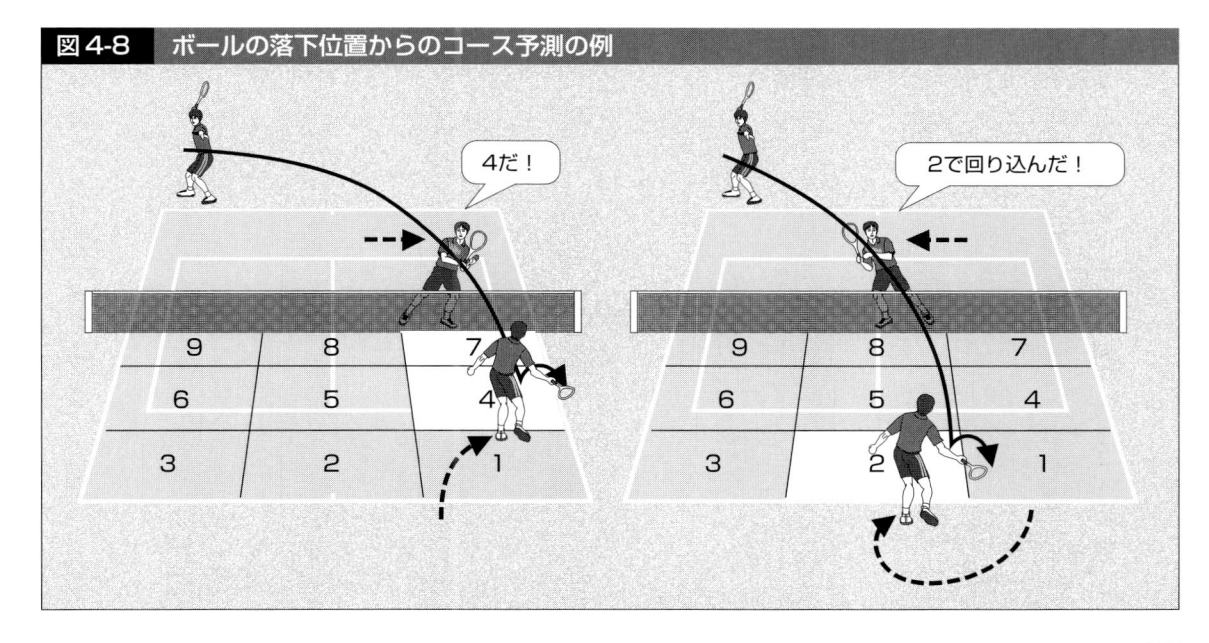

図4-8　ボールの落下位置からのコース予測の例

Chapter4：ゲームデザイン

2 ── 過去の事象から予測する

　ボールカウント0－0で、第1サーバーがライトサービスコートにサービスを行い、サービスサイドのネットプレーヤーがポーチする状況をイメージしてください。このとき、レシーブ返球のコースはクロス／シュート、ストレート／シュート、クロス／ロブ、ストレート／ロブの4コースあるとしましょう。センターへの返球やショートクロスなどを考えると無限に存在することになりますが、ここでは考えないことにしてください。そのとき、サービスサイドのネットプレーヤーが相手選手のレシーブコースを予測する場合、4コースあるうち1コースを予測すればいいので、予測は1/4、つまり25％の確率で正答することになります。

　ボールカウントが0－0と同じ状況になるのは、ボールカウントが3－1、2－2、1－3のときです。もし、レシーブするプレーヤーが「さっきはポーチされて決められてしまった。今度はポーチされないようにしよう」と思ったら、次にレシーブするときにはクロスにシュートボールで返球するのをためらうかもしれません。ましてやボールカウントが3－1でリードを許しているときにはなおさらです。ゲーム中にこのように考えることができたら、サービスサイドのネットプレーヤーは上述した4コースから3コース（ストレート／シュート、クロス／ロブ、ストレート／ロブ）に絞って予測すればいいので、予測が当たる確率は1/3、つまり33％となり、正答する確率が上がります。このように、過去の配球や動き、相手の心理を考えて、コースを予測するやり方があります。

　予測のための手がかりの一部を紹介しておきますので、試合中のかけひきの参考にしてください。

【予測のための手がかり】
- ミスをした次の打球はベースラインプレーヤーの前に返球する
- コースを変更した次の打球はベースラインプレーヤーの前に返球する
- 3本連続してネットプレーヤーを攻撃しない
- 2本同じコースにきたら、次は違うコースに返球する

3 ── 打球フォームから予測する

　理想的には同じようなフォームからさまざまなボールを打つことができると、対戦しているネットプレーヤーは打球フォームからコースを予測することは難しく、ネットプレーヤーのスタートが遅れるでしょう。そうなれば、相手ネットプレーヤーにボールを触られることが少なくなるため、試合を進めるうえでは大変有利になります。プロ野球の投手が同じフォーム、同じ腕の振りから、150km近い速球とフォークボール、また120km台のカーブを投げ分けて打者を打ちとるのとよく似ています。

　しかし、同じフォームからさまざまなボールを自在に打ち分けることは大変難しく、どうしてもコースや球種によってフォームが違ってきます。このフォームの違いに注目して、できるだけ早くコースや球種を予測することができれば、これもまた大変有利な武器となります。しかし、どんなフォームならどこへ打球が飛んでくるかを説明するのは難しいことです。

　ここでは打球コースの予測に関して、以前行った実験結果を紹介しましょう。パソコンに北本選手（前日

図4-9　パソコンに取り込んだ北本選手の打球フォーム

図4-10　各競技レベル別の正答率

本代表監督）の打球フォームを取り込んで、男子ナショナルチームの選手13名、男子インターハイ上位高校生6名、男子中学生初心者9名に呈示しました（図4-9）。選手はパソコン画面上に映し出されるストローク（構えのポジションからインパクト）の動画を観察し、打球コースを予測します。回答はクロス（逆クロス）・ストレートとシュート・ロブの組み合わせで計4コースから1つのコースを選び、実際にその方向へ1歩動くというものでした。

● 正答率と反応時間

　図4-10は各競技レベル別の正答率を表しています。予想どおり、ナショナルチームの正答率が最も高い値を示しています。競技レベルは高校生群のほうが中学生群よりもかなり高いので、正答率も高いことが予想されましたが、中学生群が高校生群を抜いてナショナルチームに近い値を示しています。

　図4-11（各競技レベル別の反応時間の平均）を見ると、その理由が理解できます。ナショナルチーム、高校生群では反応に2秒をわずかに超える程度しかかかっていないのに対し、中学生群は3秒を超えています。中学生群では呈示された映像の情報から瞬間的な判断ができず、打球フォームの呈示が終了した後、映像の記憶をたどって予測したと言えます。それに対し、ナショナルチーム、高校生群では、実際にボレーやスマッシュができるタイミングで予測していると言えそうです。

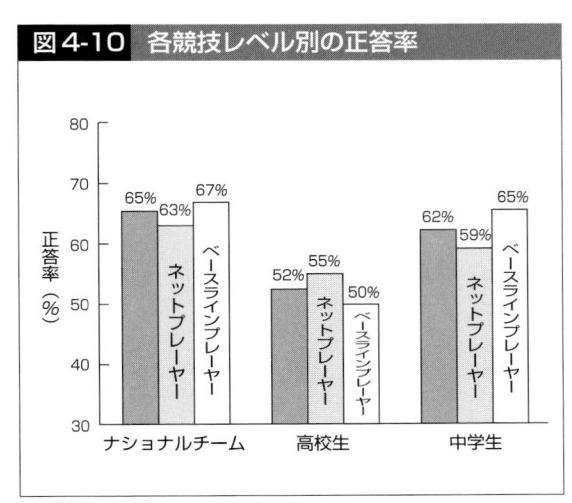

図4-11　各競技レベル別の反応時間の平均

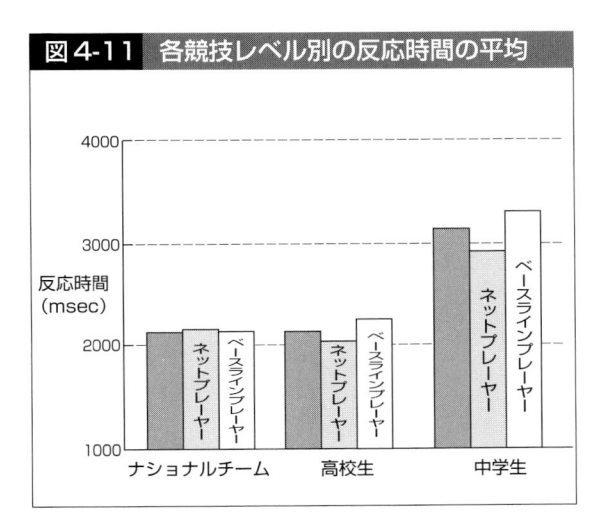

● ナショナルチーム内での比較

　今度は、日本代表として国際大会を経験した選手とそうでない選手にナショナルチームを分けて分析しました（図4-12）。日本代表経験者には中堀選手や高川選手、小峯選手などが含まれています。反応時間には顕著な違いは認められませんでしたが、正答率は日本代表経験者が高くなっています。ナショナルチームの中でも、日本代表経験者は体力面や技術面だけでなく、認知的な能力についても優れていると言えるでしょう。

Chapter4：ゲームデザイン

図4-12 ナショナルチームにおける正答率と反応時間

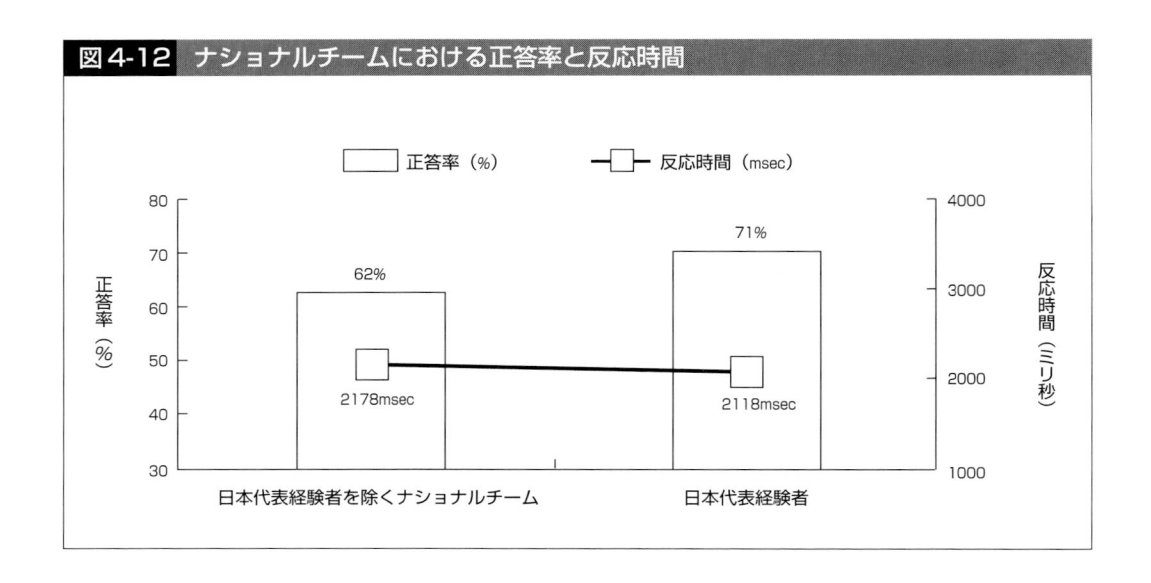

●クロス・ストレートの判断とシュート・ロブの判断

左右の判断と球種の判断の違いを検討するために、クロス・ストレートの判断とシュート・ロブの判断に分けて分析しました。クロス・ストレートの判断の正答率は、クロスかストレートの判断が正しければシュート・ロブの判断が誤っていても正答とした値です。

シュート・ロブの判断も同様です。図4-13を見ると、どの競技レベルでもクロス・ストレートの判断よりもシュート・ロブの判断のほうが容易であることがわかります。初級者ネットプレーヤーの試合ぶりを見ていると、シュートボールをとりにいくよりロブを追いかける動きが多いのは、その判断のほうが簡単だからと言えるでしょう。

図4-13 各競技レベル別におけるクロス・ストレート判断とシュート・ロブ判断の比較

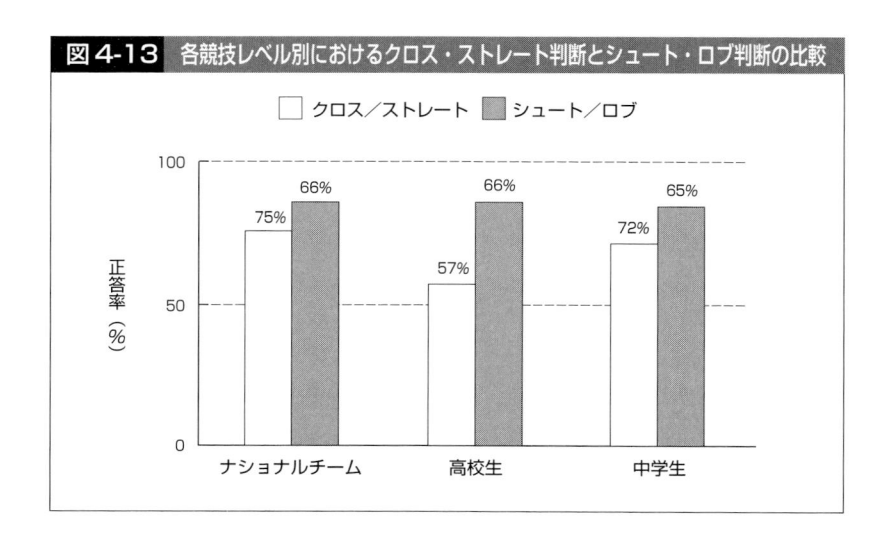

3. 個性を生かすゲームデザイン

1 ── グリップと打球方向

　ソフトテニスの世界では、硬式テニスほどグリップを明確に区別して使用しないのが実情です。せいぜいグリップの違いを表現するときには、イースタングリップとウエスタングリップに大別されているにすぎません。握りの程度を表現するときには「イースタングリップより薄めのグリップ」とか「ウエスタングリップより厚めのグリップ」という表し方を用いています。

　しかし、上級者のプレーを注意深く観察してみると、状況に応じて硬式テニスで言う「コンチネンタルグリップ」に握り替えて返球する場合があります。例えば、ボールが身体から極端に遠くなってしまった状況やツーバウンドギリギリのフォロー返球時の状況では、とっさにコンチネンタルグリップに握り替え、とりあえず相手コートに返球することが頻繁にあります。ですから、指導者はコンチネンタルグリップへの握り替えを積極的に指導すべきでしょう。

　ごく一般的に、ウエスタングリップはながしタイプ、イースタングリップは引っ張りタイプと言われます。ウエスタングリップの選手は、肩や腰を開き気味にして打球するため、ながす方向に返球しやすく、引っ張る方向へはラケット面がかぶり気味になるためボールが短くなってしまいがちです。また、イースタングリップは肩や腰の回転を早めに止めて打球するため、引っ張るほうに打球しやすいと言われます。ながす方向へは、ドライブをかけにくく、フラットかスライスのかかった打球になる場合もあります。女子選手の中にはスライスボールでながす方向にうまく打球して、上手にゲームを組み立てている選手もいます。

　相手のグリップは得意コースを判断するための重要な手がかりになりますから、注意深く観察してください。試合前の乱打が終了した後、パートナー同士が打ち合わせをしてからゲームを開始する光景を見かけます。これは、相手のグリップや打球コースについて情報を交換し、戦術を決定しているのです。試合前の乱打では単にストロークを繰り返すだけなく、対戦相手のグリップや打球コースを観察し、戦術の決定に役立たせてください。

2 ── フォーメーション

●左利き

　ジュニア選手や高校女子選手の指導者は、選手が左利きの場合、カットサービスを行わせるケースが多いようです。その際、第1サーバーが左利きであった場合、Iフォーメーションにするケースもあります（図4-14）。

　また、ベースラインプレーヤーが左利きのとき、レフトサービスコートでレシーブし、逆クロスの陣形をつくりやすくするケースもあります。ただし、相手にロビングを上げられるとバックハンドストロークで打球したり、あるいはフォアハンドストロークに回り込んだりする機会が増えますから、一長一短と言えます。

●ネットプレーヤーがサービスした後のポジション

　ベースラインプレーヤーがサービスするとき、サービスサイドのネットプレーヤーはネットポジションに位置するのが通常のやり方ですが、ネットプレーヤーがサービスのときはどういうフォーメーションをとるのがいいのでしょうか？　サービスした後、中間ポジションまでネットダッシュするのか、それともベースライン並行陣から始めるのか、どちらかです。

　前者の場合は、サービスが甘いとレシーブ返球が容易になりますから、ローボレーの返球が難しくなります。特に、クロス（あるいは逆クロス）のとき角度がついてきて、失点につながるケースが多いようです。そのため、ベースライン並行陣からプレーしたり、あるいはオールラウンドにプレーしたりと、選手の能力、コートサーフェイス、チームの実情などに応じていろ

Chapter4：ゲームデザイン

図4-14　左利きのIフォーメーション

いろ工夫しているようです。
　また、競技力の高い選手がサービス＆ネットダッシュをするのかというと、決してそうではないようです。2003年釜山アジア大会で世界の頂点に立った韓国男子選手は、セカンドサービス後、ベースラインポジションからゲームを始めていました。逆に、女子のジュニア選手でもセカンドサービス後、ネットダッシュすることもあります。
　また、中間ポジションまでネットダッシュする場合、ローボレーを容易にできるよう、陣形を工夫する場合もあります（図4-15）。こうした陣形のチェンジにより、ローボレーが難しくなるショートクロスのレシーブが打てなくなります。

図4-15　ネットプレーヤーがライトサービスコートにサービスした後、クロス陣形にチェンジする

4. ペアを生かすゲームデザイン

1 ── サインプレー

　試合中、セットプレーを実行するためにサインプレーを実施する場合があります。上級者になればプレーのほとんどは状況判断で行っていますが、瞬時に、それも的確に判断できない初級者、中級者ではパートナーで決めたプレー、いわゆるセットプレーを行うことがあります。しかし、パートナーで話し合いながらプレーを開始するのは「連続的にプレーをする」というルールに触れる場合もありますので、よく用いられているのはサインプレーです。サービスやレシーブするとき、指の本数でサービスやレシーブのコースをパートナーに伝えるのは試合でよく見られる光景です。

　野球でキャッチャーが出すサインと似ています。自分たちが次に何をしたいか、あるいは相手は次に何をしてくるかなどを考えて、サインを出しましょう。意思の疎通、つまり次の攻め方の意思統一を行うことが試合での重要な局面では大切になります。

2 ── ポジションチェンジ

　センターを割られたり、ロビングがセンターに上がったりしたとき、ベースラインプレーヤーはポジションを変更しなければならない場合があります。その際、考えるべき判断の基準は次の2点になります。

●打球したポジションに近い陣形に移動する

　フォアハンドストロークに回り込んで打球する場合、元の陣形から遠くなってしまいますから、ポジションは変更したほうがいいでしょう。逆にバックハンドストロークで止まって打球した場合には、ポジションを替えないケースがほとんどです。バックハンドストロークでも走りながら打球した場合はポジションを交替したほうがいいでしょう。

●自チームの得意な陣形に替える

　ロビングで返球することによって、どちらにでも替えることができる状況をつくり出すことが可能になります。そのような状況をつくり出して、自チーム、特にベースラインプレーヤーが得意な陣形に変更したり、対戦チームが苦手な陣形に変更したりできます。

　図4-16のケースでは、ベースラインプレーヤーのほうに打球して、右ストレート陣形にするのか、逆クロス陣形にするのかを判断しなければいけません。さらに、左ストレート陣形が得意であれば、この位置からクロス方向へながしのロビングを上げ、ポジションを左に移動すれば得意の左ストレート陣形になり、有利にゲームを進めることができます。

　また、ポジションを変更する場合はパートナーとの意志の疎通をはかることが肝心です。ポジションチェンジをパートナーに知らせるのに、「替わった」とか「右」「左」というように声をかけるのもひとつの方法です。

図4-16　ポジションチェンジ

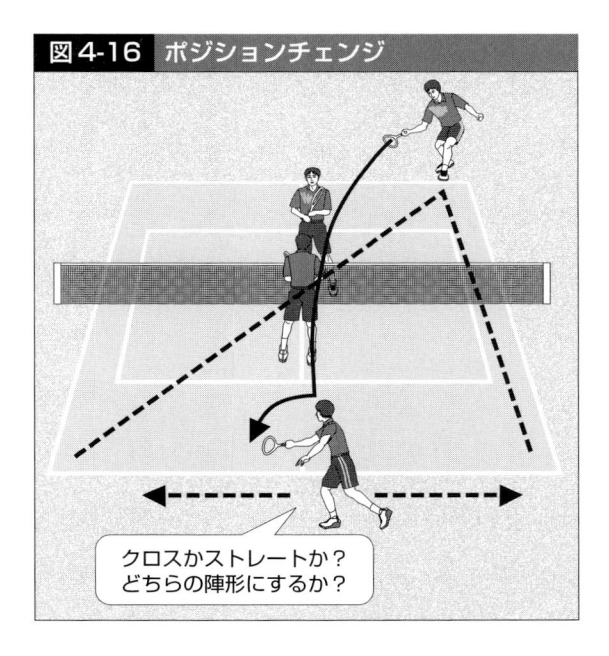

クロスかストレートか？
どちらの陣形にするか？

5. 対戦相手によるゲームデザイン

1 ── ベースライン並行陣との対戦

　ベースライン並行陣が試合をするときの戦術は、第3章「2. ベースライン並行陣の戦術」を参照してください。ここでは、ベースライン並行陣と対戦するときに考えるべきことを列挙します。

●ネットプレーヤーは中間ポジションに立たないように心がける

　ネットプレーヤーが中間ポジションにいる場合、対戦相手はネットプレーヤーに対して攻撃をしかけてきます。ネットプレーヤーはローボレーで返球することになるため、たとえ返球できたとしても決定打になる可能性は低く、ベースライン並行陣にとってはリスクの少ない攻撃のやり方と言えます。ネットプレーヤーはネットダッシュで中間ポジションに立たないよう心がけましょう。そのために、ネットプレーヤーはアプローチショットでロビングを使ってもいいでしょう。

●どちらの選手とストロークするのかを決める

　ストロークが安定していない、ミスの多い選手をねらうのがセオリーです。また、中ロブが得意とか、強打が得意とか、対戦相手にはいろいろな特徴がありますので、自チームが有利にゲームを進めることができる選手を選択してラリーすべきです。自チームのベースラインプレーヤーが走るのが苦手なときには中ロブが得意な選手を避けてラリーをしていくべきですし、相手の強打が苦手でなければ強打をする選手にボールを集めたほうが有利にゲームを展開できます。
　また、どちらの選手にボールを集めるかはパートナーと確認しておかないとポジションをとるのが遅れるので、事前に話し合っておきましょう。いずれにせよ、1球ごとにコースを変えるとネットプレーヤーのポジショニングが遅れますので、あまり好ましいやり方とは言えません。

●センターをねらう

　ベースライン並行陣としてペアリングするときは、バランスのとれた、打球力に差がない選手を組み合わせることが多いでしょうから、どちらの選手をねらうか迷う場合があります。そうした場合は2人の選手のセンターにボールを配球するのもよい方法です。

●ラリー中からカットを使ってポジションをくずす

　単にセンターだけをねらっても、なかなかくずれないしっかりしたベースライン並行陣もいます。その場合、カットのストロークを使ってショートボールで前後に揺さぶりをかけるのもひとつの方法です。

2 ── ネット並行陣との対戦

　2003年タイのチェンマイで開かれたアジア選手権大会で、男子台湾チームはネット並行陣で圧倒的な強さを見せつけ優勝しました。このとき、日本、韓国を始め、諸外国のチームは初めて対戦するネット並行陣に翻弄されてしまいました。しかしながら、3年後にドーハで開催されたアジア大会では、日本男子チームは入念なネット並行陣対策を施し、決勝で台湾チームを見事破り、金メダルを獲得しました。
　チェンマイの大会以来、日本男子チームはネット並行陣と対戦するときにどのような陣形で戦うべきなのか、最重要課題として考えてきました。図4-17は、ナショナルチームのメンバー(2006年3月)に対して、各陣形で戦ったときにどの程度の確率で勝つことができると思うか、いわば主観的な確率について調査した結果です。判断するのが難しい側面があるため、あらかじめ同じ陣形で戦うときを50％として目安を決めておきました。B/Nタイプ[注]のネット並行陣との対戦では、N/Nタイプのネット並行陣では主観的な確率が70％となっています。次いで、有利だと感じている陣形はベースライン並行陣（B/Nタイプが50％、B/Bタイプが62％）でした。以上の結果か

ら、ネット並行陣に対しては、雁行陣で戦うよりも同じネット並行陣か、守備的なベースライン並行陣のほうが有利になると感じている選手が多いということです。

2006年アジア大会で優勝した男子日本チームは、「守備型雁行陣」と呼べる陣形で試合を進めました。ネットプレーヤーはサービスライン付近で守備的なポジションにいて、ベースラインプレーヤーはベースラインに位置してストロークに徹する陣形です。相手がネット並行陣にしたときは守備型雁行陣で対応します。状況によってはネットプレーヤーもベースラインまで下がってベースライン並行陣でプレーしました。また、ベースラインプレーヤーがネットをとってネット並行陣でプレーし、オールラウンドのプレーを行うこともありました。しかし、基本は守備型雁行陣です。ネット並行陣に対して、どのような陣形がベストであるのか、その答えは出ないでしょう。しかし、ネット並行陣という攻撃的な陣形に対しては、チームの事情や選手の特徴を生かしながら、同じ陣形か守備的陣形かのいずれかを選択すればよいのではないでしょうか。

注）Bとはベースラインプレーを専門とするプレーヤー、Nとはネットプレーを専門とするプレーヤーを表わす。
　　例えば、N/Nタイプとはともにネットプレーを専門とするプレーヤー同士のペアを言う。

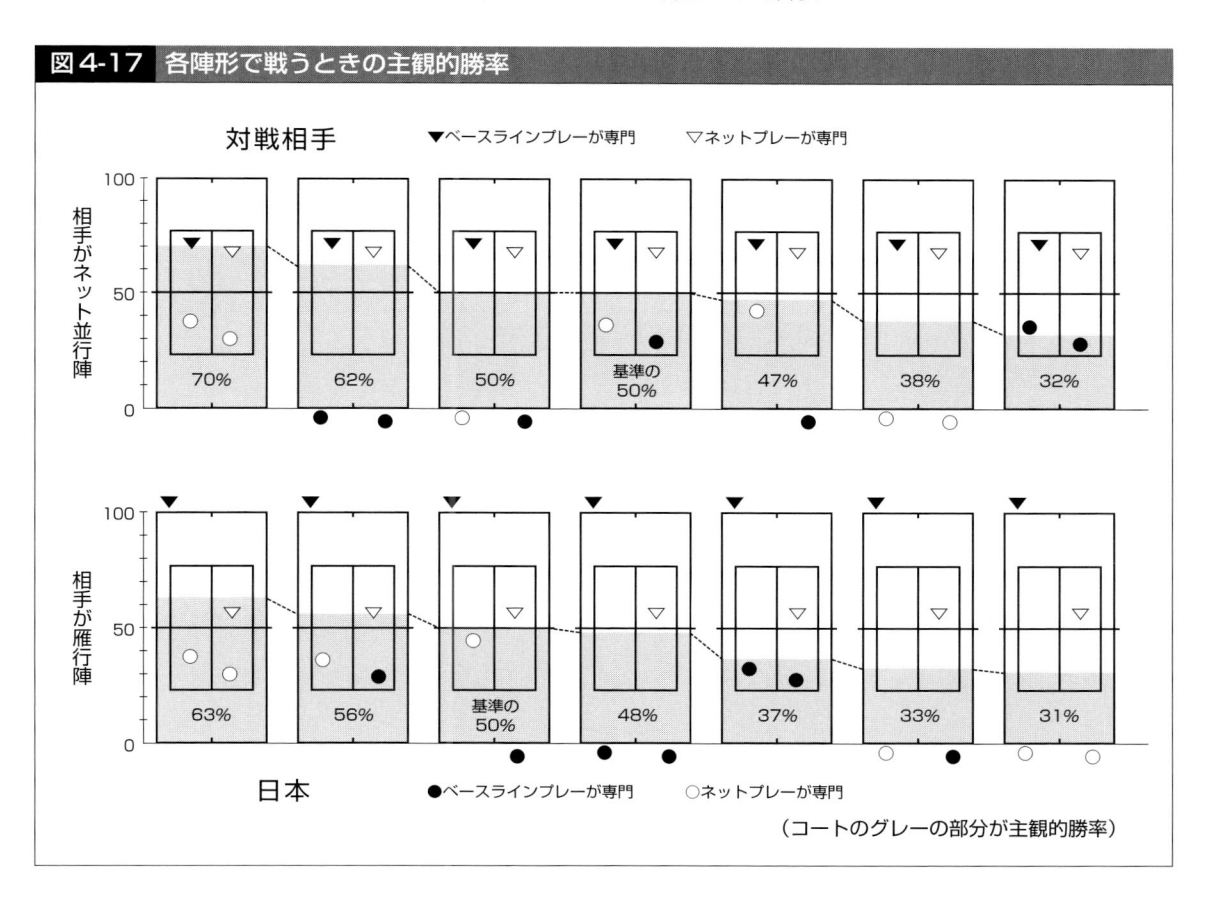

図4-17　各陣形で戦うときの主観的勝率

6. 環境を生かすゲームデザイン

1 ── 風向きを利用したゲーム展開

ソフトテニスは風に影響されやすい競技ですから、自チームが風上にいるか風下にいるかでゲームの戦術は違ってきます。

基本的に風上でのゲームではストロークがアウトしやすいので、打点を高くして打球します。対戦相手や状況にもよりますが、ラリーを継続させるのは不利になりますから、早めに攻撃をしかけたほうがいいでしょう。

風下からのゲームではロビングを打つとボールが短くなってしまいがちなので、長めにボールを打球するようにしましょう。ボールが短くなるのを利用して、ショートボールを使うのもひとつの方法です。

2 ── 雨天時の展開を考える

最近、日本のコート事情では砂入り人工芝コートが多くなっていますし、大会スケジュールが過密になってきていることもあり、少々の雨天でも大会が中止になることはめったにありません。こうした現状にあっては、大会時の雨天を考えると雨が降っても練習は中止にはできません。ましてや、ライバル校が隣のコートで練習していたりすると、「ドシャブリでも練習は止めないぞ」というような気持ちになったりもします。

2003年に広島で開催された世界選手権大会の女子団体準決勝、日本対韓国の試合です。ダブルスの1番目に出場した上嶋選手は、朴選手の左ストレート展開からシュートボールをボレーで決めた後、雨足が強くなったところで朴選手がシュートボールを打てない心理にあるのを読み、追いかけて決めたスマッシュは何本もありました。実に見事なネットプレーでした。雨の中で強いボールを打とうとすると、ボールがふいてしまう（予想外の回転がかかり、十分ボールコントロールができない）こと、またその前にシュートボールをポーチしたことで相手はシュートボールを打てないと判断し、球種を予測した好プレーと言えるでしょう。

3 ── インドア、照明、天井

体育館のサーフェイスにもよりますが、サーフェイスの埃やワックスのせいでボールがふいたり、バウンドが伸びたりします。全国高等学校選抜大会のコートサーフェイスは、板張りのコートに比べ、特にその現象が顕著に現れると言われています。

また、スマッシュをするときに体育館の照明の光が目に入り、ミスをする場合もあります。あるいは体育館の天井が高い場合は遠近感をつかみにくく、またタイミングも合わせづらいので、ミスが生じる原因になります。以前、全国高等学校選抜大会に出場した加藤学園(静岡県)は天井ロブ(体育館の天井めがけて高いロビングを打つ戦法)を使って、見事第3位に入賞しました。高いロビングをスマッシュするのが難しいことにあわせて、相手に時間的な余裕を与えて、考えさせ、集中力を乱す心理的戦法と言えます。

このように、ゲームを取り巻く環境は、対戦しているどちらのチームにも同じように影響を与えます。しかしながら、試合をしていると自分たちの不利な点ばかりに気をとられることがよくあります。自分たちが不利だと感じることは、相手にとっても不利なことです。両チームともに同じ不利な環境におかれているのですから、自分たちがこれしかできないと困っている場合には、相手も同じように困っているはずです。このように考えることによって、不利な自然環境を自分たちの味方につけてゲームを進めることができます。

しかし、試合中に、こうした考え方に切り替えることはそう簡単にできるものではありません。普段の練習の中でも、周囲の環境とその変化に常に注意し、適切な作戦を考える習慣を身につけておくことが必要となります。

CHAPTER **5** CONDITIONING

第5章

コンディショニング
デザイン

SOFT TENNIS

Chapter5：コンディショニングデザイン

1. コンディショニングデザインとは

　ソフトテニス選手に限らず、人が何らかの目的をもって健康や体力の状態を維持、増進、あるいは調整しようとする取り組みを、一般に「コンディショニング」と言います。

　「コンディション」という言葉は、人の状態だけではなく、機械や周りの環境などの状態を指して使うこともしばしばです。例えば、「今日はいいコンディションだ」とか「今日は少しコンディションが悪い」などと使われるように、おおむねある時点における「体調を含めた心身の状態」や「物のありさま」を指しています。

　車に例えると、車自体がドライバーのハンドル操作などに対して、どのようにうまく応えられる状態にあるかによく似ています。つまり、必要なときにアクセルを踏めば、エンジンの回転が上がってスピードが出せるとか、止まろうとしてブレーキを踏めば速やかに減速できるとか、また曲がるためにハンドルを回せば行きたい方向にちゃんと車を方向づけできるというような具合です。このように車の機能を含めたトータルな状態が悪いと思ったような走りはできません。

　車の走りを決定づけるいくつかの要素を人のコンディショニング要素に対応させると、以下のようになります。

①ハンドルさばきとその調子……運転手の心や脳の状態
②エンジンの大きさとその調子……筋肉の大きさとその状態
③燃料であるガソリンの質と量……食物中のエネルギー源の質と量
④エンジン調整にかかわるオイルの質と量……食物中の微量栄養素の質と量
⑤エンジンの冷却にかかわる水の状態……水分補給のバランス

　ここでは、コンディションについて、ソフトテニス選手がどのようなことに留意し、また何を実践することでコンディションをより良好に保つことができるかについて解説します。

1 ── コンディショニングの構造

　前述しましたように、コンディションとはある時点の状態であり、それは時々刻々と変化しています。したがってその状態を良好に保つためには、日々変化する状況を決定する要因が何であるかを知り、それをうまくコントロールし、積極的にデザインして実践することが必要になります。

　そこで役に立つのが、図5-1に示したソフトテニス選手のコンディショニングの構造図です。

　簡単に説明すると、まずソフトテニス選手の現在の競技的状態が図の左側のピラミッドです。そのコンディションなるものは大きく三層構造でできており、一番上はもちろん実際のゲームでのパフォーマンス（つまりどれだけ高い水準の競技能力をもっているかということ）であり、これはいわゆる成果（競技成績）と言えます。成果は、当然選手の通常における心身ならびに技能のコンディションに支えられており、さらにそのベースにあるのは選手の通常の「ライフスタイル」、つまり生活やトレーニング、食事の内容、喫煙状況、また起床、就寝などの時刻や睡眠時間などのいわゆる

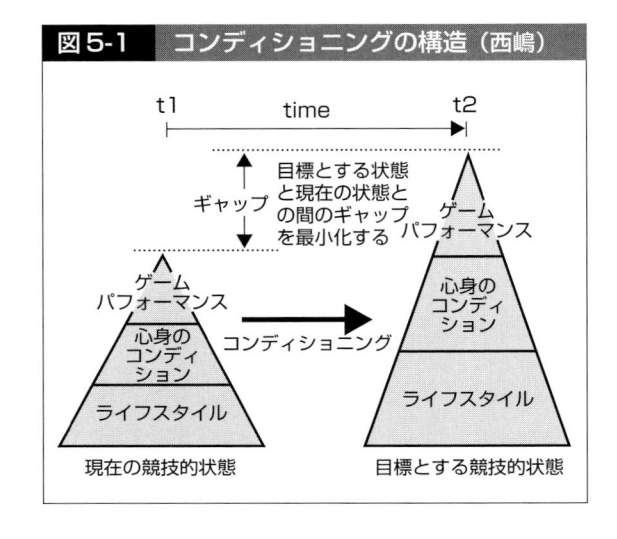

図5-1　コンディショニングの構造（西嶋）

現在の競技的状態 → コンディショニング → 目標とする競技的状態

ギャップ：目標とする状態と現在の状態との間のギャップを最小化する

（ピラミッド下から）ライフスタイル／心身のコンディション／ゲームパフォーマンス

176

ライフスタイル（生活様式）です。別の言い方をすると、いくら高い競技力を発揮しようと思っても、常日頃のトレーニングや練習の質、また日頃どのような物を口にし、どのような生活時間で寝起きしているかによって、その成果の程度は決まってしまうということです。

こうしたピラミッドをより理想的なピラミッド、つまり右側のようなより高く、よりしっかりしたものに改善していこうという取り組みが「コンディショニング」です。本章ではソフトテニス選手がより高い競技成績を上げるとともに、より健康なソフトテニスライフを送るために、そのパフォーマンスに影響するすべての内容、つまり練習やトレーニングの質・量にとどまらず、ライフスタイルを含むトータルなコンディション全体を図の右側の状態に効果的に移行させるために、それぞれの要素をどのようにデザインしていけばよいかを提案しています。

2 ── コンディショニングのピラミッド

では、こうしたソフトテニス選手のコンディショニングはどのように進めていけばよいでしょうか？

図5-2は、コンディショニングのピラミッド、つまりソフトテニス選手に求められる心・技・体の準備過程を示しています。

図からもわかりますように、ベースはフィットネスを含めた身体的準備です。具体的な内容としては、プレーに必要な筋力、筋持久力、敏捷性、スタミナなどのいわゆるフィットネスと、それらをゲームにおいて十二分に発揮できる健康度（ケガや病気がないこと、または調整されていること）があげられます。また、それらを良好に維持するためには、前述した食事などによる適切な栄養補給や起床、就寝、そして疲労回復のための適切な休養のとり方などの生活管理、さらに適正な飲酒や禁煙とストレス管理などもその重要な要因となります。

そして、次に求められるのが技術・技能の準備、つまり勝利をあげるために必要なサービスやストローク、さらにはボレー、スマッシュといった技術・技能の向上です。さらに、こうしたテクニカルな準備は、実戦の場での勝利に結びつけるために必要な情報の収集やゲームプラン、ならびに作戦の進め方などといった戦術的準備と相まってこそ充実した準備となり、勝利へと繋がります。

また、重要な要素として欠かせないのが勝利を生み出すフィールドで求められる心理的準備です。試合の場面、特に重要なゲームではとかく心が萎縮してしまったり、余分な緊張に選手が支配されたりしがちです。しかし、求められた成果を上げるべき重要な場で十分な力を発揮するためには、正しい自信と鮮明な意識、つまり適切な責任感やスポーツ観に裏打ちされた集中力や意志力、さらに適切な判断力といった精神的また心理的な準備が必要になります。

これら4つの要素を十分吟味してデザインし、それらをしっかり実践したとき、安全でかつ実りあるプレーが実現されるのです。

図5-2　コンディショニングのピラミッド（Bompa）

2. ライフスタイルをデザインする

選手の活動成果のベースにはライフスタイルがあり、その内容がどのようにデザインされ実践されているかが重要な問題となります。特に、その基本となるものが「トレーニング、栄養、そして休養のリズムとバランス」です。

1── 超回復性の原則がデザインの基本

トレーニングや練習は継続的で長期にわたるものですが、その活動には常に周期性があり、基本となるのが超回復性の原則です。一般にトレーニングは、運動による消耗とその回復過程における休息が適切にとられたときに最高の効果を上げ、その過程を単純化すると図5-3のようになります。

トレーニングや練習はエネルギーの消費過程だけではなく、適切な休息、つまりトレーニングにより消耗した活動能力をトレーニング開始時の水準以上に回復させる過程(この状態を超回復と言う)が極めて重要となります。言い方を換えれば、トレーニングとは人間の意志を含めた適応に関する法則に沿った活動能力の改善過程であり、活動によって失われた消費とそれに見合った休息(補償)による超回復の提起が、いわば次のトレーニングの新しい適応の芽と言えるわけです(このとき、適切な栄養補給が行われるとより効果的な回復が図れます)。

逆に言うと、そうしたタイミングを無視した練習、トレーニング、そして休息(栄養補給を含む)のとり方、さらにはライフスタイル全体のデザインは、選手の効果的な育成を阻む阻害因子になりかねないことを意味しています。図5-4は、具体的な例として、日々のトレーニング負荷と疲労、

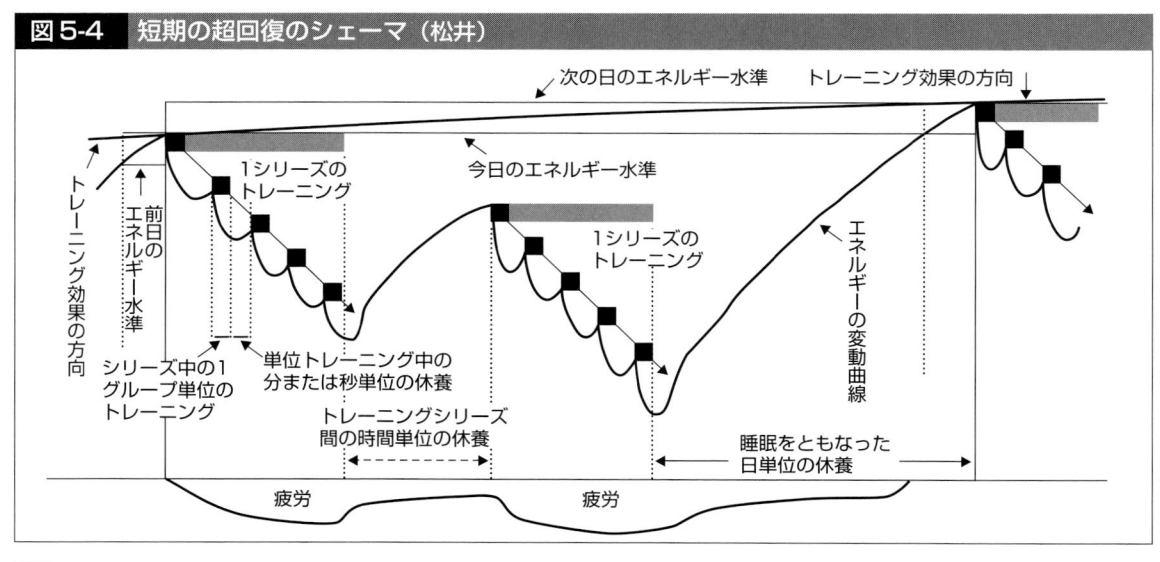

図5-3　トレーニング時と休息における活動能力の変化 (オゾーリンほか)

図5-4　短期の超回復のシェーマ (松井)

さらに休息の関係を示したものです。トレーニングの実際にあたっては、このようにいくつかの負荷と休息の組み合わせによってトレーニングの成果を身につけていくことになります。

2 ── オーバートレーニングを予防する

適正なトレーニングを継続させるためには、十分なトレーニング負荷とそれに伴う疲労を回復させるための適切な休息、栄養が必要であることを前述しました。

図5-5は休息をとるタイミングを変えた場合のトレーニング効果との関係を模式化したものです。

図の最上段のⅠは、1回目のトレーニング負荷に対して休息後の2回目のトレーニング負荷が超回復のタイミングを過ぎて与えられた場合です。活動能力の維持は期待できますが、向上は望めません。これに対してⅢは、2回目以降のトレーニング負荷が適切な休息の後、ちょうど超回復期に与えられた場合です。生体ではそのトレーニング負荷に適応しようとして機能の亢進や器官の発達が促され、その結果として正のトレーニング効果が発現します。

また、Ⅱは十分な休息をしないうちに2回目以降のトレーニングを与えた場合です。このとき、図にあるように活動能力はトレーニング実施とともにかえって低下することになります。この場合にはもちろんトレーニング効果は期待できません。さらにこうした状況が継続されるとトレーニング効果が現れないだけでなく、活動能力の低下とともに種々の自覚症状や他覚的な疲労性徴候が現れてくるようになります。このような状況を一般に「オーバートレーニング」と言い、不眠、体重の減少、運動の調整力低下、集中力の欠如、疲労回復の遅延（起床時心拍数の増加）などが生じたり、ケガの発生の誘因となったりします。それだけに、ハードトレーニングなどの実施に際してこの予防が必須条件となります。

では、オーバートレーニングの状態になることを避けるためにはどのような方策が必要でしょうか。これまでの研究によれば、その予防には早期における蓄積的疲労の発見と、それに合わせた適切な休息・休養の配置が最も有効な手段と考えられています。選手やコーチは、選手の日常的な練習やトレーニング内容、活動状況、体力や体調の変化などに十分な注意を払うとともに、自覚的な症状や体重、脈拍などを継続的に記録し、その変化をより客観的に観察することでその早期発見に努めるべきです。その基本は人間が本来もっている生体リズムに則した生活管理であり、具体的には「早寝、早起き」「正しい食事」ということになります（食事については次項を参照のこと）。

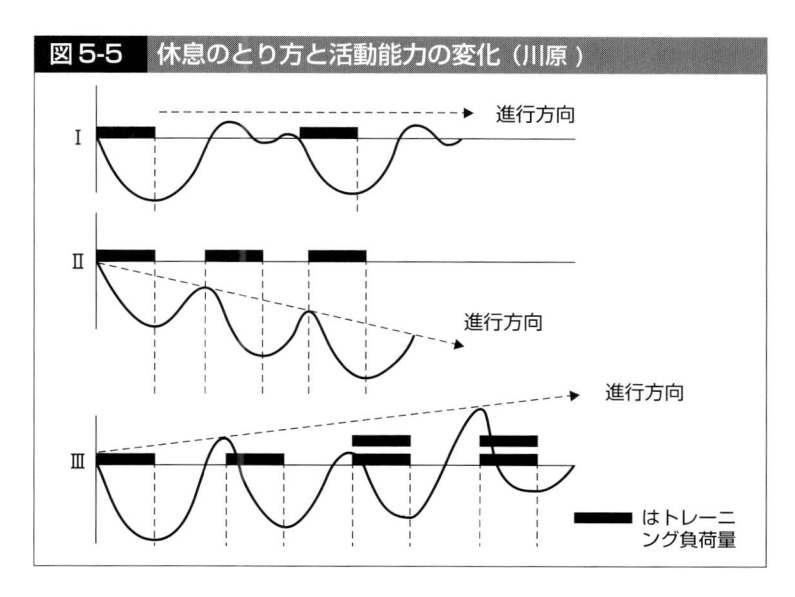

図5-5　休息のとり方と活動能力の変化（川原）

■はトレーニング負荷量

Chapter5：コンディショニングデザイン

3── ニュートリションをデザインする

　ソフトテニス選手のコンディショニングにおける重要な要素として、休養とあわせて適切な栄養補給があります。スポーツ選手の競技力は個々のフィットネスに支えられており、その向上のカギは前述した周期性に沿った練習・トレーニングと休養のバランスになります。そして、それらをより効果的に実践するときに欠かせないのが適切な栄養補給です。

　基本的な概念としては、図5-3に示した消費期後の回復期に適切な栄養補給を行うことでより効果的な疲労回復が可能になり、それによってより効率のよいフィットネスの向上が期待できます。つまり、トレーニング・休養・栄養の3要素はそれぞれ独立して考えるのではなく、調和とそのリズム化が大切であり、どのような食べ物をどのようなタイミングで食べるかが極めて重要だということです。

　もちろん、栄養補給にはそれぞれ必要とされる栄養素の摂取量が十分であることが前提なのは言うまでもありません。しかし、今日わが国は飽食の時代に入ったと言われているにもかかわらず、いくつかの食事調査から、一般人、スポーツ選手ともに栄養不足の者が多いという意外な結果が得られています。過去のソフトテニス選手を対象とした調査でもこうした傾向は否めず、ニュートリションデザインは強い選手を目指すすべての選手にとって不可欠な内容と言えるでしょう。

　スポーツ選手は日々の練習・トレーニングによりエネルギー消費が高く、新陳代謝が活発です。運動によって体内の物質の分解が促進されているのに、物質の再合成に必要な材料（栄養素）の補給が不足すれば、当然心身は消耗します。回復不十分な心身でトレーニングしても、競技力向上はのぞめません。しかし、空腹感や疲労感を感じたとしても、不足している栄養素が何であるかを具体的に自覚することは難しいものです。

　ここでは、最良のコンディションをつくるのに、日常の食事においてどんな栄養素（どのような食品）を、いつ、どのくらい摂取するのがよいかという基本的な栄養知識を中心に、実践的なニュートリションデザインの基礎を提示したいと思います。

●基礎となる通常の食事について

　栄養補給の基礎は、何といっても朝、昼、晩といった通常の食事が適正なものであるかということに尽きます。そして、その基本はたんぱく質、糖質、脂肪の三大栄養素とともに、不足しがちである鉄やカルシウムなどのミネラル、身体の潤滑剤となるビタミン類を積極的に摂取するよう心がけることです。また、食欲をおとさずに栄養必要量を満たすことも重要なポイントです。

　具体的には、以下のことに注意を払いましょう。

○毎食、主食・主菜・副菜を必ずそろえる（できるだけ多くの栄養素の補給を意識する）。
- 主食（身体を動かすエネルギー(炭水化物)源）
- 主菜（筋肉・骨・血液などの身体資源を充実させるたんぱく質源）
- 副菜（体調を整え、骨や血液の材料となるビタミン・ミネラル源）
- 補食を含め、活動ならびに発達に見合った栄養量（乳製品など）を確保する。

○いろいろな食品を摂るように心がけ、特に新鮮な野菜・果物を毎食摂るようにする。
○練習・トレーニングを終えてから、30分以内に食事を開始する。
○ブドウ糖の多く含まれる清涼飲料水を飲み過ぎない。
○甘味の強い食品（菓子類など）を控える。
○夜更かしを避け、夜食を摂らない。
○欠食をしない（朝食を必ず摂る）

●試合前の食事

　試合前日の食事は、スタミナ源である筋のグリコーゲンの補充に重点をおいた食事を心がけるべきです。具体的に、米飯やパン、パスタ、うどん、そばなど、でんぷん（糖質）の多く含まれた食品がグリコーゲン補充の材料になります。

　ここで、試合当日の食事で注意すべきことを以下にまとめておきましょう。

①試合の3〜4時間前に糖質に富む軽食を

食後2〜3時間は血中インスリン濃度が高く、グリコーゲンや脂肪の合成が盛んです。試合はこれらの作業が終了し、エネルギー源が貯蔵されエネルギー産生のしやすい状態で行うべきです。試合の3〜4時間前に高糖質の軽い食事を摂りましょう。この軽食が不十分であったときは、試合開始1時間前に吸収のよい糖質を多く含む補助食品（エネルギーゼリー、カロリー補助食品など）を補給したほうがよいでしょう。

②量は多くなく、消化吸収のよい、食べ慣れた食品を摂ること

試合前は緊張から消化機能が低下気味となる場合があります。したがって、過食をせず、消化・吸収のよいものを選んで摂るように心がけます。また、遠征試合の多い選手は環境の変化や疲労などで下痢や便秘などが起きやすくなることもあるので、食べ慣れないものや飲み水には注意を払う必要があります。

③試合の30〜60分前に、ビタミンCやB群などの水溶性ビタミンを摂取する

試合中はエネルギー代謝が活発になります。そこで、エネルギー代謝に深く関与しているビタミンB群の摂取は大切です。また、試合中のストレスに対抗するために十分なビタミンCを摂ることも有効と考えられます。ビタミンは食事だけでは不足する場合があるので、万全を期すために栄養補助食品やサプリメントなどを摂るのもよいでしょう。

図5-6　合宿期の食事

①主食、主菜、副菜を必ずそろえる、②いろいろな食品をそろえる（彩りよくデザインする）、③果物や乳製品を添えるという3つのポイントを心がけてください。量については、そのときの食欲や体調、体重の増減などを考慮して調節し、水分補給の点からお茶や水などは重要な食品のひとつになります。

●朝食（ホテルなど遠征先でのバイキング形式の例）

主　食：お粥（糖質源）
主　菜：卵、ハム、鮭の切り身（たんぱく質源）
副　菜：生野菜、ポテトサラダ、海苔、お豆腐、ほうれん草のバター炒め（ビタミン、ミネラル源）、納豆、梅干し、みそ汁（多様な栄養素の摂取）
果　物：グレープフルーツジュース（ビタミン、ミネラルの摂取）
乳製品：ヨーグルト（桃入り）、牛乳（たんぱく質の補給）

●昼食

主　食：ごはん
主　菜：あじフライ、焼き豚肉の紅しょうが添え
副　菜：八宝菜、生野菜、ゆで野菜（卵とじ野菜含む）漬け物、厚揚げ、みそ汁
果　物：梨
乳製品：ヨーグルト
※一般的に、高校生などが合宿や遠征で昼食にかける費用は600円程度である。上記メニューも600円程度。さらに、野菜ジュースまたは栄養補助食品などを加えてビタミン、ミネラルの補給があると理想的

●夕食

主　食：雑穀米（雑穀にはビタミン、ミネラルが豊富）
主　菜：さんまの塩焼き（鮮度のよい旬の物は栄養価も高い）、鶏肉の照り焼き
副　菜：ほうれん草のごま和えと生野菜のマヨネーズ和え、豚汁（芋、きのこ、野菜）
果　物：りんご、みかん
他：乳製品の代わりとして、プロテインを含む栄養補助用ドリンクを用意した（午後のハードな練習、トレーニングで傷ついた組織の修復に必要なたんぱく質、ミネラルの補給に効果的）

●試合・練習中の栄養補給

試合の日や練習時間が長い場合は、その間に栄養物を摂取することが重要となる場合があります。特に練習中に摂取できるものは、水分とそれに含まれるミネラル、糖分が中心です。給水の目的として、主に以下のことがあげられます。

①発汗を促すことにより、練習中の体温の上昇を抑える

夏季や長時間の練習では、選手に体温の上昇がみられます。体温が過剰に上昇すると、身体機能の低下や熱中症になる危険性が高くなります。発汗は、運動時に体温を上げ過ぎないようにする防御機構と言えます。練習時の体重減少量はほぼ脱水量に等しく、血液量の減少につながります。したがって、炎天下や長時間の練習時は簡易体重計を用意して脱水量をチェックし、それに見合った水分補給を心がけましょう。また、練習前に水分を前もって補給（300～500ml）しておくことも有効です。

②失われた体液中の水分とミネラルとのバランスの維持を図る

発汗により水分とともにナトリウムも失われますが、真水で水分補給をすると血液中のナトリウム濃度がさらに低下します。これを防ぐために、自発的に水分摂取を制限する「自発的脱水」という現象が起こり、血液を濃縮し、循環や発汗を低下させることになります。したがって、スポーツ飲料などに含まれるナトリウム（食塩）の補給によって「自発的脱水」を防ぐことが大切です。

③低血糖やグリコーゲンの枯渇による疲労を防ぐために、給水にあわせて糖質の補給を図る

練習時のエネルギー源の中心は、糖質と脂肪です。正味1時間の練習に対して、糖濃度が4～8%のスポーツ飲料を600～1,000ml 摂取することにより、糖質と水分の必要量が得られるとされています。また、低血糖やグリコーゲンの枯渇による疲労は、貯蔵脂肪をエネルギー源としてうまく利用することで防ぐことができます。

しかし、栄養補給のために糖質としてブドウ糖を含んだ飲料を飲むと、脂肪組織の脂肪分解が抑制され、脂肪の利用が低下するという報告があります。一方、高分子多糖類や果糖を含んだ飲料では運動中の血中脂肪酸濃度が高く維持され、脂肪のエネルギー代謝は抑制されません。このことから、ブドウ糖の多く含まれる飲料を運動中に摂取するには注意が必要と思われます。

●試合・練習後の栄養補給

試合では最高のパフォーマンスの発揮を目的とすることから、身体の消耗は激しいと考えられます。また、長時間の練習でも同様で、筋グリコーゲンが消費され、筋組織も損傷を受けます。試合や練習後には、グリコーゲンの再充填と筋線維の修復を速やかに行うことが必要となります。これが速やかに高糖質―高たんぱく質食の補給が勧められる理由です。これは、疲労困憊の運動直後に糖質を摂取したほうが運動2時間後に摂取したものより3倍もグリコーゲンの回復量が多かったという報告や、運動直後にアミノ酸とブドウ糖の混合液を摂取したほうが運動2時間後の摂取よりも、正味の体タンパク合成量が大きいことを確認している報告からも裏づけられます。

したがって、試合後や練習後に速やかに食事を摂ることを習慣化することが、ソフトテニス選手の身体のメンテナンスには重要です。練習後、すぐに食事を摂れない選手は、おにぎりとゆで卵、またはバナナとチーズといった携帯しやすい高糖質―高たんぱく質食品、さらにはそれらを考慮した栄養補助食品やサプリメントなどをコートに用意しておくこともひとつの方法と言えるでしょう。

また練習後は、練習によって多量のエネルギーを消費することによりビタミン量も低下し、発汗によりミネラルも消失するので、運動後にこれらの栄養素の補給も心がけ、次の日の試合や練習に備えることが大切です。

3. フィットネスをデザインする

ここでは、ソフトテニス選手に必要なフィットネス、特に身体コンディションについて説明します。

本章の最初の項でも述べましたようにソフトテニス選手にとってのフィットネスはコンディションの基礎となります。

図5-7に示すように、フィットネスの中心は筋力・パワー、スタミナ、スピード・敏捷性、柔軟性、そしてコーディネーション(調整力)といった5つの要素で構成され、それぞれの選手の競技力を決定づける重要な要因となっています。また、そうしたフィットネスのレベルは選手の通常のライフスタイル、フィジカルならびにメンタルケアの質、さらには練習やトレーニングにおけるウオーミングアップやクーリングダウンの質や量によっても左右されます。常にこうした身体的コンディションを至適なものにつくりあげるために、選手には上述したフィットネスとその他のパフォーマンスに関連した要素をひとつずつしっかりとトレーニングし、強化することが求められます。

ここでは、それらの各要素をより効果的に改善するためのポイントとして、その実践にかかわる原則と各フィットネス強化のための長期計画の考え方を紹介します。

1 ── トレーニングの原則

フィットネスの改善に欠かせないのがトレーニングですが、ここではそのトレーニングをより効果的また安全に実施するために、どのようなことに留意する必要があるのかを簡潔にまとめておきましょう。

❶積極性、意識性の原則

トレーニングとは、人間に備わった適応の原則に沿った能力の強化（開発）ならびに発達過程です。つまり何らかの方法で運動負荷に対する身体の適応性を利用し、意志力を含めた人間の活動能力を目標とする方向に強化、発達させる過程と言えます。したがって、トレーニングを成功させるためには、選手自身がまず試合場面で高いパフォーマンスをあげるために求められるあらゆる能力を自ら欲し、獲得し開発していこうとする意欲や主体性が重要です。特に近年のようにさ

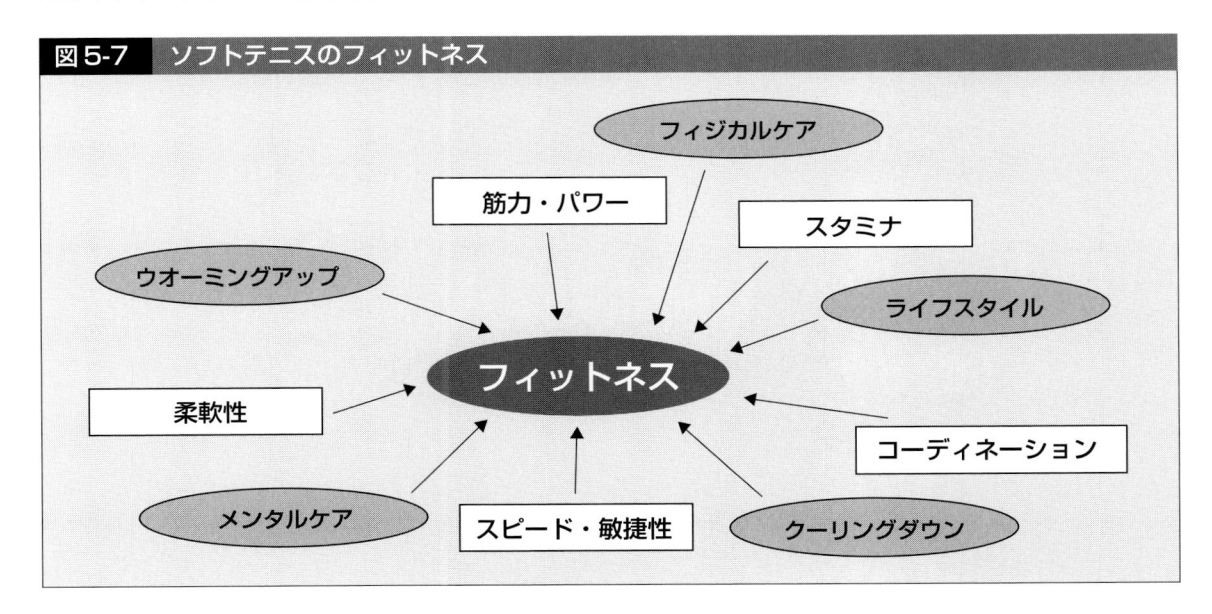

図5-7　ソフトテニスのフィットネス

Chapter5：コンディショニングデザイン

まざまなコート条件や多様性に富んだプレースタイルに対応できうる選手の育成には、具体的な目標を明確にし、長期的な計画のもとにトレーニングに取り組むことが必須条件になります。また、競技場面で求められるさまざまな能力を自ら求め、身につけ、開発また維持・増進させていく主体性と、より能動的・積極的に実践していこうという前向きで肯定的な姿勢が必要不可欠な条件と言えます。

❷オーバーロードおよび漸増負荷性

生体の機能は「ルーの法則」に従います。ルーの法則とは、生体は適度の刺激に対しては機能が亢進し組織も発達するけれども、刺激が過度になれば障害を起こしたり組織の萎縮が生じたりし、また刺激がない、あるいは弱過ぎた場合、その刺激の程度に応じて機能が低下し、組織も萎縮するというものです。したがってトレーニングは、その質と量が中途半端なものではその効果を期待できず、かといってあまり強すぎても効果はなく、ケガや病気の原因ともなりかねません。トレーニングには現在の能力を少し上回る、一般的には「少しきついな」と感じる程度の負荷が適当であり、そのような負荷のかけ方を「オーバーロードの原則」と言います。

生体はその機能が正常であればオーバーロードをかけると次第に刺激に応じた適応が生じ、その結果として能力はトレーニングを進めるに従って改善・向上していきます。つまり、負荷を常に適正に保つためには、トレーニング効果の発現に合わせて負荷量を徐々に増やしていくことが必要であり、そうしなければ効果的なトレーニング、つまり能力改善に繋がらないということです。このように、トレーニングにおいてその負荷を適応水準に合わせて徐々に高めていくやり方を「漸増負荷性」と言い、この2つはトレーニングの中核的な原則と言えます。しかし、あまりに急激なトレーニング強度の増加は生理学的、また特に心理学的バランスに影響を与え、選手の適応能力をしのぐことになります。いわゆるオーバートレーニングや障害発生の原因となるので注意が必要です（本章「2.2 オーバートレーニングを予防する」参照）。

❸全面性の原則

全面的な能力の開発は、トレーニングに限らずほとんどの教育分野や人の能力開発にかかわる分野で必要と考えられている内容です。図5-8はスポーツトレーニングの発展傾向について示したものです。図からもわかるように、オールラウンドな能力開発はどんな

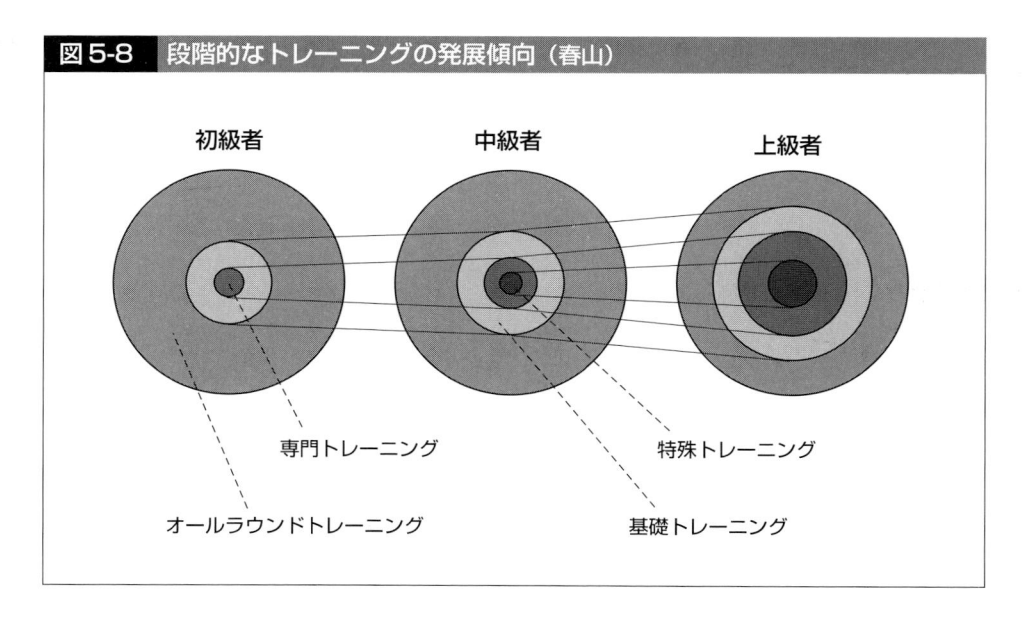

図5-8 段階的なトレーニングの発展傾向（春山）

初級者　　中級者　　上級者

専門トレーニング　　特殊トレーニング
オールラウンドトレーニング　　基礎トレーニング

段階においても不可欠な内容と言えます。選手がどのような年齢であろうとも、トレーニングは身体的な場合には全身的であり、また多種多様な身体的能力の開発であると同時に、心理的な場合には総体的かつ総合的な精神的能力の開発が、技術的にはオールラウンドな技能の習得が必要不可欠だと言えます。言い方を換えれば、選手は常にその心、技、体というトータルで全人的な能力開発を意識しつつ、年齢や体力またその技能などの熟達レベルに応じた総合的なトレーニングの継続が必要であるということです。

❹専門、特殊性の原則

前述しましたように、トレーニングは選手の習熟段階に応じて内容が異なります。つまり、選手の熟達に応じて専門的トレーニングおよび特殊トレーニングの割合が増加し、その内容が選手の特性やパフォーマンスと強く関連するようになります。また、この原則は身体的な側面だけでなく、技術、戦略、さらには心理的な側面の開発にも適応される原則です。しかし、この原則はあくまでもしっかりとした全面的な開発の基礎の上に成り立つことを十分に理解しておくことが重要です。

❺個別性の原則

トレーニングにおける個別性は、近代的トレーニングでは主要な原則のひとつです。というのも、本来選手の能力開発はその習熟や発達レベルだけでなく、選手一人ひとりの運動能力、可能性、さらにはテニス技能を学習・習得する際の特性や特異性などに従って行われるものであり、決して過去に成功した選手と同様の、あるいは似通ったプログラムをただこなせばよいというものではありません。

ここではごく一般的ではありますが、選手のトレーニングレベルを決定する要因についてまとめておくことにします。

- **年齢** 対象の生物学的年齢のことですが、現場では常に年齢や老化の程度、そして体力レベルに合わせたトレーニング強度が選択されなければなりません。
- **経験** 選手が競技を始めた年齢とも関連しますが、一般にはほぼその経験に比例して、求められるトレーニングレベルも高くなると考えられます。しかし、異なった背景と経験をもつ選手が同一のグループでトレーニングするような場合、コーチやその他の指導者は個人の可能性や特性を正しく評価し、トレーニングを決定していくことが必要となります。
- **心理的特性** これは一般に性格や性分などと言われる内容ですが、選手のトレーニングプログラムを作成するうえで重要な決定要素です。特に自らを追い込むようなハードトレーニングなどでは、選手個々のモチベーションや個人の勝利達成欲求のレベル・意欲などの心理的特性がトレーニングレベルを決定する重要な要因となります。
- **健康状態** 一般にトレーニングは内容、強度、頻度などで表現され、実施した選手に現れた効果で評価されますが、その際の重要な決定要因として、選手のケガや病気の状態、経験などがあげられます。日々の具体的なトレーニング量の決定の基盤はその時々の選手の健康状態に依存しています。したがって、日々のトレーニング能力の限界や制限域の決定における第一の要因がその健康状態であるとも言え、そのような限界や制限域の決定ならびに実施については、コーチや指導者、医師、あるいは運動生理学者などの専門家による密接な協力が問題を解決する大きな助けとなります。特に高いパフォーマンスを期待される選手の場合には、ドーピングコントロールを含め定期的な健診などを実施し、医科学的なサポートスタッフと連携したうえでトレーニングを計画することも重要です。
- **練習やトレーニング以外での生活状態** コーチや指導者は選手の訓練やトレーニング以外の生活にも気を配る必要があります。これは選手に適正なトレーニング効果が発現しない場合などに特に必要となります。言うまでもなく、選手は常に全人的な存在であり、決して練習やトレーニング場面だけが特別な生活空間というわけではありません。したがって指導する立場の人にとっては、職場や家庭、あるいは友人と一緒にいるときの行動も重要な情報源となります。

Chapter5：コンディショニングデザイン

❻モデル化の原則

　この原則についての系統だった説明はあまり多くみられません。しかし、この原則はすでに多くの現場で現実に行われていることですので、ここでは簡単にその内容を述べておきます。

　モデル化という言葉は、一般に模倣や模範という意味に用いられることが多いですが、ここで取り上げるモデルとは多くの現場の観察や調査、選手やその他の指導者さらには選手自身の経験と知識によってつくり出されるひとつの現実的な「雛形」のことです。つまり、トレーニングの内容はある種の理想的な選手像へのアプローチであったり、それを構成するいくつかの要素が別々にプログラムされたりするものです。こうしたモデル化のないトレーニングでは、その内容が乏しい、または一貫性のないものになってしまうため、この原則はトレーニングの質を確保する意味でとても有用なものです。したがって、練習やトレーニングでは、将来予想される競技場（コート）を想定しながら、個人またはチームのレベルでさまざまな要素が学習され完成されていくものであり、その中にはさまざまな運動とドリルが組み込まれることになります。

❼反復、継続性の原則

　「ローマは一日にして成らず」と言われるように、高いトレーニング効果や健康度を手に入れるためには、それらを計画的かつ長期的視野に立って反復、継続されることが重要であり、そうすることでより高度で完成された競技能力の開発が可能となります。

　　　「本気で！
　　　　元気に！
　　　　　根気よく！」

2 ── トレーニングプログラムをデザインする

　トレーニングの原則をより深く理解し、よりよくプログラムに展開していくために重要なのが、フィットネス強化における長期計画の考え方です。というのも、そもそも選手の育成においてその成熟度への対応を無視したプランニングなどというのはありえないものであり、長期計画はそのプログラムデザインの基本中の基本と言えます。

　ここでは、そうした選手の成長過程に合わせた身体的コンディショニングについてまとめておきます。

●フィットネス強化の長期計画

　図5-9は、年齢とフィットネス要素別の発達量の関係です。図からもわかりますように、神経・筋系はおおよそ12～13歳くらいまでに著しく発達し、筋・呼吸循環系は11～12歳以降に、また筋・骨格系は14～15歳以降にその発達量を増します。

　したがって、こうした選手の成長における生理学的特性に合致したトレーニングの適時性をしっかり理解してプログラムデザインすることが重要です。

　ここにそのポイントをまとめておきます。

① コーディネーションは7～13歳の神経系統が発達する時期にトレーニングしておく。
② 8歳以後、柔軟性は少しずつ減少していく傾向にあるので、そのレベルを維持するにはそれ以後継続してトレーニングすることが重要。

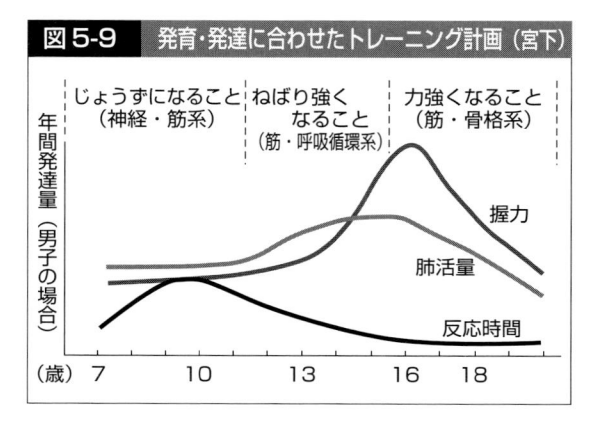

図5-9　発育・発達に合わせたトレーニング計画（宮下）

③13歳以前に激しい無酸素系のトレーニング（短時間の瞬発的な運動）を実施しても、ほとんどその効果は期待できない。
④スタミナはおおよそ10歳くらいから発達してくるので、その前後あたりからゆっくりと始めるとよい。
⑤筋・骨格系は15歳前後以降著しく発達する傾向にあるので、パワーアップはそれ以降の重点事項となる。

● 年間計画における期分け

次に重要なのが、年間計画です。ソフトテニス選手には多くのバランスのとれたフィジカルフィットネスが求められますが、それらを一度に求めて多くのフィットネス要素を改善するプログラムをデザインしても大きな成果は得られません。そこで重要になるのがプログラムデザインの基本となる年間計画です。

まず、年間を大きく「シーズン」と「オフシーズン」に分けて考えます。シーズン中に高いパフォーマンスを持続させるための準備期を設定し、これをオフシーズンとし、この時期に各フィットネス要素をそれぞれトレーニングの原則に従って、1つずつ、じっくりまたしっかり強化していきます。ここでは、青年期以降の選手を対象として、一般的に多く用いられるプログラムデザインの計画例を紹介します。

フィットネスの対象領域は大別すると、スキル（神経・筋）系、パワー（筋・骨格）系、スタミナ（筋・呼吸循環）系の3つに分けて考えることができます。効果的な改善にはそれぞれの特異性を踏まえた配列が求められ、この分類は基礎体力の維持を目的とした選手にとっても重要です。3領域のフィットネスプログラムを蓄積疲労の生じないレベルでバランスよく配置し、継続的に実施することが望まれます。

図5-10は、基本的なプログラム配置例です。それぞれのフィットネス領域は基礎から応用へ、単純から複合へ、イージーからハードへというように、特異性とともに順序性を重視して計画されています。

また、こうしたトレーニングを効果的に実施する原則として、その領域に応じたトレーニング方法の相違についても十分な配慮が必要です。つまり、スキル系のトレーニングのような神経・筋の調整能を改善する

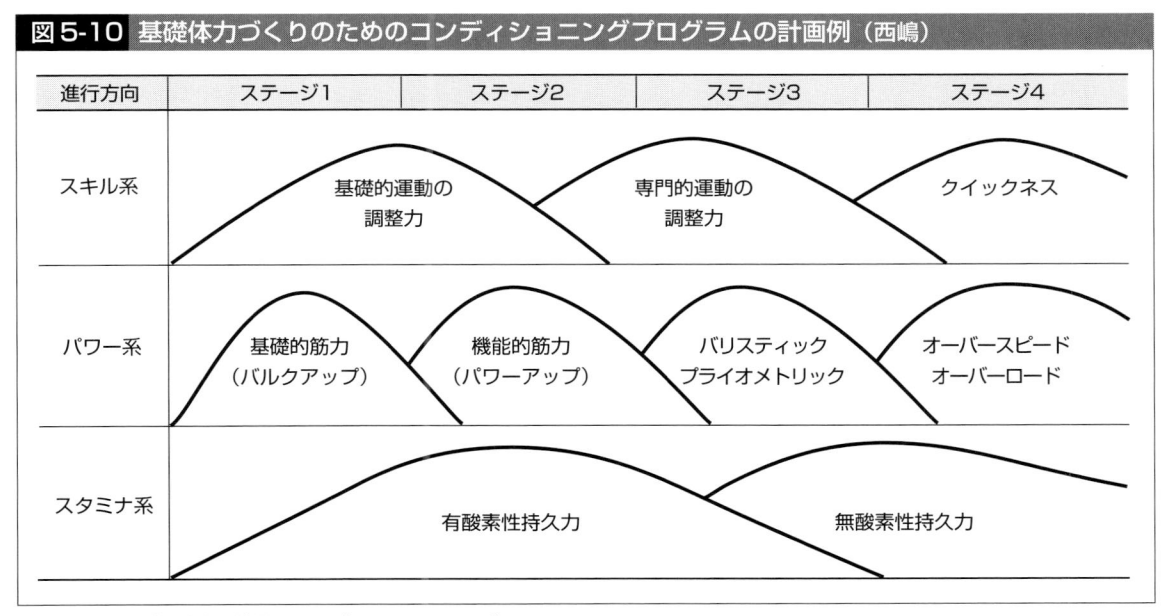

図5-10 基礎体力づくりのためのコンディショニングプログラムの計画例（西嶋）

進行方向	ステージ1	ステージ2	ステージ3	ステージ4
スキル系	基礎的運動の調整力		専門的運動の調整力	クイックネス
パワー系	基礎的筋力（バルクアップ）	機能的筋力（パワーアップ）	バリスティックプライオメトリック	オーバースピードオーバーロード
スタミナ系		有酸素性持久力		無酸素性持久力

※ バルクアップ：筋力・筋量をアップするトレーニング
※ バリスティック、プライオメトリック：反動を伴う（伸張性収縮を積極的に取り入れた）トレーニング

Chapter5：コンディショニングデザイン

目的のトレーニングは疲れた状態では効果がなく、1回ごとに疲れを完全に回復させた状態で行うレペティション形式のトレーニングが適しています。それに対し、スタミナ系の能力は疲労を媒介として向上するため、疲れが完全に回復しないうちに繰り返しトレーニングする、いわゆるインターバル形式のトレーニングが有効です。

また、トレーニングの実践にあたっては、効率化の観点から各種のフィットネステストの結果などに基づいた各選手のフィットネス特性や、到達レベルの個人差を考慮したプログラムの提供がより効果的なコンディショニングを可能にします。また、回復力やトレーナビリティの観点から、前述した超回復の原則や発育、発達レベルに応じたトレーニング量の調整も重要な要素になります。

● **より効果的なフィットネス改善のために**

次に、より効果的なフィットネス改善のためのポイントをまとめておきます。

①**ウオーミングアップを欠かさない**

図5-11は、安全かつ効率のよいトレーニングのパターンを示しています。

図からもわかるように、トレーニングを行う場合には、必ず軽い体操やストレッチング、ジョギングなどを行い、心身のウオーミングアップを実施することが望まれます。朝、起きて庭先を眺めると、ネコやイヌが動きがけに"伸び"をしているのをよく見かけますが、まさに活動のための準備、つまりストレッチングにあたります。

心身をリラックスさせ、首筋や肩口、さらには足腰の筋肉にゆっくり刺激を与えるように伸展していくのがコツです。このとき、軽い体操やジョギングで少し身体を動かすことで、より速やかに身体の代謝レベルが上がり、その後の効率のよいトレーニングの準備となるでしょう。神経―筋の促通や筋肉内のエネルギー交換の効率はおおよそ37～38℃くらいの身体温度が最もよいと言われています。特に寒い時期のトレーニングでは身体温度をしっかり適正なものに上げ、また維持しながらトレーニングを実施することでトレーニング効率が高まるとともに、ケガを防止できます。

②**運動強度（トレーニング負荷）を徐々に上げていく**

身体が温まり、心もしっかりとトレーニングに向かう準備ができたら、次は主たる目的である練習・トレーニングということになります。この場合も、いきなり高い運動強度やトレーニング負荷をかけるのではなく、徐々にその強度を上げていくことがトレーニングの安全性と効果性を高めるポイントになります。

主運動やトレーニングの形態での軽い動作から入り、徐々に負荷（負荷の重さ、動作の大きさ、速さなど）を高めることで、心身に余分な緊張や負担を起こすことなく、主運動またはトレーニングへの移行が可能になります。強度の増加と合わせて心のリラ

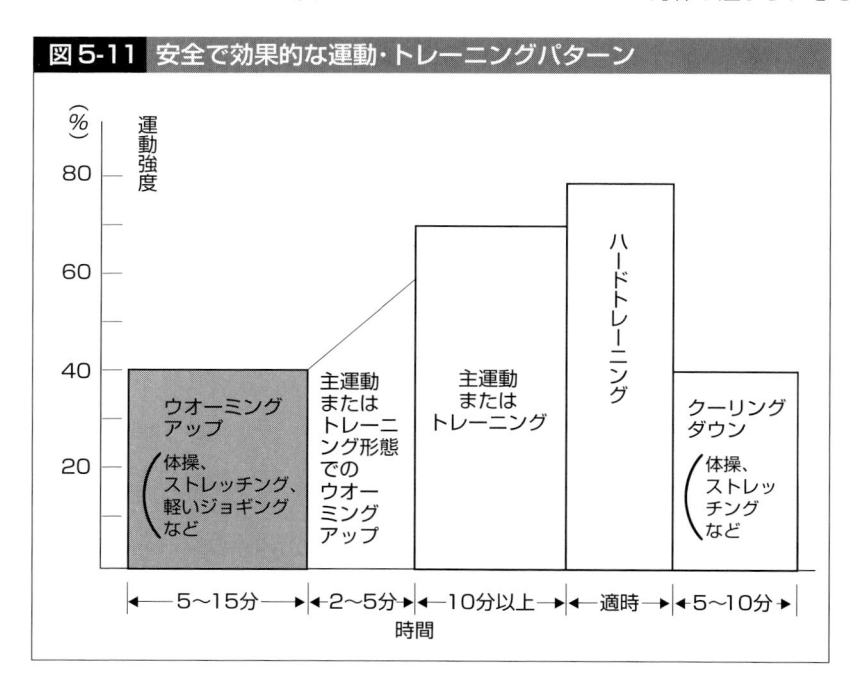

図5-11 安全で効果的な運動・トレーニングパターン

区分	ウオーミングアップ（体操、ストレッチング、軽いジョギングなど）	主運動またはトレーニング形態でのウオーミングアップ	主運動またはトレーニング	ハードトレーニング	クーリングダウン（体操、ストレッチングなど）
運動強度	40%	—	70%	80%	40%
時間	5～15分	2～5分	10分以上	適時	5～10分

クセーションを心がけ、常に心身一如の状態でトレーニングに集中するよう意識しましょう。特にハードトレーニングや何かのトライアルを行う場合には、十分な心身のウオーミングアップを行ったうえで実施したいものです。

③クーリングダウンを忘れずに

十分な練習やトレーニングが終わったら、急に運動を止めずに適切なクーリングダウンを心がけましょう。というのも、激しい訓練やトレーニングはどんな場合でも選手の心や身体に多くの負担となると同時に、疲労を起こさせる要因となっています。当然、ハードなトレーニングの終了時には、心が高揚し、身体にはトレーニングによって生成された疲労物質が溜まっており、そのままでは心身のアンバランスが生じやすい状態にあります。

そこで重要になるのが、整理運動やクーリングダウンです。ウオーミングアップの際と同様、軽いジョギングや体操、ストレッチングが有効です。ゆっくりと運動の強度を下げると同時に、高まった心の緊張レベルを下げ、リラックスしながらトレーニングで使った身体の各部の筋肉や関節をストレッチするのがよいでしょう。というのも、クーリングダウンを行わずに身体を急激に高い運動強度から静止状態にしてしまうと、身体各部への血液循環が悪くなり、筋肉に溜まった疲労物質（乳酸など）が筋肉内に滞ってしまい、その排泄ができなくなってしまうからです。このとき、軽い体操やジョギング、ストレッチングなどを行うと、身体の各部で軽い筋収縮が維持されることで身体の血流が確保され、回復に必要な酸素の供給や組織にある疲労物質の排泄が速やかに進み、無用な疲労感を残すことなく、スムーズに回復過程へ移行できます。心理的にもゆっくりした深い呼吸やリラクセーションを心がけることで心の緊張を徐々に沈静化させることができ、余分な緊張を残さずに次の作業へと移行できます。

④ハードトレーニングの回復期（翌朝を含む）に、ストレッチングの励行を

ストレッチングは準備運動や整理運動の際のプログラムというだけでなく、特にハードトレーニングを行った回復期（翌日を含む）に実施することで筋肉の余分な緊張を排除することができ、回復の手助けとなります。

人の筋肉は、使用するとどうしても硬くなります。硬くなった筋肉内は血行が悪く、当然回復も遅くなるのが一般的です。特にハードトレーニングの回復期には筋肉の緊張が残りやすく、翌日になっても硬さが残る場合が多いので、そうした際に適度なストレッチングを行うことで緊張がほぐれ、回復が促進されます。また、就寝前やお風呂あがりなどのリラックスした時間に気軽に実施するのもよい方法です。

ここで、ストレッチング実施の際の留意点をまとめておきます（具体的なストレッチングプログラムは第3章参照）。

①規則的に繰り返し行う（ゆっくり正確に）。
②反動をつけない。
③自然な呼吸の中で、痛みをがまんするほどストレッチしない。
④筋肉の緊張─弛緩─伸展を体感し、10～数10秒間ストレッチする。
⑤同時にリラックス感を体感する。

⑤フィジカルケア（パートナーマッサージ）のすすめ

練習やトレーニングその他で疲れた心身の回復を促し、効果的な休養を実践するためには、仲間同士でお互いに協力し合って簡単なマッサージを行うとよいでしょう。

以下に基本的な留意点をまとめておきます（具体的なプログラムは第3章参照）。

①施術者は、最初は無理せずパートナーが痛みを感じない程度に軽く、ゆっくりと行う。
②身体がリラックスし筋肉が弛緩してきたら、少しずつ強度を増す。
③発熱時、飲酒時また飲酒直後は行わない。

4. スポーツアイをデザインする

1 ── スポーツアイとは

　最近では身体のトレーニングは当たり前になってきましたが、眼のトレーニングをしているスポーツ選手はどのくらいいるでしょうか。世界の王貞治選手（現ソフトバンク監督）が現役時代、遠征での電車での移動中に、車窓から見える電信柱にタイミングを合わせ、動体視力を鍛えたというのは有名な話です。

　さて、皆さんは次のような経験があるでしょうか。

- 届いたと思ったボレーがさわれなかった
- 間に合ったはずのランニングストロークが1歩遅れて、タイミングが狂った
- 余裕のスマッシュのはずが、落ちてくるスピードの目測を間違えて空振りをした
- 相手が回り込むのが一瞬見えなかった
- フォアでボレーしようとしたが、身体が行きすぎて逆モーションになり、チップした

　これらの経験は意外と誰にでもあると思われます。集中して頑張ればミスしないはずだと深く原因を追究せずに、「次は頑張ろう」と気持ちを切り替えてプレーを続けることが多いのではないかと思います。

　しかし、これらのちょっとしたミスプレーの原因は眼にあるとも考えられます。眼といっても視力が悪いのではなく、「視覚」がうまく使えていないためです。「視覚」は自転車の乗り方を覚えるのと同じで、後天的に身につける技術です。現在私たちは急速に進むパソコンや携帯電話などの普及による日常生活のIT化によって、一点を凝視する時間が増加しています。そのため眼そのものをコントロールする能力が低下し、それが原因で大事なところを見逃したりするミスが増えていると言われています。視覚を鍛えることで少しでもミスをなくし、競技力をアップすることがスポーツアイをデザインすることになります。

　人間である私たちは、外部から五感という形で情報を得ています。「眼で見る」「耳で聞く」「鼻でかぐ」「舌で味わう」「皮膚で感じる」の5つです。ソフトテニスではその中でも、眼、耳、皮膚と自らの動きの情報を得る筋感覚をフルに使って相手と自分たちの位置や打たれたボールの内容を知ります。時には「そろそろ相手がしてくることが雰囲気的にわかる＝臭う」とか、「負けた試合は苦い味」という表現もありますが……。

　人間の脳は周囲の環境を認知する情報収集の80％を眼あるいは視覚から得ているといわれます。眼を介して情報は脳に伝達されます。伝達された情報が分析、

判断されて、脳が指令を出して手足を動かすわけです。その主要な情報である視覚情報が十分に入ってこずに、情報の量やその精度が低くなると前述したようなミスなど、プレーにも影響することがあります。

心・技・体に続くスポーツセンス向上のカギは優れた「よい眼」、すなわちスポーツアイが握っているといえます。「眼がよい」ということは、「視力がよい」だけではありません。ソフトテニスでは相手が繰り出すサービスやストロークのスピードやボールの回転を見極め、ボレーやスマッシュをするかどうかを判断します。ラリーの往復の中で、一瞬一瞬判断し、プレーを選択し、繰り返し実行することが求められます。ソフトテニスにおいては、「眼がよい」というのは、「眼から正確な情報を得られる」ことを意味します。

● **スポーツに必要な視覚機能とは**

視覚機能にはいろいろありますが、スポーツにとって重要な機能には次の8つがあり、スポーツビジョンと呼んでいます。

- **静止視力**：一般的に「視力」といわれるもので、スポーツをするときと同じ状態(矯正・両眼)で測定する。
- **KVA（近接）動体視力**：動いている物を追いかける「追跡視能力」のうち、まっすぐ自分のほうに近づいてくる標的を捉える動体視力。
- **DVA（横方向）動体視力**：動いている物を追いかける「追跡視能力」のうち、横に移動する標的を捉える動体視力で、眼球運動と関係がある（図5-12）。
- **瞬間視能力**：ほんの一瞬見えたものを認識する(図5-13)。
- **深視力**：距離や位置関係を正しく認識する。
- **眼と手の協応動作**：視野の中心だけではなく視野全体を認識する「周辺視能力」と、その周辺視で捉えた標的に正確に手を反応させる「協応動作能力」（図5-14）。
- **眼球運動**：移動する標的を捉えてから追い続ける随従運動と、視野に入った標的に瞬間的に視線を移動させる跳躍性運動という眼球の動き。

- **コントラスト感度**：背景と標的が同系色でも、正確に標的、目標物を見分ける能力

図5-12　DVA動体視力の測定

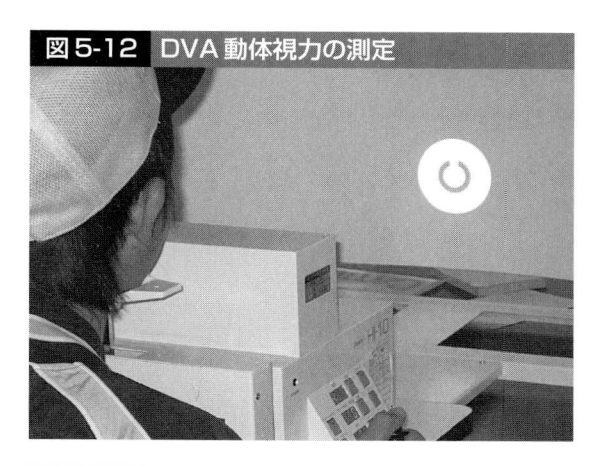

図5-13　瞬間視の測定

図5-14　眼と手の協応動作の測定

注）図5-12、13、14は、井箟敬 (2006) p.2より転載

Chapter5：コンディショニングデザイン

これらの視覚機能は、すべて測定して客観的に評価することが可能で、これまでにスポーツビジョン研究会注1)が測定した一流スポーツ選手のデータをもとに総合評価され、個人のデータがプロフィール化されます。各測定は1～5の5段階で評価されます。

スポーツビジョンセンター注2)ではいつでも測定ができ、一流選手と較べた自分の能力がわかるようになっています。また、パソコンソフト「スピージョン(SPEESION)」((株)アシックス)を用いることで、動体視力、瞬間視、眼球運動、周辺視の4項目を簡易に測定することができます。

●一流スポーツ選手の視覚機能

スポーツ能力と視覚機能の関係をみると、一流スポーツ選手は非常に優れた視覚機能をもっていることが明らかにされています。

スポーツビジョンセンターでは、測定した選手(プロ、トップレベルの社会人、学生を対象とし、サッカー、野球、バレーボール、テニス、バスケット、バドミントンなどのボールゲームの選手約350名)の所属するチームの監督、コーチにその選手のスポーツレベルを次の3クラスに分類してもらい、これを集計しました。

> Aクラス：優秀でレギュラークラス・信頼できるクラス
> Bクラス：Aクラスに準ずる交代要員、しかし、Aクラスほどの能力はない
> Cクラス：今後も期待できない、まず、レギュラーは無理だろう

集計の結果、スポーツレベルがAクラスと判定された選手たちはすべての測定項目(8項目)でB、Cクラスより優れており、さらに、BクラスはCクラスよりも優れていました。一流と言われる選手は「よい眼」を持っていたのです。

注1) 事務局：東京メガネ　Tel 03-3464-6385
注2) 各地の所在地についてはスポーツビジョン研究会(上記)に問い合わせてください

このことは、トップクラスになるにはよい眼が必要だということ、眼の能力からある程度選手の能力や可能性が予測できるということが考えられます。見る能力が低くてスポーツレベルが高いということはまれだからです。

また、静止視力とKVA動体視力、深視力、コントラスト感度との間には相関関係があるということが明らかにされています。Aクラスの選手はフォーカスの合ったよい視力があるために、KVA動体視力もよくコントラストもはっきりし、微妙な距離感もつかめているのです。つまり、Aクラスの選手は「よい眼」によってクリアな映像を見ており、それによってよいプレーができ、よいプレーを繰り返すことで、素早く、正確に、たくさんの情報を集めることができるようになるという、相乗効果につながっています。

中学生や高校生の頃に集中的にスポーツに打ち込むようになりますが、同時にいろいろな要因でその頃に

分類	静止視力	動体視力	眼球運動	深視力	瞬間視	眼と手の協応動作	周辺視
サッカー	3	4	5	5	5	5	5
野球(打撃)	4	5	5	5	5	5	5
野球(投手)	3	2	3	3	1	4	5
テニス	4	5	5	5	5	5	5
ホッケー(キーパー)	4	5	5	5	5	5	5
カーレース	5	5	5	5	5	4	5
ボクシング	2	2	5	3	5	5	5
ランニング	1	1	2	1	3	1	4
ゴルフ	3	1	4	5	1	5	5

■表5-1：競技種目別視機能重要度スコア　(AOA資料より改変)

視力が低下する人が増えていくようです。そのような場合には、しっかりと視力矯正をすることが大切です。スポーツを本格的に始める頃にフォーカスの合ったよい眼で見ることによって、動体視力や深視力、コントラスト感度が向上し、よいプレーにつながります。

DVA動体視力、眼球運動、瞬間視、眼と手の協応動作などは静止視力の高低とはあまり関係がないということが明らかになっていますが、いずれもAクラスの選手のほうが優れていました。これらはスポーツ経験や社会生活の中で意識を高めていくことで向上していきます。後述するトレーニングによって、スポーツビジョン能力を高め、プレーに生かしていきましょう。

AOA(アメリカ検眼協会)と日本スポーツビジョン研究会は競技別スポーツビジョン能力の重要度を表5-1のようにまとめています。

次に、種目の違いによる特徴を紹介していきます。

《サッカー選手》

サッカー選手は自ら走りながら激しく動く味方と敵、そしてボールを追う「眼球運動」や動体視力が求められ、バランスのとれた高い視覚機能が要求されます。

Jリーグの選手では、トップの選手はそうでない選手に比べて、奥行き感を認知する能力である深視力が明らかに優れていました。ピッチ上での自分を中心としたすべてのプレーヤーとの正確な距離感をもっています。その高い深視力と予測力をもとに絶妙なスルーパスは生まれます。

また、Jリーグ選手をみると、その90％以上が視力1.0以上で、さらに視力1.5以上の選手が5割以上いるという抜群に眼のよい集団でした。砂ぼこりのグラウンドではコンタクトレンズは不向きですし、ヘディングや接触による衝撃でずれたりすることもあります。サッカーというスポーツの特性上眼鏡でプレーする選手は現在では皆無です。ピッチの端まで見通せる鷲や鷹のような視力はサッカー選手の命とも言えます。

《野球選手》

時速140kmを越す速球や、鋭く、または微妙に変化するボールを打ち返す野球選手は高いKVA動体視力と瞬間視を有しています。プロ野球広島球団のデータでは、静止視力は一軍、二軍、一般人の間に差はなかったものの、動体視力は一般人より二軍の選手が優れ、さらに二軍の選手より一軍の選手のほうが優れていました。視覚機能とパフォーマンスに正の相関があるのです。

《卓球選手》

ラケット競技である卓球の選手は総合的に非常に高い能力を示しています。オリンピック代表選手には総合得点40点満点中39点というパーフェクトに近い記録を出した選手もいます。そこで明らかになったのは、卓球選手は他のスポーツ選手に比べて抜群にDVA動体視力がいいということです。卓球のスマッシュから打ち出されるボールは、日本の男子一流選手で秒速22mになるといいます。時速100 kmに近いスピードであの小さいテーブルをボールが飛び交うわけで、その中には鋭く回転のかかったボールもあります。そのラリーの1球1球をよく見て打つために、ボールを引きつけて素早く打つことが要求されます。このため、打った後も眼はボールを追跡し続け、選手の中には回転しているボールの商標マークが一瞬見えることがあると言う人もいます。トップ選手はDVA・KVA動体視力、眼と手の協応動作に優れています。

《バドミントン選手》

スポーツ選手として高いKVA動体視力と瞬間視力を有しています。シャトルのラリー速度はテニスより緩急が激しいので、相手が打つストロークを見極めるために必然の能力と言えます。DVA動体視力と深視力が高いほど競技力が高く、両者は密接な関係にあるようでした。ただ、競技の特性上、相手が同じフォームから繰り出すスマッシュとドロップショットを瞬時に見極めてラケットを出さなければならない状況に常に置かれているため、ショット(刺激)に即時反応しないという培われた反応習性が影響するのか、眼と手の協応動作は他のスポーツ種目に比べ著しく低い評価で

Chapter5：コンディショニングデザイン

C O L U M N

〈イチロー選手(現シアトルマリナーズ)の驚異的なスポーツアイ〉

　米大リーグで7年目となる2007年のシーズンを終え、見事7年連続200本安打を達成したイチロー選手。イチロー選手の真摯な練習態度は有名で、日頃の努力がこの偉業達成を支えていますが、彼のスポーツアイも日本でプレーしていた当時から素晴しかったようです。ここでは、視覚情報センターの田村知則氏が、当時のプロ野球年間安打数記録を更新した(210本)1994年のシーズン終了直後の10月に、イチロー選手の視覚機能を測定した結果を参考にしてみましょう。

　田村氏はいくつかの視覚機能を測定し、その中でも「瞬間視能力」においてイチロー選手は特に優れていたと言います。この瞬間視能力というのは、瞬間的に見たものをどの程度正確に知覚できるかという機能で、8桁の数字を0.1秒だけスクリーンに呈示し、それを右から、あるいは左から瞬間的に読みとり答えるというものです注1)。このときに右から読んだ場合の10回分の成績（8点×10回で80点満点）を、一緒に測定したオリックス在籍の左打者と比較したのが図です。右から読んだ場合だけの成績を示したのは、左打者の場合には投手から投げられたボールは右から左に動くためです。イチロー選手が最も多くの回答数を示し(67個)、かつその中の正答数も最も高かったのです(40個)。回答数は瞬間的に見て答えた数字の数ですが、間違って答えたものもあるために正答数が重要です。イチロー選手の場合には平均して4個の数字、つまり呈示された8桁の数字の半分までを正しく答えることができたということで、他の選手は多くても一度に3個ぐらいしか正しく答えることができませんでした。

　野球のバッティングでは、例えば時速143kmの投球ならば投手の手からボールが離れてからホームベースに到達するまで0.426秒かかることになります注2)。この時間で打つか打たないかの判断をして、バットを振らなければいけません。一般的な打者の場合にはこの判断に0.168秒程度、バットスイングにも0.160秒程度かかると言われています。するとボールを見て判断を開始するまでの時間は0.098秒（約0.1秒）しかないことになります。したがって、この0.1秒で数字を読みとる「瞬間視能力」が打者には重要だと考えられます。

　イチロー選手はこの短い時間に他の選手よりもボールに関する情報をより多くより正しく集めることができると思われ、この能力が彼の打撃成績を支えるひとつの要因になっているのではないでしょうか。

　イチロー選手は父宣之氏と一緒にバッティングセンターに通い、小学校3年生のときに、すでに時速100kmの球を打ち、5年生で時速110km、6年生になると時速120kmの球を打ち返していたそうです。さらに、宣之氏の「もう少し速い球が出せるように改造できませんか？」という相談に応じ時速140kmの球速が出るバネを特注し、それに慣れるとベースを2mほど前に移動させて推定時速150km近くの球を打ち返していたといいます。

　このバッティングセンターでの打撃練習では、宣之氏は「ボール球は絶対に打ってはいけない」と指示していたといいます。その理由を宣之氏は「ボール球を打つとフォームがくずれる。選球眼を養うのも、バッティングセンターに通う目的のひとつだ」と語っています。バッティング技術の向上だけでなく、効果的なKVA動体視力のトレーニングとなり、瞬間視をはじめとする「選球眼」という認知能力に好影響をもたらしたものと推察されます。

注1）スポーツビジョンセンターの瞬間視の検査では6桁の数字が用いられています。
注2）ピッチャープレートからホームプレートまでは18.44mですが、実際には前に踏み出して投げるので約1.5m短くなります。したがって時速143kmは秒速に換算すると39.4mで、16.94mの距離だと0.426秒かかることになります。

〈参考文献〉
田村知則・小林信也『眼が人を変える』草思社、2001年
小川勝『イチローは「天才」ではない』角川書店、2002年
石垣尚男『スポーツと眼』大修館書店、1992年
平成13年8月19日日本経済新聞朝刊. 26頁記事
R.A.シュミット（調枝孝治監訳）『運動学習とパフォーマンス』大修館書店、1994年

図：オリックスに在籍していた左打者の瞬間視能力の回答数と正答数　（小川勝『イチローは「「天才」ではない』p.93より引用）

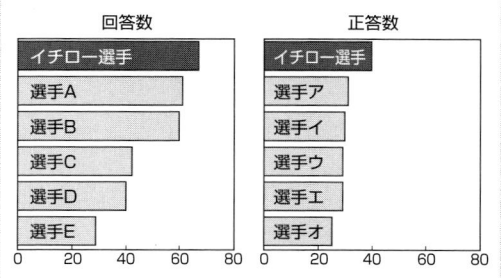

回答数

選手	
イチロー選手	
選手A	
選手B	
選手C	
選手D	
選手E	

正答数

選手	
イチロー選手	
選手ア	
選手イ	
選手ウ	
選手エ	
選手オ	

した。緩急の鋭いラリーが往復するバドミントン選手は状況把握の見極めに優れていると言えます。

《ソフトテニス、テニス選手》

現在ソフトテニス選手に関しては資料収集中ですが、テニスには野球の打撃やホッケーのゴールキーパー、カーレーサーと同様に極めて高い視覚能力が求められています。時速100kmを越すサービスやストロークに対して、2つの動体視力、深視力、瞬間視によって距離感が働き、スイートスポットでヒットするため、眼と手の協応動作が必要となります。

その他、輝く太陽の下でのプレーでは青い空と白いボールを見極めたり、日没に近い時間帯では暗くなった薄暗い空とボールをしっかりと見ることができたりするという点で高いコントラスト感度も求められます。

2 ── スポーツアイを高めるために

●スポーツアイへの意識

スポーツアイを高めるためには、まず眼に対しての意識を高めることです。練習や試合のときに、漠然と相手やパートナーを見るのではなく、例えばサーバーの立っている位置やグリップの種類を見抜くよう意識することも効果的です。コート上で収集できるあらゆる情報に注意を向けることは不可能ですが、意識してものを見る習慣をつけることで、相手の何を見るべきかがわかってきます。練習の中でスポーツアイを意識することから始めましょう。

●視覚機能の基礎＝静止視力

競技力を高めるためには、視覚機能を向上させ、いかに能力を最大限に発揮するかが重要となります。しかしながら、それには競技をしていくうえで高い静止視力（少なくとも1.0以上）を有していることが最低条件となります。

左右のバランスがとれていない場合や、それに気づいていないということもよくあります。このような場合は、深視力に影響が出て、プレーへの悪影響が必至です。静止視力のよさは他の視覚機能の基礎になっており、静止視力を低下させない、あるいはメガネやコンタクトレンズなどによって適正な視力に矯正することが重要です。最高のプレーをするためにも、ケガの予防のためにも視力に関心をもち、メディカルチェックを怠らないようにすることを勧めます。

静止視力は固有の能力のため、トレーニングによって向上することは不可能と言われています。低い場合には矯正が必要です。図5-15は視力矯正によって視覚機能に大きな向上を示したプロ野球選手の例です。静止視力を矯正すること(0.7から1.4)で、KVA動体視力とコントラスト感度が向上し、合計点も29点から33点へ向上し、本来の眼の能力を発揮しました。もちろんその後、安定したプレーをしています。

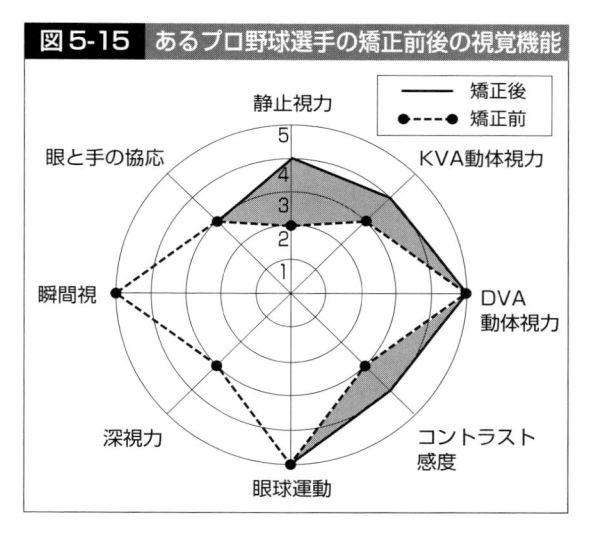

図5-15　あるプロ野球選手の矯正前後の視覚機能

●眼にもウオーミングアップ

試合の前には誰もが筋肉をほぐしたり伸ばしたりするストレッチをしますが、眼も同様にウオーミングアップが大切です。「眼慣らし」です。プロ野球の選手でもいきなり時速140kmの速球を打とうとするのではなく、打席で構えるだけの眼慣らしをするものです。テニスコートの近いところから観戦し、ボールをしっかりと眼で追うということが適切な準備運動になると言えます。せっかく鍛えたスポーツアイもウオーミングアップなしには十分その視覚機能は発揮されません。

Chapter5：コンディショニングデザイン

3──スポーツアイを鍛える

　眼の機能（視覚機能）を高めることによって余裕をもってプレーできるようになります。眼の機能が高まり、ボールが動く、相手選手が走るという情報を早く入手できることで、プレーへの対応に余裕ができるのです。普段のトレーニングにうまく組み入れ、飽きのこないメニューにすることが重要です。根気よくトレーニングを続けることで、やがて競技パフォーマンスが向上していることを実感できるはずです。

　ここではトレーニングの原則と具体的なトレーニング方法をいくつか紹介しますので参考にしてください。

●トレーニングの原則

①1日15分、できれば毎日続ける

　いろいろなトレーニングと組み合わせ、1回15〜20分程度、週3回、できれば毎日続けましょう。ただし、眼は疲れやすいので、長時間やっても効果はありません。

②継続する

　即効性はないですが、2〜3ヵ月で効果が出てきます。フィジカルトレーニング同様、「継続は力なり」です。

③効果を信じる

　必要なトレーニングだと自覚し、効果があると信じてトレーニングに集中することが大切です。役に立たないと思えば効果は出ませんし、逆に必ず効果があると信じることによって実際に効果も表れてきます。

④以前と見え方が変わってきたことを自覚する

　継続することで、トレーニング前と見え方が違ってきます。例えば、ボールがゆっくりと見える、周りがよく見える、相手の動きが読める、自分のプレーに余裕が出る、相手の打つコースが読める、などです。これらの自覚が自分のパフォーマンスにつながります。自らのちょっとした見え方の変化に気づくことが大切です。

COLUMN

〈イチロー選手の打席での儀式「必ずバットを立てる」理由〉

　スポーツ選手には試合前に儀式のような準備動作を行うことがよくあります。これは縁起かつぎの一種ですが、決まりきった動作をしてから本番に臨むことによって心理的な安定を目指したものです。

　この準備動作に心理的な安定だけではなく、眼のウォーミングアップを取り入れた選手がいます。それがイチロー選手です。

　イチロー選手の打席でのバットを立てる動作は有名です。大リーグに移籍してからは挑発的、あるいは侮辱的だということで少しバットを立てている時間が短くなりましたが、いまでもこの動作を行っています。集中力を高めるようにも見えるこの動作の中で、眼の準備運動をしているというのです。

　つまり、まずバットを立てておき、バットの先のバックススクリーンのメンバー表にある自分の名前を利き眼で見て、それからバットを見て、最後に投手を見るのだそうです。

　これはトロンボーントレーニングとして紹介した、深視力のための焦点運動と同じことを行っていることになります。遠くから近くを見て最後に少し遠くの投手に焦点を合わせるようにして、投げられたボールを追いかけるために奥行き方向の眼球運動を準備しているのです。打席に入る前の屈伸運動などと同じ儀式と実益を兼ねたものと言えるでしょう。

注）利き眼：私たちの両眼には〝主となる眼〟と〝従となる眼〟があります。眼球が動くときには、主となる眼の動きに従となる眼が従い、この主となる眼を利き眼と呼んでいます。片手を前に伸ばし、親指と人差し指で小さな輪をつくり、その輪から遠くの何かを両眼でのぞくようにしてみてください。そして片眼ずつつむり、両眼で見えていたものが見え続けるのが利き眼です。なお、左バッターであるイチロー選手の場合は右眼が利き眼になります。

●具体的トレーニング方法

①眼のストレッチ

眼をつむって首を動かさず、眼球をゆっくり「上へ」「下へ」「右へ」「左へ」動かします。

眼の周りの筋肉(外眼筋)を動かすことでストレッチできます。指を眼球に軽くあてると指先に当たる意外な感覚にびっくりするでしょう。

②眼球運動

1）左右フォーカシング

胸の前方へ両腕をまっすぐ伸ばし、肩幅より少し広めに開いて親指を立てます。首を動かさずに、眼球だけで交互に親指を見ます。メトロノームのリズムに合わせるように眼を左右に動かしますが、確実に爪を見ましょう。少しずつ拳の間隔を広げていくと、より効果があります（図5-16）。

2）10本指フォーカシング

顔の前方へ両腕をまっすぐ伸ばし10本の指を広げて、左右交互に素早く連続して異なる指の爪に焦点を合わせます。

左小指→右小指→左薬指→右薬指→…というように左右交互に外側から内側へと、あるいは左小指→右親指→左薬指→右人差し指→…というように左から右へと見ていきましょう（図5-17）。

3）カレンダートレーニング

壁に貼ったカレンダーの数字を眼で追いながら読み上げます。

1→31→2→30→3→29→4→28→5→27→…というようにすべての数字を読み終えたら終了です。タイムを計って記録すると効果的です（図5-18）。

③焦点運動（トロンボーントレーニング）

左手は伸ばして顔の正面に置きます。右手は左手の肘のあたりにおいて、右手の親指と左手の親指の焦点を確実に合わせて交互に見ます。リズミカルに見るようにしましょう（図5-19）。

④KVA動体視力向上トレーニング

1）キャッチボール文字読み

文字や記号を書き入れたボールを数種類（1球ずつ違う文字や数字を1つ、大きさは適宜）用意

図5-16 左右フォーカシング

図5-17 10本指フォーカシング

図5-18 カレンダートレーニング

Chapter5：コンディショニングデザイン

図5-19　トローンボーントレーニング

図5-20　2個コップ指差し

図5-21　2個両手キャッチング

し、そのボールを使ってキャッチボールをします。キャッチする人はボールに書かれた文字や記号を見極め、できるだけ早くコールします。はじめはゆっくりとしたスピードで、慣れてきたら投げるスピードを速めたり、文字を小さくしたりして行いましょう。

2）車ナンバー読み

　車の助手席や後部座席に乗っているとき、①対向車線の車のナンバーをできるだけ遠くで認識する、②その番号の足し算をする、③道路標識をできるだけ遠くで認識するといったことを試してみましょう。

❺深視力・周辺視向上トレーニング

1）空中ボール当て

　前方を横切る方向にボールを軽く投げてもらい、それに自分のボールを投げて当てます。相手ボールと自分のボールの相互の予測制御能力が高まります。

2）2個コップ指差し

　向き合ったパートナーに2つのコップを持ってもらい、コップの底を自分のほうに向けて適当な位置に置いてもらいます。自分は両手の人差し指をコップの底に合わせますが、相手の胸骨かあごのあたりを注視しながら、しかも一度自分の後頭部を触ってからコップの底を同時にねらうようにしましょう（図5-20）。

3）2個両手キャッチング

　左右の手にボールを持ち、同時に投げ上げてキャッチします。両手の間隔を広げていくと、より難しくなります（図5-21）。

❻眼と手の協応動作、瞬間視向上トレーニング

1）ボール落としキャッチ

　手の甲の中指と人差し指の間にボールを置き、その手を真横に抜いてボールを落とします。落ちるボールを上から地面に着くまでにキャッチします。

　ラケットで行う場合は、ラケットの上にボールを乗せ、真横か下にラケットを抜いてボールを構えたところよりも上に上げないように落下させ、

ボールの上でラケットを通過させ、ボールが地面に着く前にラケットでボールを受け止めます。面上でバウンドしないように練習しましょう。

2） ジャグリング

2個から3個のボールでジャグリングします。投げ上げるときに手の動きを内から回したり、外から回したりします。

立ったまま、歩きながら、あるいは片足で立ってやって見ましょう（図5-22）。

3） 両手ボール突き

両手にラケットを持ち、左右それぞれで地面にボールを突きます。同時に突いたり、交互に突いたり、歩きながら突いたりしましょう。

4） ラケットキャッチ＆スロー

ラケットでボールがはずまないようにキャッチングして、ラケットでパートナーへ投げ返します。落とさないことが大事です。

5） 壁当てボールキャッチ

壁に向かって立ち、パートナーに背後からボールを壁にぶつけてもらいます。壁に跳ね返ったボールに対して瞬時に反応し、キャッチする練習です（図5-23）。

6） 足し算左右ダッシュ

パートナーが瞬間的に立てた左右の指の数を足して、その数が奇数なら左へ、偶数なら右へ、と決めておきます。ダッシュは5mでも10mでも構いません。チームでやると体力トレーニングにもなります（図5-24）。

7） モグラたたき

ゲームセンターには必ずあるといっていいほどの定番ゲームです。眼と手の協応トレーニングにもってこいです。1人で行うより、家族や友だちと一緒に。

8） かるた、トランプ

正月遊びのかるたです。また、トランプを床に広げて、1人がトランプの数字を読みあげて取り合うことでも眼と手の協応トレーニングになります。

⑦携帯型ゲーム機でのトレーニング

携帯型ゲーム機「ニンテンドーDS」対応のソフトウェア「DS眼力（メヂカラ）トレーニング」によって各種スポーツアイを測定し、鍛えることができます。

図5-22　3個ジャグリング

図5-23　壁当てボールキャッチ

図5-24　足し算左右ダッシュ

Chapter5：コンディショニングデザイン

5. メンタルをデザインする

　昔からどんなスポーツでも、心・技・体が必要だといわれてきました。「技」は技術、「体」は体力、そして「心」が精神力です。この3つの要素がスポーツには重要で、それぞれをトレーニングしていかなくてはいけません。これまでに、技術、体力についてはトレーニング方法を紹介してきたので、最後に心（メンタル）のトレーニング方法、つまり自分自身のメンタルをデザインすることを考えてみましょう。

　たしかに、技術や体力同様に心もトレーニングして、試合場面で集中力をコントロールしたり、あがっているときにリラックスできたりすることは大切なことですが、その前にもっと身近なところで必要なことがあります。

　それは、練習を続け目標を達成するために、言い換えればよりうまく、より強くなるために、練習や試合の内容、あるいは毎日の日常生活を自らが振り返る力です。第1章で、自分の目標を立て、自分に気づき、練習内容をデザインしてみましょうと言いました。その基本となるのが、自分の心の状態に気づき、行動とともに心もコントロールすることです。

　技術練習も体力トレーニングもやるのは自分です。練習やトレーニングは自分のためにやっているのだという気持ちがなければ、やらされる練習やトレーニングになってしまい、効果は期待できません。そのためにも自分で自分の状態に気づくことが大切になってきます。

　技術や体力においても、いま現在どんなフォームで打っているか、どのくらいの体力があるかを自分自身で知る必要があります。いくら周りの人や指導者にフォームや体力面の欠点を指摘されても、本人に自覚がない限りはなかなかその欠点を修正することはできません。しかし、技術や体力は、ビデオでフォームを記録したり、体力テストをしたりすることで、比較的客観的に（誰にでも同じ基準で数字として表すことができる）知ることができますが、心のほうはなかなか客観的には測ることができません。したがって、技術や体力を何かで測るように、自分自身の状態に自分で気づく（測る）ことが大切になってきます。

　こうしたいわゆる「身心」が、「心・技・体」の基礎としてあり、ここでは基礎的な心理的能力（心的エネルギー）と呼ぶことにします。まずは、この「身心」の部分を高めることによって、心技体のピラミッドは自然と底上げされ、競技力も向上することが期待されます。

1 —— セルフアウェアネス（気づき）がデザインの基本

　自己への気づきが自己のコントロールを可能にするので、まずはいくつかの側面から自分の心の状態に気づくことから始めましょう。

　例えば、いまあなたはどのくらい肩に力が入っているでしょうか。何かに夢中になっていたりすると、ついつい肩に力が入っている場合があります。こうした

COLUMN

〈イメージトレーニング〉

　イメージトレーニングという言葉は広くいろいろな意味で使われますが、技術獲得のためのものと実力発揮のためのものに大きく分けることができます。

　技術獲得では、トッププレーヤーのフォームをイメージしたり、自分のフォームをイメージしたりすることで、より高い技術を身につけることが目的となります。そのときに大切なことは自分がやっているイメージを描くことであり、ビデオに映った他人や自分の映像のイメージではありません。自分がやっているイメージを描くことで、実際に身体を動かさなくとも、筋肉を動かそうとする脳からの指令がトレーニング効果を高めます。また、実際に動くのと同じ速さのイメージを描くことも大切です。

　そこで、最初は実際にコート上でプレーしている合間にイメージを描くようにすると、鮮やかで力量感のあるイメージを描くことができるでしょう。

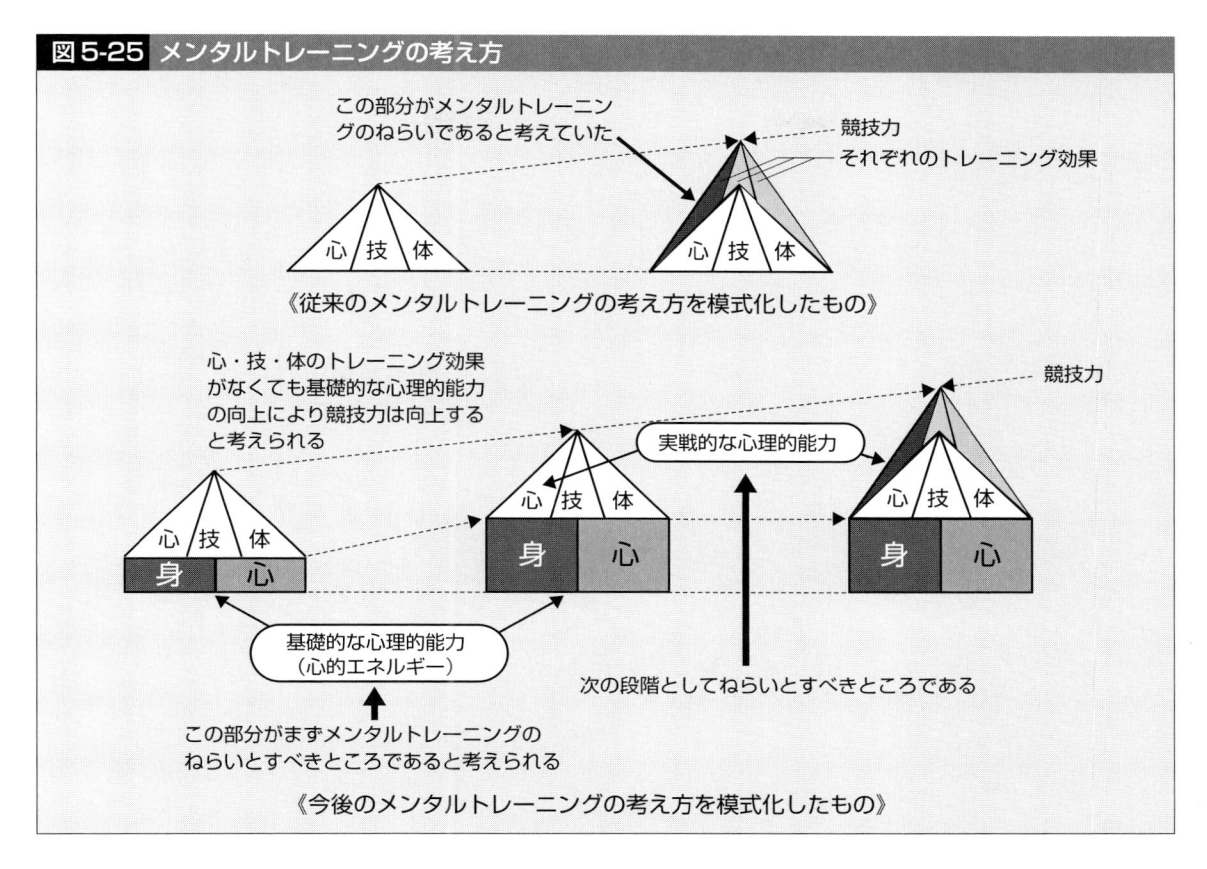

図5-25 メンタルトレーニングの考え方

- この部分がメンタルトレーニングのねらいであると考えていた
- 競技力
- それぞれのトレーニング効果
- 心/技/体

《従来のメンタルトレーニングの考え方を模式化したもの》

- 心・技・体のトレーニング効果がなくても基礎的な心理的能力の向上により競技力は向上すると考えられる
- 実戦的な心理的能力
- 競技力
- 心/技/体　身/心
- 基礎的な心理的能力（心的エネルギー）
- この部分がまずメンタルトレーニングのねらいとすべきところであると考えられる
- 次の段階としてねらいとすべきところである

《今後のメンタルトレーニングの考え方を模式化したもの》

身体の変化（動き）を通しても、心の状態に気づくことができます。

●成功の秘訣を探る

まず、自分自身の中にある潜在的な力や可能性を探してみましょう。私たちは、思いがけず素晴らしい力を発揮して自分でも信じられないようなプレーをしたり、予想外のうれしい結果を得たりすることがあります。こうした予想外の成功に対して「120％の力が出た」と言われることがありますが、120％の力というのは存在しません。

私たちには生理的限界と心理的限界と呼ばれるものがあり、普段は心理的限界よりも低い力を発揮しながら生きています。しかし、「火事場の馬鹿力」と言われるように、いざというときには心理的限界を超え、生理的限界まで力を発揮することができます。ただい

つも生理的限界ぎりぎりのところで生きていたのでは、身体のほうが音を上げてしまい、ケガや病気になってしまいます。

こうした人間の防衛本能によって、普段は80％の力も出していないのが現状です。ですから、どういった状況で100％に近い力を発揮することができたのかという、自分の力を最大限発揮できるための条件を自分自身で見つけましょう。そうすれば、その最大限の力を発揮できる条件を整えることによって、また「自分でも信じられないようなプレー」が生まれてくるはずです。そして、偶然ではない自分の実力を知ることが自分のやる気を高める最良の方法になります。なぜなら、それはあなた自身にしか知りようのない、あなた自身の成功の秘訣を手に入れることになるのです。できたのはあなた自身であり、一度できたことは必ず二度、三度できるはずです。

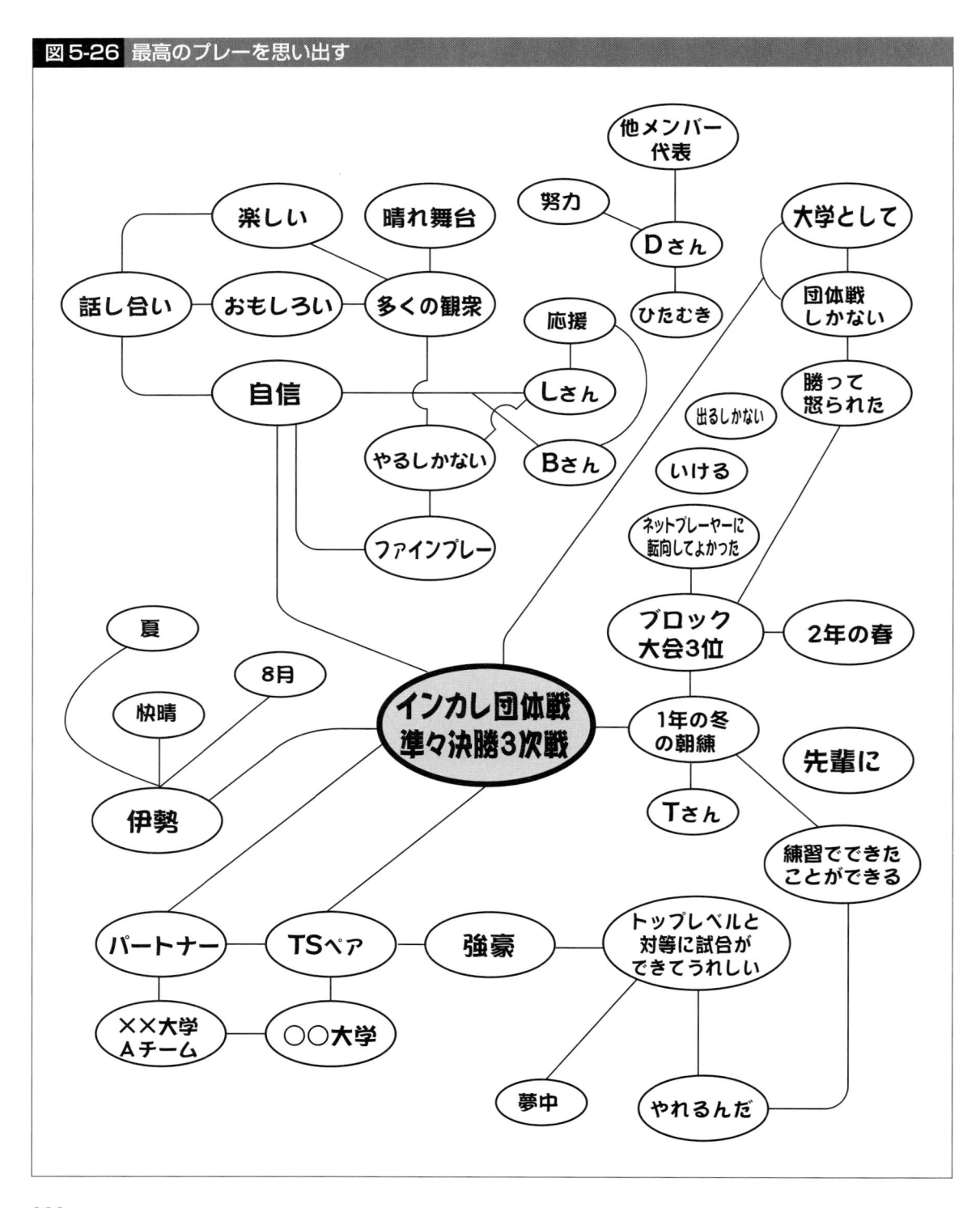

Chapter5：コンディショニングデザイン

図 5-26 最高のプレーを思い出す

[やり方]

あなた自身のこれまでの人生の中で、きっと一度や二度は自分でも「おっ！」と思うような予想外のプレーができたり、好成績を収めたりしたときがあったはずです。そのときのことをじっくり思い出しながら、作業を進めてください（図5-26）。

① A4かB4程度の紙と付箋紙（何度も貼り直せる75mm×25mm程度の紙）を用意します。その大きな紙の中央にその出来事がわかるような言葉（××大会3回戦など）を書きます。

そして、そのときの様子を思い出しながら、思いつくことを付箋紙1枚に1つずつ書いて、その周りに貼りつけていきます。そのときの天候や周りの状況、あるいはそれまでの練習での思い出、そのときに思っていたことなど、できるだけそのときを心の中で再現しながら、思いつくことを書き出していきます。

② 思い出しながら思わずうれしくなってくるでしょう。どんな些細なことでも、とにかく思いついたことを書き出していきます。その中にあなた自身が実力を発揮できる秘密が隠されているのですから。

③ ある程度書き出したら、関係のある事柄を近くに集めるように貼り直し、整理していきます。いくつかのまとまりができた中に、あなた自身の成功を再現するため、言い換えれば100％に近い力を発揮するために必要なことがあるはずです。どんなことがあなたの成功を導き出したのかを振り返ってください。これはもちろん人それぞれによって違い、あなただけの成功の秘訣のはずです。友人やある種の開き直り、自信、体調などとさまざまです。しかし、そういった要素があったとき、そしてそれらがかみ合ったときにあなたの成功は生まれたのです。

こうして書き出した紙を部屋に貼っておきましょう。きっとまたあなたの実力を遺憾なく発揮できることでしょう。

●コミュニケーションパターンを知る

ソフトテニス、特にダブルスの場合には、コミュニケーションはとても大切です。しかしそれだけではなく、コミュニケーションは練習や生活のうえでも基本となるものです。あなた自身は普段練習仲間や指導者、あるいは家族の人たちとどういったコミュニケーションをしているでしょうか。

まず、コミュニケーションパターンを表5-2でチェックしてください。

[やり方]

質問の1から10まで、あてはまるところに○をつけ、採点法に従って得点を出します。

[採点法]

- 2＋7の得点＝厳しい親得点
- 4＋9の得点＝優しい親得点
- 5＋10の得点＝大人得点
- 3＋8の得点＝無邪気な子ども得点
- 1＋6の得点＝素直な子ども得点

	はい	どちらでもない	いいえ
1 自分がしゃべるよりも、相手の話をよく聞く……	2	1	0
2 他人の間違いや失敗をなかなか許さない…………	2	1	0
3 周囲の人たちとさわいだり、はしゃいだりする…	2	1	0
4 困った人を見ると進んで手助けをする…………	2	1	0
5 何かをするときに、過去の失敗を参考にする……	2	1	0
6 相手の顔色をうかがって行動する………………	2	1	0
7 責任感が強いと言われる…………………………	2	1	0
8 思ったことがはっきり言える……………………	2	1	0
9 相手の気持ちを理解するように心がけている……	2	1	0
10 言いたいことやしたいことを文章にする…………	2	1	0

■ 表5-2：コミュニケーションパターンチェックリスト

私たちが人と話をするときには、大きく分けると3つのパターンがあります。それは「親の立場で子どもと話す」「子どもの立場で親と話す」「大人同士で話す」というものです。

友だちと話すときにいつも命令口調で指図したり、あるいは何でも聞き役にまわったり、言われたことをいつでも「はい、はい」と素直に聞くときも、わがままを言うときもあるでしょう。さらに、練習内容や作戦などを客観的に相談するときもあるでしょう。

このように、私たちはこうしたいくつかの側面をその場に応じて使い分けながらコミュニケーションをとっています。

●コミュニケーションパターンを変える

では、どういった立場でのコミュニケーションが望ましいでしょうか。お互いがともに自由に意見を言い

Chapter5：コンディショニングデザイン

図5-27　コミュニケーションパターン

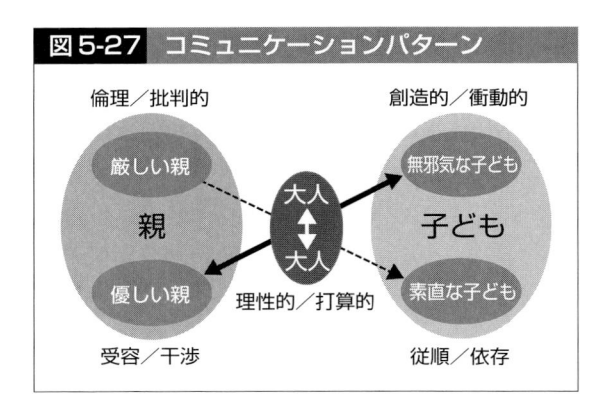

倫理／批判的　　　　　創造的／衝動的
厳しい親　　　　　　無邪気な子ども
親　　大人　　子ども
　　　大人
優しい親　　　　　　素直な子ども
受容／干渉　　理性的／打算的　　従順／依存

合えて、しかもお互いにとってプラスになるようなコミュニケーションパターンは、図5-27の実線の部分、つまり、優しい親と無邪気な子どもの関係か、大人同士の関係です。厳しい親と素直な子どもではコミュニケーションが一方通行になり、子ども役のほうは自由に自分の意見をなかなか言えない状況になってしまいます。

コミュニケーションはラリーと同じです。相手の待っているところに打てば、相手は打ちやすいのでつながります。また、相手のボールが乱れてもきちんと足を動かしていけば、いいボールを打ち返すことができます。コミュニケーションも同じで、相手の様子を知らなければうまく投げかけられませんし、相手の出方に合わせなければコミュニケーションは続きません。

試合中でも、ペアとのコミュニケーションは大切です。アイコンタクトなど、必ずしも言葉だけが必要なわけではありませんが、相手の立場に立って受け答えができる余裕が欲しいものです。このことは、実は対戦相手の心理状態をつかむことにもなります。自分だけのことを考えるのではなく、相手の心理状態を感じることができれば、試合を優位に進めることにもなります。

それも、日頃からの自分のコミュニケーションパターンに気づくことを心がければ可能になります。

図5-28〜30にコミュニケーションパターンとして身につけたい、大人得点、優しい親得点、無邪気な子ども得点のそれぞれを変えていくために、毎日の生活の中で気をつける点を述べておきます。

図5-28　大人得点を変えるために

生活行動チェックリスト

　　月　　日　　時　　　よくできた／かなり／ふつう／あまり／まったくできなかった

1) 言いたいことやしたいことを文章にした
2) 同じ状況で他の人ならどうするかを考えてから行動した
3) 相手の話の内容を「〜ということですか」と確かめるようにした
4) 新聞の社説や推理小説などを読んだ
5) 人の話をうのみにせず、自分で納得できるまで確かめた
6) 人に話をするときに数字やデータを使った
7) 何かするときに、過去の失敗を参考にした

図5-29　優しい親得点を変えるために

生活行動チェックリスト

　　月　　日　　時　　　よくできた／かなり／ふつう／あまり／まったくできなかった

1) 自分からすすんであいさつをした
2) 困った人を見ると進んで手助けをした
3) 相手の好ましい点やよい点を見つけてほめるようにした
4) 相手の否定的な言葉や態度には応じないようにした
5) 細かいことにはこだわらず、相手のためになるように行動した
6) 相手の気持ちや感情を理解するように心がけた
7) 人に優しい言葉をかけた

図5-30　無邪気な子ども得点を変えるために

生活行動チェックリスト

　　月　　日　　時　　　よくできた／かなり／ふつう／あまり／まったくできなかった

1) 周囲の人たちとさわいだり、はしゃいだりした
2) 思ったことがはっきり言えた
3) 仲間との会話のなかで大声で笑えた
4) ユーモアや冗談を言って人を笑わせた
5) 娯楽番組をみたり、マンガを読んだりした
6) 自分から進んでみんなの仲間に入っていった
7) 自分が楽しめる遊びの時間がもてた

2 ── セルフコントロール（自己統制）を身につける

　自己への気づき（セルフアウェアネス）と自己統制（セルフコントロール）は車の両輪です。自己への気づきが高まらないと、自己をコントロールすることはできません。つまり、いまの状態がどうであるかを自分で気づかない限り、適切な手の打ちようがないのです。しかし、自己への気づきが高まると、自己をコントロールすることは比較的容易に行えます。

　試合場面で問題となるのは、主に緊張の程度（「覚醒水準」とも呼びます）をコントロールすることでしょう。一般に、それぞれのスポーツによって最適緊張状態は異なると考えられ、ラグビーなどのコンタクトスポーツでは緊張の状態が高いほうが、逆にゴルフなどのエイミングスポーツでは緊張状態が低いほうが成績がよいと言われています。ではソフトテニスはと言いますと、ほぼ中程度に位置づけられます。

　そして、いまの緊張状態が高すぎるときにはリラックスをして緊張状態を低下させ、逆に低すぎる場合にはサイキングアップをして緊張状態を上昇させるというコントロールが必要になってきます。

　自分をコントロールする方法は目的によっていろいろとありますが、自分に合う方法を取り入れればよいでしょう。ここではいくつかの方法を紹介しますが、すべての方法をしなければいけないということではありません。ただ、試合当日だけやろうと思ってもできるものではありませんので、普段からの練習が必要になるのは言うまでもありません。

●注意の切り替えで集中力をつける

　集中力という言葉がよく使われますが、これはいろいろな意味を含んでいて、「試合に集中する」「集中力が高い」といった使われ方をします。そこでは、不必要な情報にはわき目もふらず、例えば観客席に誰が来ているとか、この試合に勝ったら次の相手は誰かというような、いまの試合に関係のない情報は無視し、必要な情報にだけ注意を向けている状態を指します。

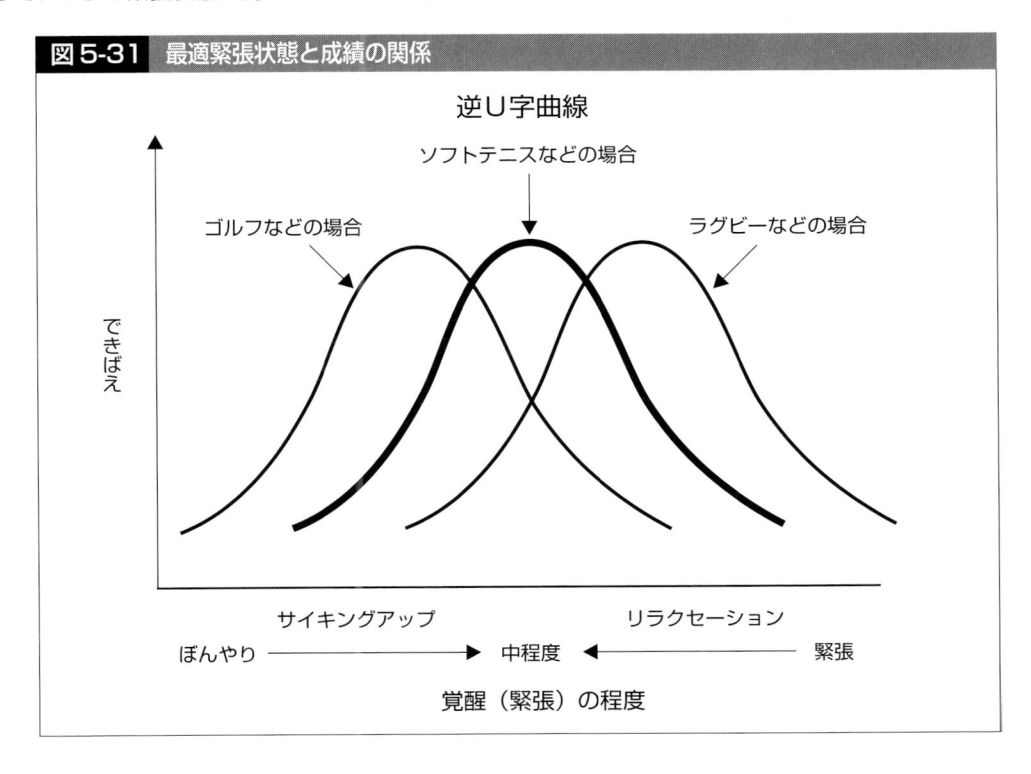

図5-31　最適緊張状態と成績の関係

逆U字曲線

ゴルフなどの場合　　ソフトテニスなどの場合　　ラグビーなどの場合

できばえ

サイキングアップ　　　　　リラクセーション
ぼんやり　──→　中程度　←──　緊張
覚醒（緊張）の程度

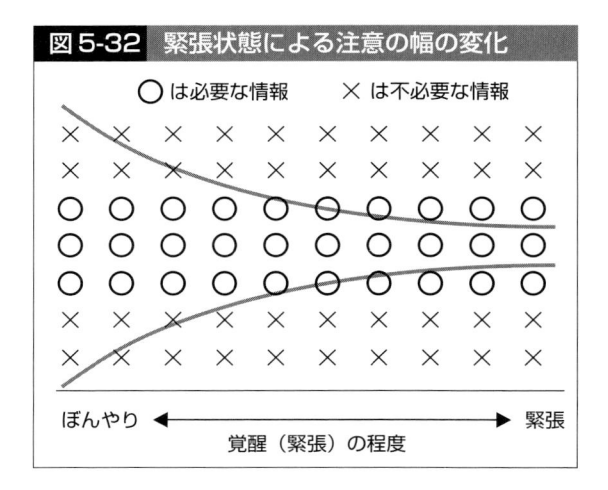

図5-32　緊張状態による注意の幅の変化

○ は必要な情報　　× は不必要な情報

ぼんやり ←　覚醒（緊張）の程度　→ 緊張

　この注意の幅は、緊張状態が上昇するに従い、狭くなってくると考えられています。つまり図5-32のように、緊張状態が低いぼんやりとした状態では、注意の幅は広く、不必要な情報までも集めてしまいます。次第に緊張状態が高まっていくと、不必要な情報には目が向かず、必要な情報だけに目が向く最適な状態を迎えます。しかしさらに緊張状態が高まると、必要な情報でさえすべてをとらえることができなくなるほど注意の幅が狭くなると考えられます。それが、成績が低下する原因だと思われます。

　また、注意の幅は適切でも、その方向が適切でない場合もあります。どこに注意が向いているかは高成績を上げるためには重要なことです。これは、舞台などのスポットライトとして考えることができます。つまり、全体を照らそうとすると光は薄くなり、はっきりと映し出したい部分が見えないくらいに薄暗くなります。徐々に照らす範囲を狭めていくと、だんだんと明るくなってよく見えるようにはなりますが、見たいところを照らすためには方向をしっかりと定める必要があります。それでも、あまりに照らす範囲を狭くしすぎると、どこを照らしているのかさえわからなくなります。

　集中力と呼ばれるもので大切なのは、この注意の幅と方向をうまくコントロールすることでしょう。もちろんそれには緊張状態も関係してきます。カメラのズームイン、ズームアウトのように、注意をうまくコントロールする必要があります。特にズームインするために、ボールに文字を書き、そのボールを投げ上げて文字を読むといったことも行われます。しかし、注意を一点に固定するのは持続しにくいだけでなく、周りからの情報を無視してしまう危険性もあるので、自在に注意の幅と方向をコントロールするように心がけたほうがよいでしょう。つまり、注意の切り替えが大切だということです。スムーズに広い注意から狭い注意へ、また逆に狭くなったところから広い範囲への注意の切り替え、"きょろきょろ、じ～"あるいは"じ～、きょろきょろ"といったことを意識的に行うのがいいでしょう。試合会場、あるいは試合コートに入ったときに、観客席全体を眺め、帽子をかぶった人の数だけ数えるといった感じです。普段から、このズームインとズームアウトを練習しておきましょう。注意の幅と方向を自由に切り替えられるようになると、自然と集中力はついてきます。試合では、儀式のように注意の切り替え方をあらかじめ決めておくとよいでしょう。

●リラクセーション（弛緩）

　緊張状態が高すぎる場合には、リラックス（弛緩）をして最適な緊張水準にすることが必要です。緊張というものは、心が緊張すると身体のほうも緊張します。動きがぎこちないとか、滑らかでない動きになったりするのです。そこで、過度の緊張状態からリラックスするには、身体の緊張を解くことによって心の緊張状態も解いていくようにします。心の緊張だけをリラックスさせようと思うと、かえって焦ったり不安になったりして緊張状態が上昇してしまいます。

　ここでは、コートでもできる「呼吸法」と「筋弛緩法」を紹介します。これらはきちんと練習しておかないと、試合場面で実際に緊張した状態では使えません。

《呼吸法》

　緊張した状態では、呼吸が早く、浅くなっています。しかし、呼吸そのものに気づくのは難しいですから、深呼吸をしようとしても浅くなってしまいます。普段から身体の動き（ここでは手のひらの開閉）と呼吸が結びつくようにトレーニングしておいて、身体の動き

を使って呼吸をコントロールし、結果として心の緊張を解こうというものです。

○まず横になって
①部屋で横になって始めましょう。
②軽く目を閉じて、両手をおなかの上に乗せて、息を鼻からゆっくり大きく吸います。おなかが膨れてくるのを感じながら、どんどん吸います。
③吸いきったところで止めて、5から10数えましょう。
④次に、「ふ〜」と小さく声を出しながら、口からゆっくり細く長く吐いていきます。おなかがへこむのを感じながら長く吐いていきます。
⑤全部吐ききったら、また吸い始めます。できるだけゆっくり、吸うのも吐くのも長く、そして吸いきったところで一度息を止めるようにしましょう。
⑥1分間に2回ぐらいのゆっくりした呼吸を身につけます。これで、身体の緊張は解け、心も落ち着いてくるはずです。

○椅子からコートへ
上記の呼吸法を身につけたら、今度は椅子に座ってやってみます。

①手のひらを上向きにして膝の上に乗せましょう。
②吸うときには手のひらを握り、吐くときに手のひらを開きましょう。呼吸と手のひらの開閉動作を合わせます。
③最初は呼吸に手のひらの開閉を合わせますが、慣れてきたら、手のひらの開閉に呼吸を合わせてください。ゆっくりと手のひらを握り、そこで握りしめて止まり、今度はゆっくりと開いていきます。
④手のひらの開閉動作と呼吸のタイミングが合うようになってきたら、実際にコート上で試してみましょう。
⑤練習の中で順番待ちをしているときや練習の試合形式に入る前に、手のひらの開閉動作に合わせて呼吸を整え、心を落ち着け、コートに入るようにします。軽く目を閉じて、これからのプレーをイメージしながらこの呼吸法を行うとよいでしょう。

《筋弛緩法》
「肩に力が入っている」というのは、思い入れが強く緊張している状態を比喩的に言うときに使われる言葉ですが、実際に心が緊張している状態では身体も緊張しています。しかしながら、どの程度身体が緊張しているのかということはなかなかわかりません。

そこで、いまの状態から一番緊張した状態をつくって、その後その緊張を弛緩（リラックス）させる方法

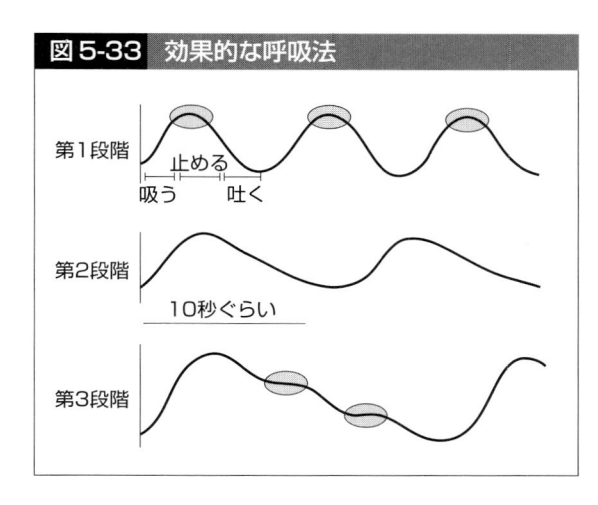

図5-33　効果的な呼吸法

第1段階　止める／吸う／吐く
第2段階　10秒ぐらい
第3段階

を試してみましょう。

そして、試した後に始める前と肩の緊張感を比べてみてください。身体の緊張はまず首から肩に現れます。この首から肩にかけての緊張を解くことによって、身体の緊張だけでなく、心の緊張も解けていくはずです。

○肩甲骨合わせ
①立ったまま、両肩を上に上げ、首をすぼめるようにします。
②そのまま肩を後ろに回し、胸を張り、肩甲骨を合わせるようにします。
③肩を後ろに落とすように一気に力をストンと抜きます。このときに、肩が身体の前に出ないように、背中のほうに落とすようにします。

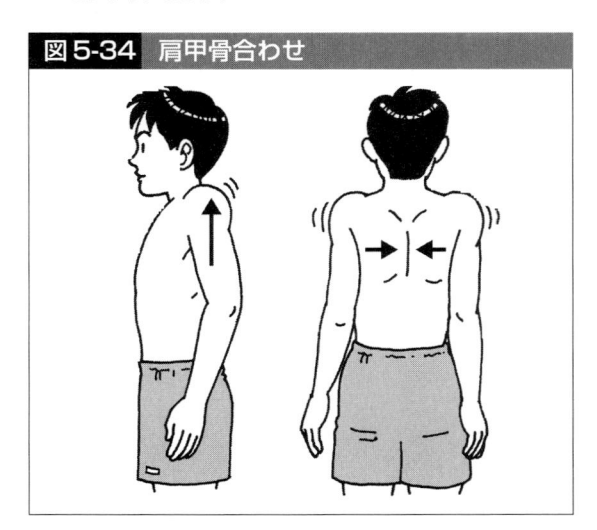

図5-34　肩甲骨合わせ

Chapter5：コンディショニングデザイン

○ 緊張肩回し

①肩甲骨合わせと同じように、両肩を上げ、首をすぼめた状態から肩を後ろに回し、肩甲骨を合わせます。
②肩甲骨を合わせたまま肩を下にゆっくりと下げ、一番下までいったら、今度は胸を両腕ではさむように回していきます。
③一番上まできたら最初の首をすぼめた状態になるので、そこからもう一度肩を後ろに回して、肩甲骨を合わせて下にゆっくりと落とします。
④首をゆっくり１～２回回すと、首から肩の周りの緊張が取れるはずです。

図5-35　緊張肩回し

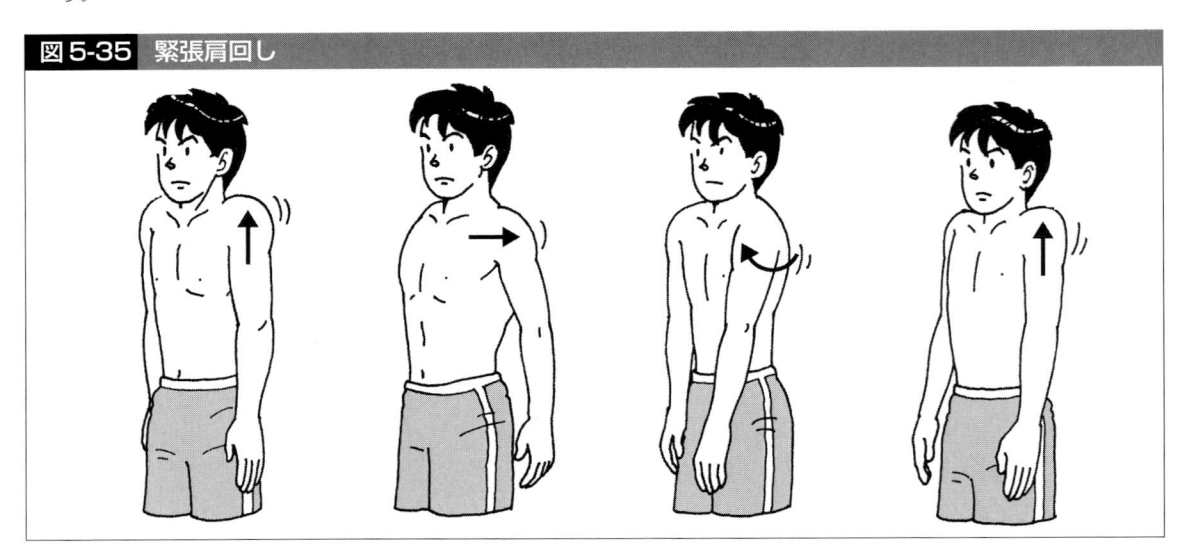

○ 首弛緩

①口を軽くあけて、そのままカクンと頭を前に落としてください。ちょうど電車の中で居眠りをしているときに頭がカクンとなるような感じです。
②同じように、頭を後ろにもカクンと倒しましょう。
③何度か、前に後ろにカクンと倒していきます。
④このときに口をぎゅっと閉じていると首の緊張が取れませんので、口元を緩めてやってください。この後にも首をゆっくり１～２回回しましょう。

図5-36　首弛緩

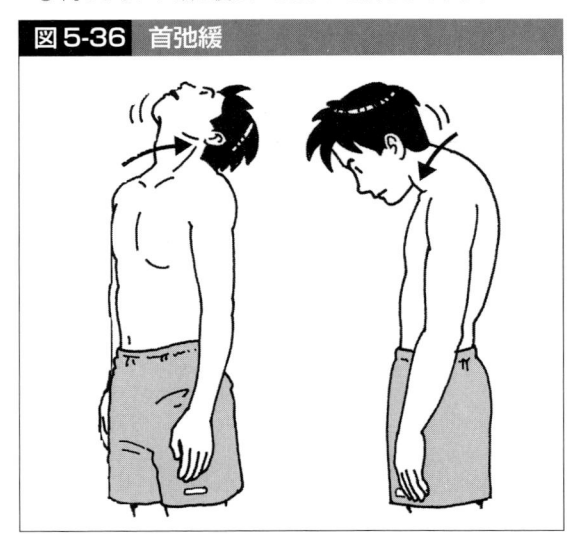

●サイキングアップで緊張感を高める

緊張状態が低すぎても好成績が期待できないのは、前に説明したとおりです。「いまひとつ気分が乗らない」「身体が重く感じる」など、試合前に最適な緊張状態よりも低い場合があります。そういうときには緊張状態を高めていくことも必要となってきます。

大相撲では仕切り前の所作が話題になります。いわゆる気合を入れるしぐさです。顔や身体をたたいて、声を上げる。こうした動作はコンタクトスポーツ（ラグビーなど）では試合前のロッカールームなどでよく行われます。これが「サイキングアップ」と呼ばれる方法で、緊張状態を高めるために行われるものです。相撲の仕切り前のしぐさやコンタクトスポーツのロッカールームでの方法は儀式的な意味合いもあり、試合

開始に向けて毎回同じような方法で緊張状態を高めていきます。

ソフトテニスの場合でも、こうした儀式的な方法を取り入れることは可能です。ただ、コンタクトスポーツほど緊張状態が高くなると、かえって成績が悪くなることもあるので注意が必要です。

普段の練習のときにも緊張状態が低すぎる場合があるかもしれないので、そのようなときには試合を意識しながらサイキングアップを試みるとよいでしょう。

簡単な方法としては、リラクセーションのところで紹介した呼吸法の逆利用です。リラックスするためには呼吸をゆっくり深くしました。したがって、ここでは逆に早く浅い呼吸をすることによって緊張状態を高めます。息を吐くときに「ハッ」と声を出しながら、「ハッ、ハッ、ハッ」と早く強く息を連続して吐き出します。そのときに吐くのに合わせて両肩を下に揺するようにすると、リズミカルに吐き出せます。これを10回ほど繰り返すと、心拍数も上がり、緊張状態が高くなるはずです。

心拍数は、緊張状態のひとつの目安にもなります。腕時計式の脈拍計などで、普段から自分の調子と脈拍の関係をチェックしておくのもひとつの方法です。ある選手は脈拍120程度で試合に入ったときに調子がよく、別の選手では100程度のほうが調子がよいということもあります。

いずれにせよ、これもいま現在の自分の状態にきちんと気づくことができると、そのコントロールは可能になります。儀式的な試合前のサイキングアップ法は、こうしたいまの状態とは関係なく決まり事として行うもので、それでもいまの状態が思わしくないときには自分でさらにコントロールしなければいけません。

● セルフトークで自己暗示をかける

試合前や試合中に選手がよく用いる自己コントロールの方法に「セルフトーク」があります。これは一種の自己暗示で、リラクセーションやサイキングアップなどに用いられます。一時期、プロ野球のある投手が、投げる前にボールにブツブツ語りかけていたことがありました。これもセルフトークの一種です。

試合ではどうしても自分の思うようにならず、悪い流れになることがあります。その場合は、悪い流れを断ち切って、自信をもって積極的に攻撃していける心理状態をつくる必要があります。そのとき、具体的に行動を起こすほうが流れを変えるのは簡単です。例えば、心の中で「頑張ろう」と思うだけではなく、口に出して「頑張ろう」と言ってみます。

このように用いられる言葉は、カギになる言葉という意味で「キーワード」と呼ばれたり、手がかりになる言葉という意味で「キューワード」と呼ばれたりします。どちらも、自分が悪い流れを断ち切るためにヒントとなるような言葉、あるいは、これからのよい流れをイメージできる言葉をあらかじめ選んでおいて、

COLUMN

〈ポジティブシンキング〉

調子が悪いときや流れが相手に傾いたようなときには不安になり、「もうダメだ。どうしよう」などと、いわゆる弱気になります。そうしたときに、その状況をどのように考えるか、どのように捉え直すかということが大切になってきます。追い込まれたときに「もうダメだ！」と考えるのか、「よし！ まだまだ、これからだ」と考えるのかということです。後者の考え方を「ポジティブシンキング（肯定的思考）」と呼んでいます。

常に前向きな思考を心がけることによって、苦しい場面になればなるほど力を発揮できるようになります。そのためにも、自分がどうしてこういうところで試合をしているのか、あるいは自分はどうしたいのかということを、日頃からしっかりと考えておくことが必要です。道に迷ったとしても、どうしても行きたいところがあれば、何としてでも諦めずに行くでしょう。常に目指したいところを見つめていることが前向きの思考なのです。弱気になって後ろを振り返りたくなっても、きっとこの先に自分の目指すべきものがあると信じ、前に進むのです。

自分が弱気になったときにはどんなふうに感じるかはわかると思います。ですから、弱気の虫が出てきたらどのように考えるかを、普段から考えておきましょう。それを「キーワード」として覚えておくといいでしょう。

調子の悪いときに使うというものです。したがって、普段から立ち直りのきっかけをつかむプレーを自分で見つけておき、そのプレーに簡単な言葉をつけたり、そのプレーのイメージを描いておいて、そのイメージを呼び出しやすい言葉を探したりしておきましょう。ラケットや手、あるいは帽子などにその言葉を書いておくのもひとつの方法です。

　調子のいいときやポイントをとったときに、派手なガッツポーズをして相手を威嚇するかのごとく大きな声を出す選手がいます。こうした選手は勝っているときはいいですが、いったん流れが悪くなり負け始めるとガッツポーズも声も出せなくなりますので、調子を取り戻すことは難しいものです。特に、「バカ野郎、何やってるんだ！」と自らに叱咤激励しているつもりの選手もいますが、こうした否定的な言葉を自分に投げかけるのはあまり効果的とは言えません。やはり、自分を奮い立たせる場合にも「まだまだいける、この１本だ！」というように、肯定的な言葉のほうが望ましいでしょう。

　また、こうした気分の波の激しい選手は相手につけ込まれやすいようです。それよりはいわゆるポーカーフェイスの、気持ちが外に現れないような選手のほうが戦いにくい相手になるはずです。自分が戦いにくい相手は相手にとっても戦いにくいのです。あなたのほうから心の隙を相手に見せるのは得策とは言えません。

3ー目標をデザインする

●長期目標をデザインする

　試合で成績を向上させるために必要なものは各選手によって違ってきます。自分にとって何が必要かを知るために、まず、試合で勝てない理由、負けてしまう理由を明確にすることから始めましょう。試合における特徴を長所と短所に分けて考えるとわかりやすいでしょう。

　練習は、大きく分けると「長所を生かす練習」と「短所を補う練習」の２種類が考えられます。しかし、実際のゲームにおいては、より長所を生かすために少しでも短所を補わなければならないことが出てきます。ですから、自分がどういうゲーム展開をしようとしているのかを明確にしていかなければ、具体的な練習方法はデザインできません。

　自分自身の実力の向上にともなって練習方法自体が変化し、また同じ練習方法でもその中での意識（練習の中で気をつけること）は変わってくるはずです。

　ここでは、家をデザインするときのように、自分の練習方法を考えてみましょう。家全体の外観の青写真をつくり、それから家の内装や調度品などをデザインするというように。すなわち、家全体の外観が長期目標に、家の内装や調度品が短期目標に相当します。

長期目標と短期目標　目標を設定するときのコツは、１～２年先を見据えた長期的な目標と、２～３ヵ月先ぐらいまでの短期的な目標とを別々に立てることです。短期的な目標は練習の進み具合によって変更していけばよいものなので、固定的に考える必要はありません。

長期目標の青写真づくり　具体的な手順としては、まず自分の夢から具体的な目標を見つけます。その目標を成し遂げたときのことを思い浮かべて、幸せな気持ちを先に経験しましょう。そして、その目標を思い浮かべながら、いまやるべきこと、いまできることを書き出します。最後に、さらに細かく、これから１ヵ月先までの練習や日常生活における計画を立てます。こうした作業をやり遂げたとき、きっと夢を実現できたときの喜びを味わうことができるでしょう。

　ここでは付箋紙を使って作業をしながら、自分自身の目標設定を進めていきますので、75mm×25mmの付箋紙とB5かA4の用紙を用意してから始めてください（図5-37）。

STEP 1　長期目標を決める　近い将来（１～２年先）、自分が達成してみたいと思う目標をまず１つ選んでください。できるかできないかを考えるのではなく、自分が本当にやってみたいことを素直に選んでください。そのとき、具体的な大会の名前や順位があると、なおよいでしょう。

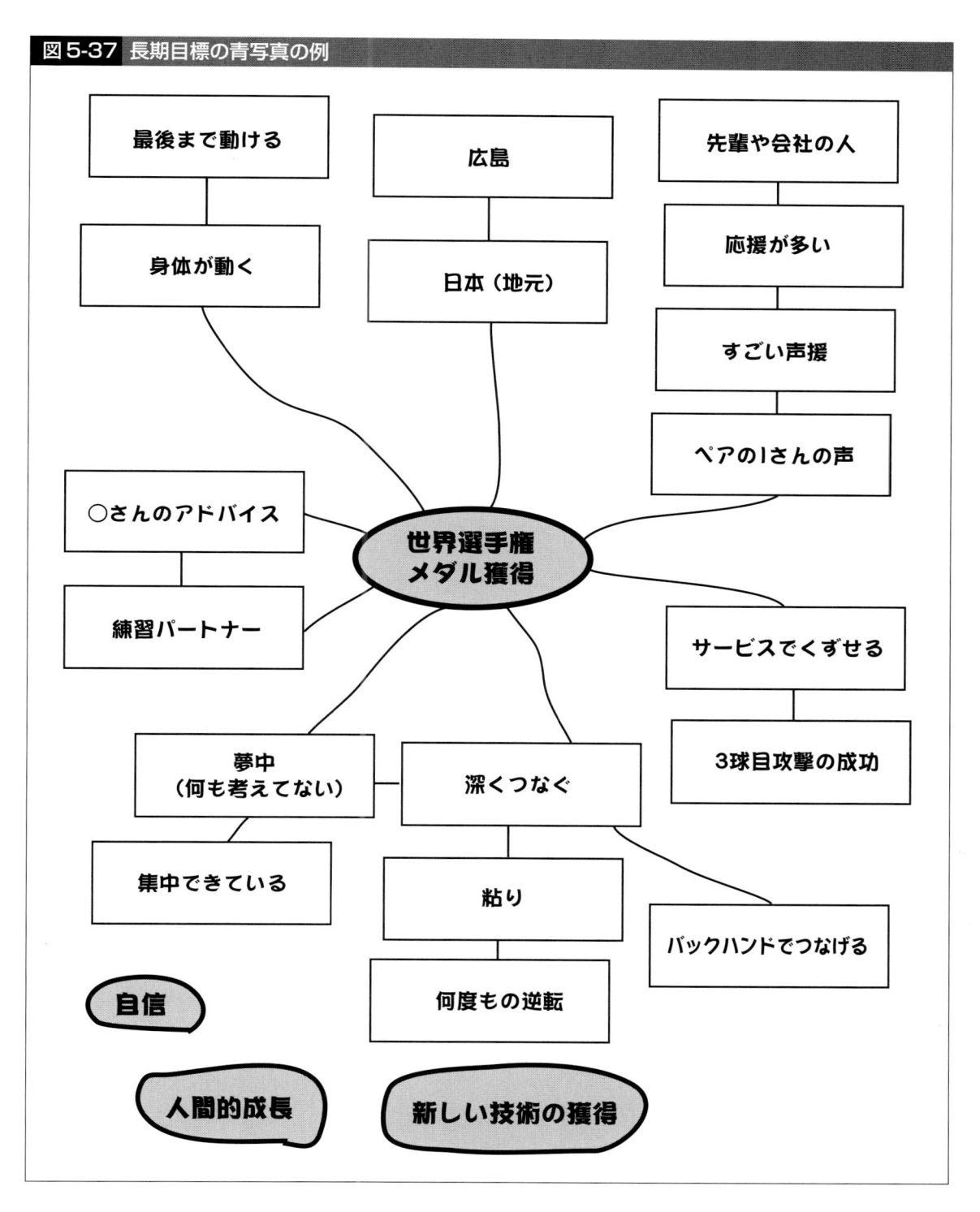

メンタルをデザインする

図5-37 長期目標の青写真の例

```
最後まで動ける          広島              先輩や会社の人
     │                 │                      │
  身体が動く          日本（地元）           応援が多い
     │                 │                      │
     │                 │                   すごい声援
                                              │
                                          ペアのIさんの声
○さんのアドバイス          ┌─────────┐
     │              ←─ │ 世界選手権 │ ─→    サービスでくずせる
  練習パートナー         │ メダル獲得 │              │
                        └─────────┘          3球目攻撃の成功
     │                       │
   夢中                    深くつなぐ          バックハンドでつなげる
 （何も考えてない）            │
     │                      粘り
  集中できている              │
                         何度もの逆転
```

(自信)

(人間的成長)　　(新しい技術の獲得)

211

そして、紙の中央に描いた丸囲みの中に、自分の目標を短い言葉で、自分自身がわかるように書いてください。これを「長期目標」と呼びます。

STEP 2 達成時を想像する　次に、自分が選んだ長期目標が達成できたときのことを心に思い浮かべてみます。大変幸せな、うれしい感じがしますね。そのとき心に思い浮かぶことを思い浮かぶままに、付箋紙1枚に1つずつ書き留めていってください。書き込んだ付箋紙は紙の上に適当に貼っておきます。

それはどこですか。季節はいつですか。何時頃ですか。周りに誰がいますか。どんな人たちが応援に来ていますか。どんな気持ちですか。身体の感じはどうですか――こうしたことを手がかりにしながら、もっといろいろと頭の中に思い浮かべてみましょう。

どんなトレーニングをしてきましたか。誰と練習をしてきましたか。誰の話をよく聞きましたか――いろいろと感じること、思い浮かぶことを書き留めていきます。

STEP 3 目標を達成するための要因を分類する　ほぼ書き出すことができたら、その内容を見ながら、関係があると思われるものを近くに集めて貼り直してください。また貼り直したら、関係する事柄を線で結んでください。

こうしてできたものが、自分の長期目標が達成されたときの全体図です。おそらく自分の長期目標が達成されるためには、いま書き出したようなことが実際にも多く必要になるはずです。

STEP 4 目標達成によって得られるもの　ここでもう一度いまつくった長期目標の図を眺めて、その長期目標が達成されたときのことを思い浮かべてください。自分の目標が達成されたときに、あなたは何を手に入れるでしょうか。自分自身にとって、その目標を達成することがどんな価値をもつのでしょう。

難しい質問かもしれませんが、自分自身のいまの意欲・やる気をもち続けるためには、これはとても重要な問いです。目標を達成したときに目標とは別に手に入れられるものをこの長期目標の図の空いたところに書き込んでおきましょう。そして丸で囲んでおいてください。

自分の部屋のよく見えるところにこの紙を貼っておき、毎日この図を見てから練習に行きましょう。きっとはっきりした目標を毎日見ることによって、自分自身が勇気づけられるはずです。

● **短期目標をデザインする**

自分自身の長期的な目標が明確になったら、次はそこから逆算して、いま何から手をつければよいかを考えていきます。もちろん、やらなければならないことはたくさんあって、どれも重要だと思えてきます。しかし、実際にやれることには限りがあります。

そこで、いま何が一番大切なのかを考えるための方法を紹介します。ここでは、頭の中を整理するために、やらなければならないと思うことを次々と書き出してそれを採点し、やるべきことの優先順位を決めていくという方法です（図5-38）。用意するものは、長期目標の設定（図5-37）と同じです。

STEP 1 やるべきことを書き出す　最初につくった長期目標の図を見ながら、自分がいまやらなければならないと思うことを思いつくままに1枚の付箋紙に1つずつ書き留めていきます。自分の頭の中にあるさまざまな事柄を1つ残らず書き出してみるつもりでやってみてください。「わかっているけれど、なかなかできない」という場合の多くは、このように書き出す作業をすることによってできるようになるものです。書き出した紙はとりあえず紙の空白のところにどんどん貼ってください。技術的なこと、体力的なこと、精神的なこと、食事や栄養などに関すること、人間関係に関することなど、とにかくやらなければならないと思うことを書き出します。書くことに詰まったときには、前につくった長期目標の図を眺めてみましょう。

STEP 2 やるべきことを分類する　ほとんど書き出してしまったら、今度は分類する番です。貼った紙を

メンタルをデザインする

図 5-38 短期目標の整理の例

Step 1

- サービスからの3球目攻撃
- 体力アップ
- サービスの確率アップ
- クロスボールへのフットワーク
- 球持ちの向上
- 競り合い場面のイメトレ
- ストロークのボールの深さ
- バランスよい食事
- トップ打ちの正確性
- バックハンドでのつなぎ

Step 2

サービス
- サービスからの3球目攻撃
- サービスの確率アップ

ストローク
- ストロークのボールの深さ
- 球持ちの向上
- トップ打ちの正確性
- バックハンドでのつなぎ

- クロスボールへのフットワーク
- 体力アップ
- バランスよい食事
- 競り合い場面のイメトレ

Step 3

サービス
- サービスからの3球目攻撃 必90 / 80 / 可70
- サービスの確率アップ 必100 / 90 / 可80

ストローク
- ストロークのボールの深さ 必100 / 85 / 可70
- 球持ちの向上 必100 / 90 / 可80
- トップ打ちの正確性 必80 / 60 / 可40
- バックハンドでのつなぎ 必90 / 65 / 可40

- クロスボールへのフットワーク 必60 / 65 / 可70
- 体力アップ 必85 / 70 / 可55
- バランスよい食事 必90 / 70 / 可50
- 競り合い場面のイメトレ 必80 / 65 / 可50

213

Chapter5：コンディショニングデザイン

見ながら、関連のある事柄で分類して近くに集まるように貼り直します。技術面、体力面、精神面などといった具合で、もちろんもっと細かく分類しても結構です。

STEP 3 やるべきことを順位づける　最後のステップとして、これまでに書き出して分類した各項目の中から、どれが重要か、あるいはどれがいますぐできるかといった観点から優先順位をつける作業をします。

まず、書き込まれた内容がどの程度必要か、必要なものほど点数が高くなるように100点満点で点数をつけ、それぞれ紙の右端の上に点数を書き入れてください。もちろん、すべてが必要だという人もいるでしょう。迷ったときには、同じところに分類したものを2つずつ見比べて、本当にどちらが必要なのかを考えて順番をつけてください。どうしても同じくらい必要だという場合にだけ、同じ点をつけて結構です。異なる分類をしているところでは、同じ点になってもかまいません。

次に、いますぐ始めるとして、どのくらいできる可能性があるかどうかについて、先ほどと同じように点数をつけていきます。こちらも100点満点でつけていき、この点数は紙の右端の下に書き込みましょう。

必要性と可能性の点数をそれぞれの紙に書き込んだら、最後に両方の平均点を計算して、必要性と可能性の得点の間に書き込みます。そして、分類ごとに平均点の高い順に並び替えて貼り直してください。

自分の頭の中にあったやるべきことがすべて書き出され、分類され、順番がつけられ、整理されたはずです。これらの中で、特に平均点の高かったものを3〜5個選んでください。それらが自分自身にとっていますぐ始めるべきことです。

もちろん、これはいま現在の自分自身の短期目標ですから、時間が経てば変わってきます。1ヵ月に1回程度こうした作業をして見直していくと、より効果的です。

4——行動計画をデザインする

●練習は何のために：目的意識

練習は何のためにするのでしょうか。もちろん、試合でよりよい成績をあげるために行うものです。つまり、練習の目的は試合での成績向上にあるわけです。目標となる試合は各選手によって違いますから、選手によって練習の目的が異なってくるのは当然のことです。

しかしながら、ある人数でまとまって練習する場合、選手一人ひとりに合わせて異なる練習をするということは非常に難しいことです。したがって、同じ練習方法であっても練習目的は一人ひとり異なる、つまりみんなで同じ練習をしても一人ひとりにとっての練習の目的は違ってくるということです。

言い換えれば、みんなでまとまって同じ練習を行うときであっても、それぞれの選手が自分はその練習を何のためにするのかという、自分自身の目的をもって練習に臨むことが大切になってくるということです。では、どうすれば自分自身の練習目的をもつことができるでしょうか。

ここで、第4章で紹介したゲーム分析が生きてきます。自分自身のゲームの内容を結果と過程の両方から分析することによって、自分なりの練習での目的がはっきりしてくるはずです。

では、下の表の空欄を使って、結果と過程における自分自身の長所と短所を書き出してみましょう。

```
長所
結果　例）ファーストサービスのコース
過程　例）サービスに入る間合い
```

```
短所
結果　例）ネットへのストロークミス
過程　例）ラケットの引きが遅い
```

●練習内容と方法のデザイン

目標を達成するために何をすればよいかが、少しずつ明確になってきました。もう一息です。

ここでは、明日から計画を実行に移すことができるように、またどのぐらいその成果が上がっているか、つまり目標に近づいているかをチェックしながら毎日の練習をしていけるように、さらに具体的な計画をデザインしていきましょう（図5-39）。

ここで大切なことは、達成すべき目標を何段階かに分けて細かく設定すること、なおかつそれができたかどうかを評価できるように、具体的に測ることができるような目標を立てていくことです。

まず、一番上に「長期目標」を書き込みましょう。これは、前に図5-37をつくったときに立てた長期目標が入ります。そして、その目標を達成することによって「得られるもの」をその下に書き込んでください。これも前に長期目標の図にメモしてあるものを書き込みましょう。そして、短期目標の整理の結果（図5-38）を見ながら、短期目標として上位になったものをとりあえず3つ選びます。それらの目標を分類する言葉として適当な言葉を探して、それらを「短期目標」のところに書き込んでください。

図5-39 練習内容のデザインの例

長期目標：世界選手権メダル獲得

得られるもの：1. 人間的成長　2. 自信　3. 新しい技術の習得

短期目標：ストロークの安定性、ストロークの正確性、サービスの確率アップ

開始日	短期目標	ステップ	到達内容	終了予定日	終了日	備考
2/26	ストロークの安定性（球持ちの向上）	現在	最低5本続ける			
		1	最低7本続ける	3/3	3/2	比較的簡単にできる
		2	最低9本続ける	3/7	3/11	2本増やしただけでつながらないことが多かった
		3	ネットプレーヤーをつけて5本続ける	3/12		
		4	ネットプレーヤーをつけて9本続ける	3/19		
2/26	ストロークの正確性（ストロークのボールの深さ）	現在	1本打ちでベースラインから2m四方に入れる			
		1	1本打ちで1m四方に入れる	2/28	3/1	止まって打つとかなりできた
		2	移動しての1本打ちで2m四方に入れる	3/5	3/9	移動するととたんにボールが乱れる　移動した後、軸がぶれるときがある
		3	移動しての1本打ちで1m四方に入れる	3/10		
		4	ネットプレーヤーをつけても1m四方に入れる	3/15		
		5	ラリー中にねらった場所の1m四方に入れる	3/19		
2/26	サービスの確率アップ	現在	10本中5本入れる			
		1	10本中7本入れる	3/5	3/6	入れる本数を増やそうとするとどうしてもコースが甘くなる
		2	試合場面を思い出して10本中7本入れる	3/10		
		3	コースを変えても10本中7本入れる	3/19		

Chapter5：コンディショニングデザイン

英語	日本語	意味
Specific	具体的	目標は具体的に
Challenging	挑戦的	いまできていることではなく、これから新たに挑戦していけるような目標
Realistic	現実的	夢のようではなく、現実的な目標
Attainable	達成可能	簡単すぎず、頑張ればできる目標
Measurable	測定可能	できばえを測れる目標

■表5-3：目標設定のためのSCRAM

次は、短期目標ごとの具体的な計画を立てます。「到達内容」の一番上には、自分の現在の状態を考えて必ずできる目標（現在の状態で結構です）を書き込みます。そして何行か空けて、最終的にやり遂げたい短期目標の到達内容を書き込んでください。

このとき、SCRAM（表5-3）をチェックポイントにしてください。目標を立てるうえでの留意点を5個あげました。特に短期的な目標の場合、その目標を次々と達成していくことによって、大きな目標、すなわち長期的な目標を達成しようというものですから、できるだけ具体的に、そしていまできていることよりも少しだけ難しい目標にします。かといって非現実的ではなく、頑張れば手が届く範囲のもの、さらにその達成具合を回数などで評価できるものが望ましいでしょう。

悪い例は、「サービスのコントロールをよくする」といった目標です。これでは達成できたかどうかの判断がつきません。「サービスをセンターとクロスに交互に3本ずつ連続して入れる」といった具体的な目標にすれば、達成できたかどうかを誰にでも判断してもらえます。具体的かつ現実的で、回数などで測れるようなもの、かつ挑戦しがいのある到達内容を設定してください。

最終的な到達内容までを何段階かに分けて書き込んでいきます。細かく何段階かに分けるようにしますが、あまり簡単にできすぎるものだとつまらなくなり、長続きしません。また、「うまくやる」というような目標だと、それを自分自身で評価することができません。したがって、「何回やる」「何分やる」といった具体的な目標を立てるのが上手な立て方です。

それぞれの到達内容のところの「開始日」「終了予定日」の欄に日付を書き込み、具体的な行動計画を立てましょう。「終了日」の欄は実際にその目標が達成できた日を書き入れ、記録できるようにします。「備考欄」は計画の実行に従い、予定どおりにできなかった理由などを書き留めておくのに利用します。

これで自分自身の練習デザインはできたので、後は実行に移すだけです。ここまでの作業をしてきた人ならば、早く実行に移したくてむずむずしていることでしょう。頑張って実行してください。

●試合をデザインする

試合までのスケジュールをデザインする　これまで紹介してきた技術練習や体力トレーニング、メンタルトレーニングは、すべて目標とする試合のためのものです。そこで最後にもう一度、試合までのスケジュールをデザインしてみましょう。

①どの試合が自分にとって一番重要な試合かを明確にし、その試合日までの週間予定表（図5-40）を用意します。

②すでに決まっている練習試合や学校の予定も調べます。

③図のように1週ごとの大まかな計画を立てる用紙を用意しましょう。計画は技術面、体力面、心理面に分けます。

④逆向プランニング（時間的に目標からいまに戻ってくるように、12ページ参照）で、留意点や細かな目標を書き込みます。

このようにして立てたスケジュールや計画はあくまでも予定であり途中でいろいろなことが入ってくるで

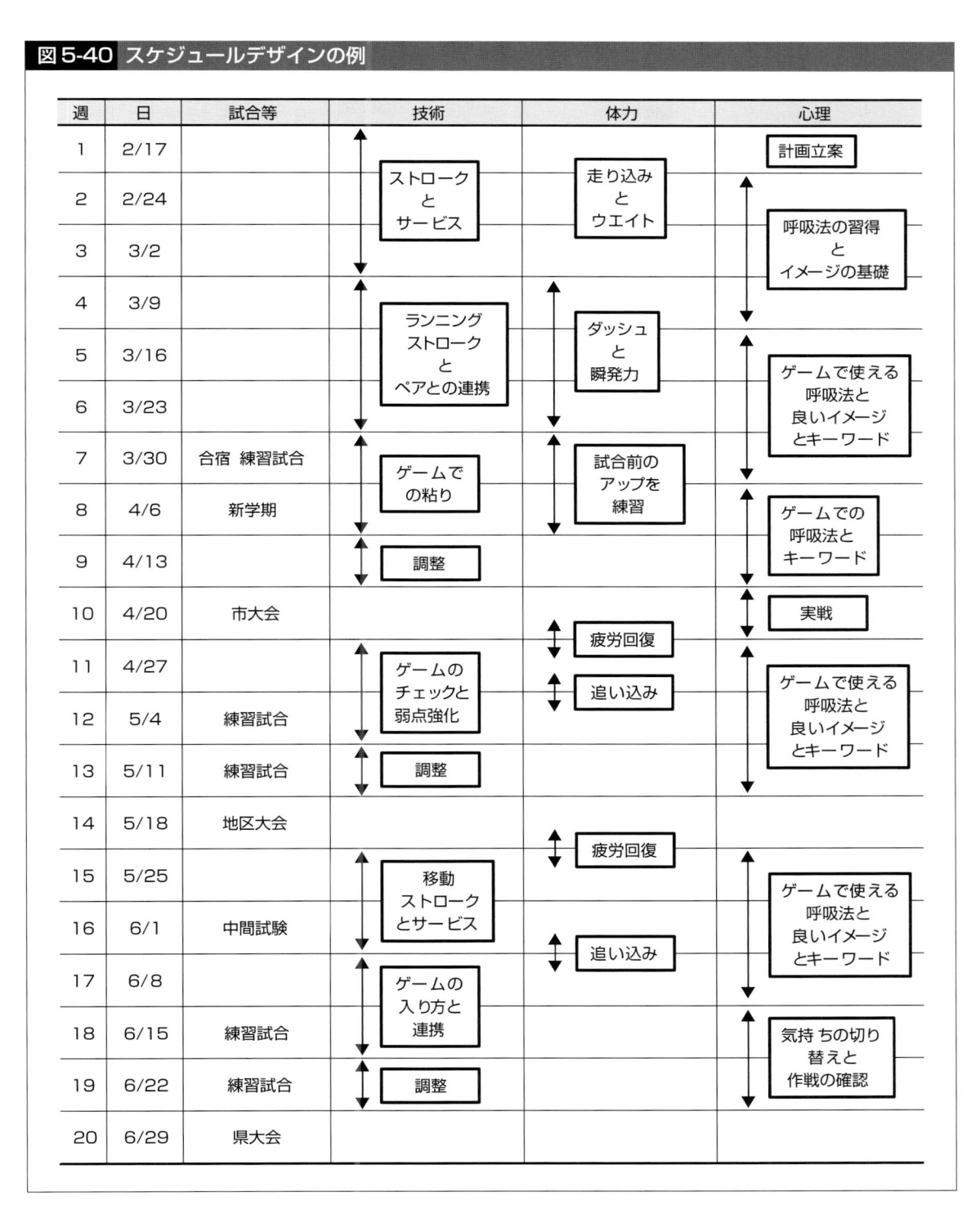

メンタルをデザインする

図 5-40 スケジュールデザインの例

週	日	試合等	技術	体力	心理
1	2/17				計画立案
2	2/24		ストロークとサービス	走り込みとウエイト	呼吸法の習得とイメージの基礎
3	3/2				
4	3/9		ランニングストロークとペアとの連携	ダッシュと瞬発力	ゲームで使える呼吸法と良いイメージとキーワード
5	3/16				
6	3/23				
7	3/30	合宿 練習試合	ゲームでの粘り	試合前のアップを練習	ゲームでの呼吸法とキーワード
8	4/6	新学期			
9	4/13		調整		
10	4/20	市大会			実戦
11	4/27		ゲームのチェックと弱点強化	疲労回復	ゲームで使える呼吸法と良いイメージとキーワード
12	5/4	練習試合		追い込み	
13	5/11	練習試合	調整		
14	5/18	地区大会		疲労回復	
15	5/25		移動ストロークとサービス		ゲームで使える呼吸法と良いイメージとキーワード
16	6/1	中間試験		追い込み	
17	6/8		ゲームの入り方と連携		
18	6/15	練習試合			気持ちの切り替えと作戦の確認
19	6/22	練習試合	調整		
20	6/29	県大会			

Chapter5：コンディショニングデザイン

しょうが、常に目標となる試合を頭において、いま自分がどこにいるのかを確認していくことが大切です。

試合の流れをデザインする　自分たちの試合の流れを知っておくことも大切です。ひとつは、強気なときと弱気なときとの違いです。どんなときに弱気になるか。必ずその兆候はあるはずです。

図5-41は、強気から弱気への切り替わりを表したものです。常に自分の中には強気と弱気な部分があります。しかしながら、試合の最初のほうは強気であったのが、試合が進んでいくうちに少しずつ弱気の虫が出てきます。そして、あるとき突然、弱気が前面に出てしまいます。強気と弱気は表裏一体で、どちらかしか表に出てきません。ですから、突然強気から弱気に切り替わってしまいます。しかし、場の雰囲気は徐々に変わっていて、その兆候はどこかにあるはずです。それを自分で知っておけば、一気に弱気になる前に手の打ちようがあります。普通、強気のときには攻める気持ちのほうが強くなり、やるべきことがはっきりしている場合が多いものです。他方、弱気のときには守る気持ちが強くなり、やるべきことがはっきりしない場合が多いようです。

そこで、下記の空欄に自分が強気のときのパターン、弱気のときのパターン、また弱気の兆候だと思われる

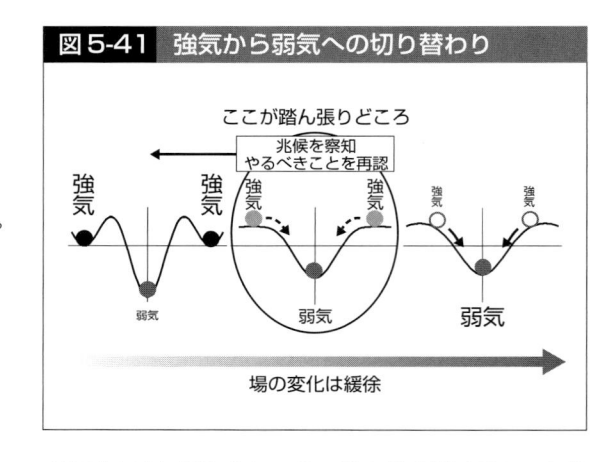

図5-41　強気から弱気への切り替わり

点を書き出してみましょう。書き出すだけでも、自分のプレーの特徴を知ることになり、次の試合ではその弱気の兆候が出てきたときに気づき、きっと踏ん張ることができるはずです。

また、強気と弱気と同様に、自分あるいは自分たちの勝ちパターンと負けパターンというのもあるでしょう。どういったときが自分たちの勝ちパターンで、どういったときが負けパターンなのかを知っておくことも大切です。その時々の気持ちなども含めて自分たちのパターンを知ることで、自分たちの試合の流れをデザインすることができるようになるはずです。

空欄に勝ちパターンと負けパターンをそれぞれ書き

強気のパターン

勝ちパターン

弱気のパターン

負けパターン

弱気の兆候

出すことによって、どのようなパターンにもっていけば自分たちが勝てるかがわかってくるでしょう。

ペアでゲームをデザインする　自分たちの強気と弱気との違い、勝ちパターンと負けパターンとの違いがはっきりしたら、次にペアで弱気になりかけているとき、あるいは負けパターンになりかけているときにどうするかについて、意思統一を図りましょう。つまり、「まずいな！」と思ったとき、ペアとしてどうするかを事前に話し合っておくことです。

次のコート図を使って、いろいろな場合を想定して2人のポジション、対戦相手のポジション、ボールのコースなどを書き込み、「こういうときにはこうする」という意思統一をしっかりしておきましょう。

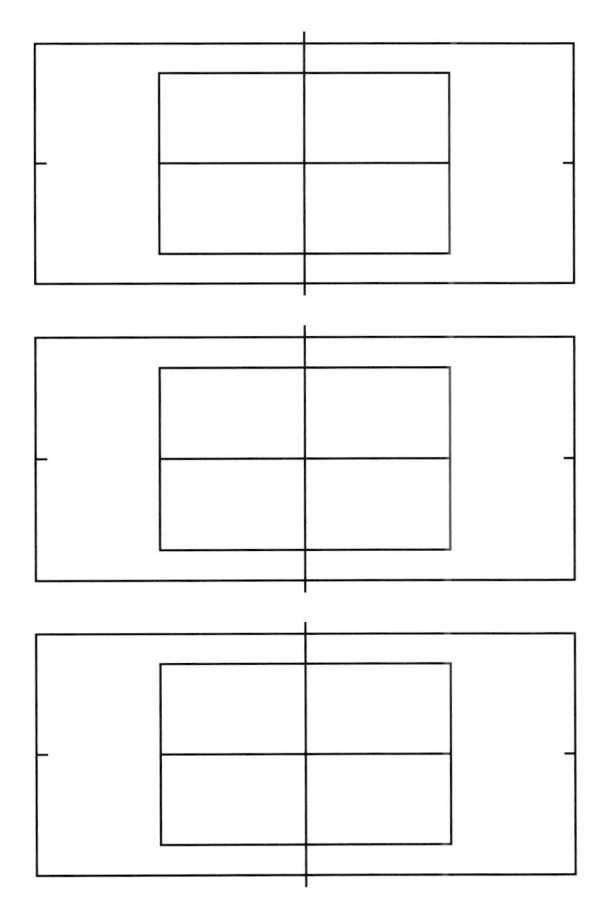

いざ試合へ　さて、いよいよ試合が近づいてきました。試合直前から試合までの流れをリハーサルしておきましょう。

試合前日　試合前日は不安や緊張で眠れないこともあるでしょうが、眠れないことを気にする必要はありません。明日の試合に向けてやるべきことをしっかり確認しましょう。その際、紙に書き出しておくと、やるべきことや注意することをいつでも確認できるので紙に書く習慣をつけましょう。
- 当日の行動スケジュール：起床から試合まで
- ゲームでの戦術：1本目、1ゲーム目の戦い方、想定外の場合にやること、切り替え方

試合当日の朝　試合当日、目が覚めてからやるべきことも確認します。
- スケジュール
- 自分たちの得意な部分
- ゲームでやるべきこと：ゲームの入り方、想定外の場合の対処方法

試合前　試合会場に着いて、試合までに注意することややるべきことを確認します。
- 試合時間
- 準備開始時間
- 準備内容（ウオーミングアップの内容や場所）
- 進行状況の把握：他の選手とおしゃべりしない、キョロキョロ、ウロウロは注意散漫の元

試合開始　いざ試合開始です。最後にもう一度これまで考えてきたことを確認してコートに入りましょう。
- ゲームの入り方、ゲームプラン
- 想定外の場合の対処方法
- 視線の位置
- よい緊張感を感じる
- 1本目から全力でいく

次の試合をデザインする　試合の結果は、必ずしも期待したとおりにはいかないものです。しかしながら、

どんなに強い選手でも必ず負けたことはあるのです。言い換えれば、負けても負けても、また次の試合に向けての準備を怠らない選手が最終的にはチャンピオンになるのです。といって、負けた後にはよくゲームを反省しますが、勝った後にもそのゲームをしっかり振り返りましょう。勝ったときと負けたときとの違いを知ることが次の勝利に結びつきます。

- 何がよかったか。
- どこでもちこたえたか。
- どんな気持ちであったか。

よいときを知らないと、どうすればよいかを知ることはできません。よかったところと悪かったところをはっきりさせることが、次の成功への道です。これを繰り返し続けることが上達の、そしてチャンピオンへの道です。

5 ── 終わりなきデザインの更新

自分なりの練習方法や練習内容をデザインした後に重要なことは、常にデザインの更新をしていくことです（図5-42）。計画倒れになる理由の多くは、計画を一度立てたら、それをそのまま守り続けなければならないと考えているためです。特に、計画を立てること（ここではデザインすると呼んでいますが）に慣れていないと、立てた計画自体に無理があったり簡単すぎたりすることがあります。そうした場合には、何度でも計画を立て直したり修正したりしながら、デザインを更新していくことが大切です。

「プラン（Plan）－ドゥー（Do）－シー（See）」という言葉があります。まず、計画を立て、その計画を実行し、その結果を評価しながら、次の計画を立てるということです。具体的な計画がうまくいかない場合には、その計画自体を、あるいは短期目標を見直す必要も出てくるでしょう。さらには、長期目標そのものを変更する場合もあり得ます。これらの目標や計画は、現実に合わせて柔軟に変更・修正・更新を繰り返すものなのです。

デザインの更新を繰り返しながら、常にワンランク上を目指していきましょう。

『孫子』の兵法の「彼れを知りて己を知れば、百戦して殆うからず」の後には、次の2つの文が続いています。「彼れを知らずして己れを知れば、一勝一負す」と「彼れを知らず己れを知らざれば、戦う毎に必ず殆うし」です。自分のことも相手のことも知らないのは論外で、自分のことだけを知っていても五分五分だと孫子は言っています。

自分自身もどんどん上手になるでしょうし、同じ相手であってもどんどん変わっていくでしょう。いまの練習方法や練習の目標に満足して、また常に自分を知り、かつ相手を知る努力を怠っていては到底目標は達成できないという教えです。先を見ながら足元も見るということをしっかり続けていくことが大切です。

COLUMN

〈メンタルリハーサル〉

試合前に作戦を立てたり、次のプレーをイメージしたりするのが「メンタルリハーサル」です。言葉のとおり心理的にリハーサル（予行演習）をするものです。

大会会場の下見を行って、コートや建物の配置、トイレの位置なども頭に入れ、試合当日の行動をリハーサルすることも大切です。

初めての場所などでは誰もが不安になるものです。強い選手は経験豊かですから、その不安感は小さいでしょうが、経験の少ない選手もこのメンタルリハーサルで経験の少なさを少しでもカバーしましょう。といっても、まったく経験のないものをイメージすることはできませんので、経験を多く積んだ選手のほうがよりメンタルリハーサルの効果は高いと言えます。

図5-42 デザインの更新

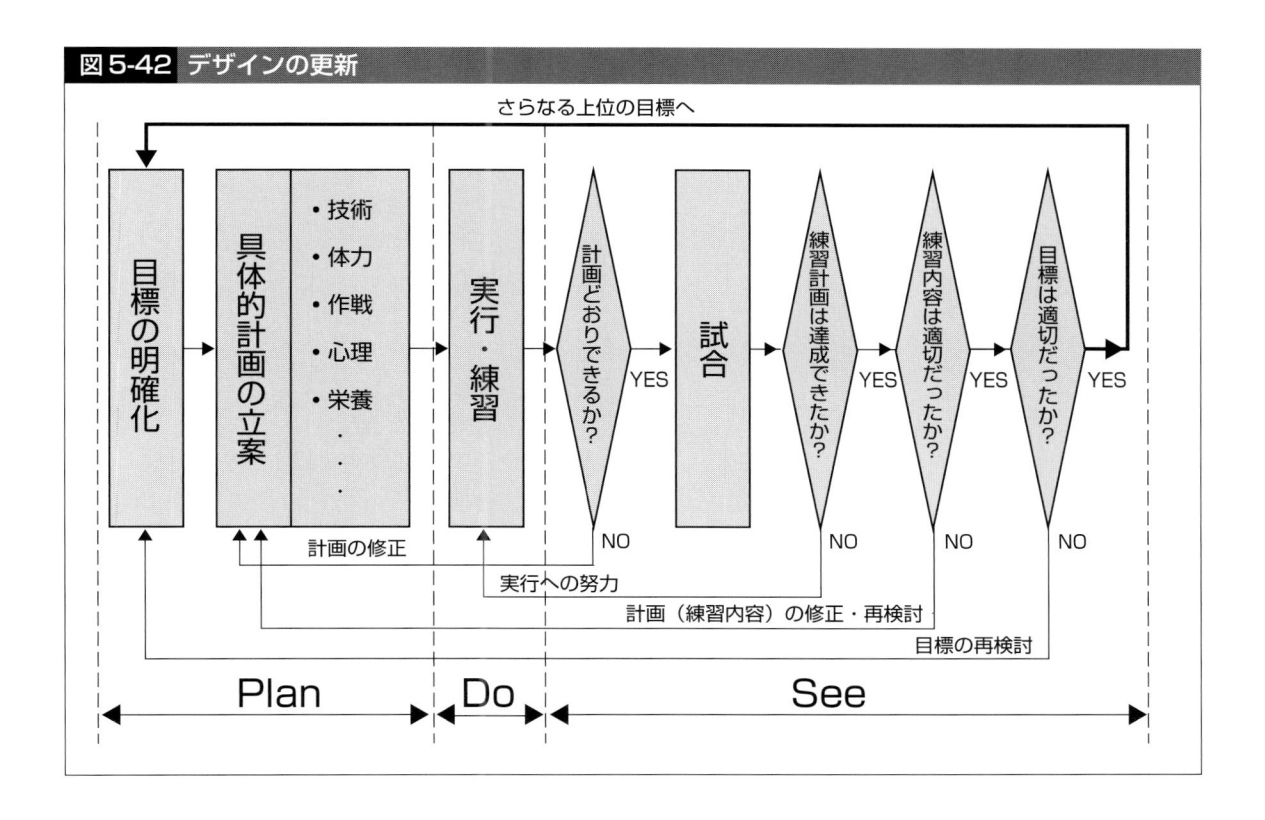

参 考 文 献

- 日本体育協会監修、松井秀治編著『コーチのためのトレーニングの科学』大修館書店、1981年
- 浅見俊雄『スポーツの科学 よりうまく強く楽しく』東京大学出版会、1987年
- Bompa、魚住廣信訳『スポーツトレーニング』メディカル葵出版、1988年
- トレーニング科学研究会『トレーニング科学ハンドブック』朝倉書店、1996年
- 小浦武志監修「ITF Advanced Coaching Manual 〜より優れたコーチングを目指して〜」(財)日本テニス協会、1999年
- 日本ソフトテニス連盟編『新版ソフトテニス指導教本』大修館書店、2004年
- 日本ソフトテニス連盟編『新版ソフトテニスコーチ教本』大修館書店、2004年
- 第一出版編集部編「厚生労働省策定、日本人の食事摂取基準［2005年版］」第一出版株式会社、2005年
- 原野広太郎『自己弛緩法』講談社現代新書、1987年
- 真下一策編『スポーツビジョン』第2版、NAP、2002年
- 井箟 敬『スポーツ選手の心理的能力について－高校野球選手の継続的なスポーツビジョンの測定－』金沢大学教育開放センター紀要第26号、p.1-10, 2006年
- 中込四郎編著『メンタルトレーニングワークブック』道和書院、1994年
- 東京大学医学部心療内科TEG研究会編『新版TEGII解説とエゴグラム・パターン』金子書房、2006年
- 新里里春『交流分析とエゴグラム』チーム医療、2000年

編著者紹介

[編著者紹介]

水野哲也（みずの　てつや）

1955年生。東京教育大学体育学部健康教育学科卒業後、筑波大学大学院体育研究科修了。現在、東京医科歯科大学教養部保健体育研究室准教授。専門は運動生理学（トレーニング科学）、スポーツ科学、ソフトテニス（上級コーチ）。日本ソフトテニス連盟強化委員会医科学部会委員、JOCトレーニングドクター・情報戦略スタッフ。

山本裕二（やまもと　ゆうじ）

1958年生。広島大学教育学部卒業後、筑波大学大学院体育研究科修了。博士（体育科学）。名古屋大学総合保健体育科学センター、同大学大学院教育発達科学研究科を兼任、現在、同大学教授。日本ソフトテニス連盟強化委員会医科学部会委員。テニスなどのスポーツ実技の授業を行いながら、複雑系としての身体運動に関する研究を行っている。

■

[著者紹介]

井筒　敬（いのう　たかし）

1957年生。筑波大学体育専門学群卒業後、同大学大学院体育研究科修了。筑波大学体育科学系文部技官、金沢大学教養部助教授を経て、現在、同大学保健管理センター准教授。同大学ソフトテニス部部長・監督。2008年4月より、金沢学院大学経営情報学部スポーツビジネス学科教授。専門は体育方法学、現在、北信越学生ソフトテニス連盟会長、東日本学生ソフトテニス連盟副会長を務める。

工藤敏巳（くどう　としみ）

1961年生。筑波大学体育専門学群卒業後、同大学大学院体育研究科修了。宮城学院女子大学心理行動科学科教授。運動スポーツ論や情報処理などの授業を担当。日本ソフトテニス連盟強化委員会医科学部会委員として、ナショナルチームの情報戦略サポートを行っている。

杉山貴義（すぎやま　きよし）

1962年生。広島大学教育学部卒業後、同大学大学院教育学研究科修了。常葉学園短期大学専任講師、作陽短期大学准教授を経て、2008年4月より、くらしき作陽大学子ども教育学部准教授。スポーツ実技・理論等の授業を担当しながら、一般（教養）体育の授業内容に関する研究を行っている。ソフトテニスだけでなく、テニス、スキー、スノーボードなど実施するスポーツ種目は多岐に渡る。

■

[執筆協力者]

村田芳久（むらた　よしひさ）

北海道教育大学旭川校准教授、保健体育講座を担当。専門はスポーツ栄養学、健康スポーツ学、ソフトテニス。博士（医学）。

楠堀誠司（くすぼり　せいじ）
東京電気通信大学非常勤講師。専門はスポーツバイオメカニクス。日本ソフトテニス連盟強化委員会医科学部会委員。博士（工学）。

井田博史（いだ　ひろふみ）
神奈川工科大学ヒューマンメディア研究センターポストドクター研究員、日本ソフトテニス連盟強化委員会医科学部会委員。博士（工学）。

■

[**写真撮影協力者**]

中堀成生（NTT西日本－中国）、**高川経生**（NTT西日本－中国）、**小峯秋二**（高岡西高教）、**浅川陽介**（東京スポーツ・レクリエーション専門学校）、**香川大輔**（厚木市役所）**渡邊彦継**（都城泉ヶ丘高教）、**鬼頭貴之**（早稲田大）

金沢大学女子ソフトテニス部員、金沢大学スポーツ実技（ソフトテニス）受講学生、常盤木学園高等学校ソフトテニス部員

考えて強くなる ソフトテニス・トータルデザイン
©Tetsuya Mizuno & Yuji Yamamoto, 2008　　　NDC 783／221p／24cm

初版第1刷発行──2008年4月15日

編著者────水野哲也／山本裕二
発行者────鈴木一行
発行所────株式会社 大修館書店
　　　　　〒101-8466　東京都千代田区神田錦町3-24
　　　　　電話03-3295-6231（販売部）　03-3294-2358（編集部）
　　　　　振替00190-7-40504
　　　　　［出版情報］http://www.taishukan.co.jp

装丁・本文デザイン・DTP────齊藤和義
印刷────三松堂印刷
製本────司製本

ISBN 978-4-469-26655-9　Printed in Japan
Ⓡ本書の全部または一部を無断で複写複製（コピー）することは、
著作権法上での例外を除き禁じられています。